〈あいだ〉に生きる

――ある沖縄女性をめぐる経験の歴史学

冨永悠介

大阪大学出版会

目次

凡例

①宮城菊のインタビューからの引用は文中に限り〈 〉で表記する。
②証言の引用に際して、いくつかの括弧記号を使用している。「( )」は筆者の補足を示している。「(略)」は重複する内容や語句を省略した場合に用いた。段落や長文の省略は「【略】」を用いている。そして「(・)」は沈黙や間を表現しており、約一秒程度とした。
③「菊さんノート」の引用にも②と同様の記号を用いている。
④引用文の補足・強調・訳出は断りの無い限り筆者による。
⑤本書に掲載した写真は、特段の断りが無い場合、宮城菊の提供による。
⑥判読が難しい文字は「□」とした。
⑦本書では読みやすさを考慮して、引用文中の漢字は新字体を使用し、片仮名は平仮名に、歴史的仮名遣いは現代のものに改めた。しかし「菊さんノート」はその限りではない。
⑧「菊さんノート」を含む引用は必要に応じて句点やルビをつけた。

序章　軌跡を辿り、歴史を開く——経験の歴史学に向けて

第一節　問題意識——写真に刻まれた出会い

【写真　序-1】

洋装に身を包み撮影に臨んだ宮城菊と鄭用錫。何かの記念で撮った一枚だろうか。この写真には二人の出会いが刻まれている。

ここに一枚の写真がある【序－1】。

正装に身を包んだ二人は、やや緊張した面持ちで目線をこちらに向けている。撮影されたのは一九五〇年代初頭から中頃にかけてのことだろう。日本敗戦からまだ間もない台湾の基隆で撮られたこの写真は、その服装や構図からも、どこかの写真館で撮影された一枚だと考えられる。

向かって右側、黒い服を身にまとい四角い椅子に腰掛けた女性——彼女が宮城菊

（一九二二－二〇一三）である。

菊は沖縄県那覇市に生まれた。自らを〈琉球産〉と呼ぶ菊は、幼い頃から家が貧しかったため、数え年九歳で辻の遊郭・松の家に身売りされ、その後沖縄本島内の料亭を転々とさせられている。

菊が五年契約の旅館女中として、当時帝国日本の植民地だった台湾に〈売られた〉のは一九三六年だった。[1] 菊は渡台当初、台湾本島西側に浮かぶ澎湖島の旅館で働いていたが、経営者が日本内地に引き揚げることになり、一年足らずで基隆の観光旅館・海光園に移っている。

アジア・太平洋戦争の足音が近づいてくると、海光園は北川産業の工員宿舎として接収される。北川産業は、船舶の修理、海難救助、沈没船の引き上げなどを行うサルベージ会社だった。菊にはこの時、日本内地に引き揚げる選択肢が残されていたが〈沖縄に近いところにいたい〉〈沖縄に帰りたい〉という理由で台湾に残り、北川産業で女中を続けている。一九四一年に契約が満期を迎え、ようやく自由の身となったが、戦争の激化により〈船の行き来が無くなって（沖縄に）帰ることが出来なかった〉。

他方、菊と肩を並べて写真に写っている男性は誰だろうか。髪を短く刈り上げ、恰幅のよいこの男性は、朝鮮半島全羅南道出身の鄭用錫《チョンヨンソク》（一九一九－一九八九）である。

三人兄姉の末っ子として生を授かった用錫は、一二歳で大分県に渡り、学校に通いながら紡績業に従事していた。しかし、日中戦争全面化に伴い国家総動員法が制定されると、用錫は、菊が女中をしていた北川産業に戦時徴用工として連れて来られている。奇しくも北川産業で働くことになった菊と用錫は後に結婚をし、帝国日本崩壊後も沖縄・朝鮮には戻らず台湾で生活を送っている。【序－1】の写真はそれから数年後に撮影された。

この写真が撮影された当時、二人は、現在の基隆市中正区に位置する「水産」と呼ばれる地域に暮らしていた。そこでの生活は決して順風満帆なものではなく、菊は当時を振り返り〈早く死んだらいい〉と回想している。先ほどの写真は、二人の暮らしがこれから艱難生活に入っていく時期、または、痛苦に耐える生活がすでに始まっていた時期に撮影されたことになる。撮影当時、二人の胸中にはどのような思いが去来していたのだろうか。新天地「水産」地域での生活に期待が膨らんでいたのか。それとも苦難の思いを胸にカメラの前に立ったのだろうか。

この一枚の写真には、菊と用錫の出会いが刻み込まれている。菊と用錫はなぜ植民地台湾で出会うことが出来たのか。その二人の出会いは、戦後「水産」地域の暮らしのなかでどのような経験として形を変え、そこにはどのような時代的特徴が絡まり合っているのだろうか。

一九八〇年代における台湾の民主化はアカデミズムにも影響を及ぼした。それまで中国史の枠組みで理解されてきた台湾史は、台湾住民を主体とする歴史叙述へと転換された。その一方で台湾史研究者の呉密察は「台湾史は台湾の内部に根ざさねばならないと同時に、より大きな国際的文脈から把握する必要があるだろう」[2]と述べている。

本書では、そうした台湾史研究の変遷と問題提起を念頭に置きながら宮城菊の軌跡を辿る。そして、菊の軌跡を「台湾史」や「日本史」といった枠組みや「台湾と沖縄」「台湾と日本」のような地域間関係に局限するのではなく、東アジアが絡まり合う関係性のなかで検討することを目指している。なぜなら、菊の歩みそのものがすでに一国史的枠組みや国家・地域加算式枠組み[3]では切り取ることのできない広がりを含んでいるからである。

菊の個人史を記していく際、菊への聞き取りと彼女が書き残したノート類、近親者や菊と親しい関係にあった人びとへのインタビュー[4]、文献・画像資料などを用いている。菊への聞き取りや史資料に基づいて記された本書は、筆者が菊の言葉や文章を整理し再構成した物語である。以下では菊の物語を再構成していく際の問題意識と着眼点について述べておきたい。

第一に、菊と用錫の出会いは、その後どのような経験として展開したのか。換言すればそれは、二人の出会いのゆくえを辿ることを意味している。後述するように、経験とは決して一時的で定常的なものではなく、その時々の時代状況や生活環境に翻弄されながら予期せぬ別の方向へと展開していく。こうした経験の未決定性は出会いに限定されるわけではない。例えば、菊が幼少期に習った琉球舞踊や文字の読み書きもその時々の状況によって意味合いを多様に変化させていった。

第二に、菊の個別具体的な経験と場はどのような関係性にあるのか。すなわち、経験と場の関係性を考察することが二つ目の論点となる。菊の経験を考える際に重要になるのが、菊が後に売られることになる松の家や海光園、菊が通っていた「基隆韓国教会」（基隆市中正区）や「石嶺バプテスト教会」（沖縄県那覇市）といった複数の場である。そのなかでも特に、本書では菊と用錫が半世紀近い時間を過ごした「水産」地域という場に着目する。「水産」地域は一九三四年に築港された基隆漁港を中心に形成・発展し、戦後は沖縄・朝鮮（韓国）出身者を中心とする多民族集住地域を形成した。そうした特徴を持つが故に、「水産」地域には民族・出自・国家・性別といった境界線が網の目のように張り巡らされ、その境界線の揺れ動きや引き直しが菊の経験を予期せぬ方向へと押しやっていく。そして、その境界線の引き直しは東アジアの時代変遷と密接不可分な関係にある。換言すれば、東アジアの時代的特徴が幾重にも蓄積された「水産」地域における、菊と他者をめぐる交流・拮抗・軋轢が菊を予期せぬ事態へと巻き込んでいくのである。

そして第三に、菊の個別具体的な経験と場の関係性に着目することで菊の生存を如何に照らし出すことが出来るのか。それは、宮城菊という個人が、その時々の生活環境、人間関係、時代状況のなかで切り拓いてきた生を描き出すことで、東アジアを接続し越境していく菊の生存のかたちを照射する試みである。

第二節　先行研究

本節では先行研究の整理を行う。その際に（1）移動、（2）場、（3）経験に関連する研究を中心に据える。なお、本書が依拠する「「生存」の歴史学」は次節の研究方法で言及し、個々の論証に関わる研究は各章で個別に論及する。

（1）移動――地域間関係の枠組み

沖縄と朝鮮という異なる出自を持つ菊と用錫は、異境の地・台湾で出会った。これは取りも直さず移動をめぐる問題である。そこで、台湾と沖縄・朝鮮（韓国）の歴史や移動に関する先行研究を概観しておきたい。

台湾と沖縄の関係を論じた研究にはすでに多くの蓄積がある。その先駆的な研究として、又吉盛清『日本植民地下の台湾と沖縄』（あき書房、一九九〇年）があり、二〇一八年一月には『大日本帝国植民地下の琉球沖縄と台湾』（同時代社）として再版されている。新版では年代順に章が並び替えられ、加筆や訂正が施されるとともに、多くの図版が用いられている。また、特記一では沖縄と台湾をめぐる歴史的関係性が和解や自省をキーワードにしながら記されており、特記二では旧版への反響が紹介されている。

一九七四年に初めて台湾の現地調査を行った又吉は、台湾に残る沖縄を踏査し、文献史料を織り交ぜることで、教育、交通、移民といった様々な切り口から沖縄と台湾の歴史的関係性に光を当てた。又吉はさらに、沖縄出身者が背負わされた被害と加害の両方の立場性を凝視しており、旧・新版に共通する又吉の問題意識になっている。

旧・新版ともに植民地台湾の朝鮮に言及した記述が見られる。当時遊郭が集中していた萬華という地域に言及した際に、又吉は「今後、これらの朝鮮人女性の実態は、きちんと調査され、もう一つの台湾植民地問題として、日本人の責任において正確に解明される必要がある」(5)と述べている。また、菊の存在を示唆する「朝鮮人の男性と結婚した那覇市出身の女性」(6)といった記述も確認することができる。旧・新版ともに「夫の国を選び引き揚げることを断念した」(7)と述べられている。しかし、又吉のその後の研究において、台湾における朝鮮の問題が具体的に検討されてきたとは言えず、課題を提起するに留まっている。

植民地台湾に渡った沖縄出身女性を取り上げた文章として、浦崎茂子「日本植民地下台湾における女子労働──台湾出稼ぎ女中をめぐって」(『沖縄・八重山文化研究会会報』第三七号、一九九四年)がある。その浦崎の研究を引き継ぐ形で台湾への出稼ぎ女中を追究した論考が、水田憲志「日本植民地下の台北における沖縄出身「女中」」(『史泉』第九八号、二〇〇三年)である。浦崎・水田論考と菊の渡台経験を比較してみると、互いに重なり合う点と隔たりが看取される。これは菊の渡台経験を考える上で重要な論点となるため、浦崎・水田論考の検証は第二章で改めて行いたい。

次に、台湾と朝鮮に関する研究状況に目を転じよう。

在台朝鮮人の移動を本格的に論じた日本語の論文として、金奈英「日本統治下に移動した在台湾朝鮮人の研究」(『現代中国事情』第一四号、二〇〇七年)がある。

金論文は、帝国日本による植民地政策の構造的な観点から台湾に渡った朝鮮人の移動を把握する。そして、基隆に暮らす在台朝鮮人二世への聞き取りを織り込むことで、マクロとミクロの双方から在台朝鮮人の問題に接近している。また、日本軍「慰安婦」として南洋群島に連れて行かれた在台朝鮮人女性にも言及している。

松本誠一「台湾韓人研究ノート」(『白山人類学』第一四号、二〇一一年)は、韓国語で書かれた研究論文や雑誌の記事を盛り込みながら、在台朝鮮人に関する研究状況を概観した研究ノートである。特定の問題を深く追究した文章ではないが、これまで着目されてこなかった「台湾韓人社会で過去に発行されたコミュニティ新聞」[8]の存在を示唆するなど、興味深い内容になっている。

安城秀『基督教傳播與台灣港市的韓人移民：以「基隆韓国教会」為中心』（國立臺灣海洋大學碩士論文、二〇一一年）は、キリスト教の伝播と港湾都市における韓人移民の歴史を「基隆韓国教会」を中心に論じた論文である。安論文では、台湾と韓国における長老教会の歴史が概観された後、植民地台湾へ渡ってきた朝鮮出身者の人口動態、そして、戦後基隆における韓人社会形成史へ展開されていく。安によれば、「基隆韓国教会」は、伝道師の鄭盛元《チョンソンウォン》（一九〇五－一九九五）が一九四九年一一月に基隆で礼拝を執り行ったことに始まるという[9]。安論文は、教会が所蔵する資料や韓国語文献、信者への聞き取りに依拠しながら「基隆韓国教会」の変遷を照らし出した。

日本・中国・台湾に渡った朝鮮出身者の帰還と政策に関する史料集が二〇〇三年に韓国で出版された。それが『韓人の帰還と政策』（二〇〇三年、全一〇巻）であり、日本：第一～二巻、中国：第三～八巻、台湾：第九～一〇巻で構成されている。また、戦後台湾における朝鮮出身者に関する学術論文として、黄善翌「解放後台湾地域韓人社会と帰還」（『韓国近代史研究』第三四号、二〇〇五年）、同「解放後台湾韓僑協会の設立と韓人の未帰還」（『韓国近代史研究』第三八号、二〇〇八年）がある。

人の移動を扱った総体的な研究として蘭信三編著『日本帝国をめぐる人口移動の国際社会学』（不二出版、二〇〇八年）が挙げられる。

同書は総勢二八名の執筆者を揃え、八五〇頁近くに及ぶ大著である。本書は（1）内地・外地間の人口移動、（2）外地間の人口移動、（3）帝国崩壊と人口環流という三つの側面に着目し、第一部：朝鮮、第二部：満州、第三部：樺太、第四部：台湾、第五部：南洋といった構成になっている。所収されている各論考はそれぞれに多様な論点を設定し、異なる時代・地域を対象にすることで帝国日本の形成と膨張の過程で展開された人の移動を多角的に捉える内容になっている。以上の成果を基点とし、帝国日本崩壊以後の移動を扱った研究が蘭信三編著『帝国以後の人の移動――ポストコロニアリズムとグローバリズムの交錯点』（勉誠出版、二〇一三年）である。さらに、日本を含むアジアの人びとの移動を包括的に捉えた研究として吉原和夫他編『人の移動事典――日本からアジアへ・アジアから日本へ』（丸善出版、二〇一三年）が挙げられる。

以上の総合的な研究は、移動に関する個別のテーマが一定の蓄積を積み重ねてきたからこそ可能になった成果である。そして、こうした総体的な研究が発表されてきたからこそ新たな視点に立った移動に関わる個別研究が求められていると言えよう。本書では、移動をめぐる重厚な先行研究に学びながら場や経験といった分析枠組みを加えることで菊の個人史を辿り直していく。

（2）場――関係性としての地域

移動をめぐる先行研究の多くは地域と地域の関係を枠組みとしている。菊と用錫で言えば「台湾と沖縄」「台湾と朝鮮」という二地域間に重点が置かれることになる。そのため、台湾に暮らしていたはずの沖縄・朝鮮出身者がまるで別々の空間を生きてきた印象を与えてしまう。しかし菊と用錫の出会いや「水産」地域を念頭に置くとき、沖縄と朝鮮を別々に論じることは出来ないだろう。そこで本書では、関係性としての地域――場に着目する。その目的をより鮮明にするため、一九九二年に台湾で公開された映画『無言の丘』（監督：王童、脚本：呉念真、製作：徐立功、原題：無言的山丘）を補助線としたい。

『無言の丘』は一九二〇年代における鉱山街――九份・金瓜石（現・新北市瑞芳区）を舞台とし、出身・性別・階級・境遇の異なる労働者が繰り広げる人間模様を描いた映画である。日本人を頂点とするツリー型の階級構造を前提としながらも、台湾・沖縄・朝鮮・中国の労働者や日本と台湾の混血児が織り成す流動的で可変的な交流が描かれている。

『無言の丘』が描き出した交流を考える際、先述したような「台湾と沖縄」「台湾と朝鮮」という二地域間の枠組みでは抜け落ちてしまう人びとの経験――例えば中国人労働者や混血児――がある。だからといって「台湾・沖縄・朝鮮・中国・日本…」のように国家や地域をただ単に加算していくだけでは、人びとの移動のベクトルを機械的に描き出すことが出来たとしても、台湾と日本の狭間に立つ混血児の存在が抜け落ちてしまう。つまり、個々の国家や地域を列挙するだけでは捉えることの出来ない経験や交流の諸相がある。だからこそ関係性としての地域が重要になる。

文化人類学者のジェイムズ・クリフォードは、その自著『ルーツ――二〇世紀後期の旅と翻訳』（月曜社、二〇〇二年）のなかで、地域や場を考察する際の視座として「ホテル」「モーテル」というメタファーを用いている。旅人が常に入れ替わる「ホテル」「モーテル」という比喩を用いることで、アプリオリに固定化された空間として地域や場を捉えるのではなく、「いくつもの位置が交わる歴史であり、いくつもの歴史が交差する一つの位置」[10]として地域や場を捉えようとする。

杉原達『越境する民――近代大阪の朝鮮人史研究』（新幹社、一九九八年）は関係性としての場を正面に据えた研究である。杉原は、在阪朝鮮人史を大阪今里という場に即しながら「対面空間の成立と展開の歴史」[11]として捉えている。そして「さまざまな異なる主体の、歴史的かつ重層的な生活の蓄積の場としての「地域」」[12]について以下のように述べている。

そこは、一方では、世界史的条件あるいは国際関係そして国家権力の政策に規定されて変容をとげていくものであるとともに、他方では、地域内部のさまざまな矛盾に基づく緊張した関係の中から、共同で新しい関係をつくりあげていく側面をもった「場」そのものではないのか。[13]

杉原は位相の異なる様々な諸力が折り重なる場として地域を捉えている。その狙いは『越境する民』の構成にも窺える。本書は「序章　大阪・今里からの世界史」に始まり「第Ⅰ章　春玉たちの大阪」「第Ⅱ章　済州島から猪飼野へ」「第Ⅲ章　「君が代丸」考」「第Ⅳ章　ゴム工場の街・猪飼野」「第Ⅴ章　「同化」のまなざし」そして「終章　大阪・今里からの世界史再論」で構成されている。その内容に目を向ければ、四代目桂米団治の上方落語「代書」（序章）や「ダンボールを集めるハルモニ」／「それをなじる在日二世（あるいは三世）」／「その現場に立ち尽くした日本人」が「出くわした現場」（終章）[14]という個別具体的なレベルでの考察が展開されながらも、在阪朝鮮人の渡航と定着の過程（第二・三・四章）や近代都市大阪における朝鮮人言説の分析（第五章）といった徹底した史料との格闘が見られる。

杉原は日常生活への視点や史的想像力を手放すことなく、史料の読解と考察を積み重ねることで「対面空間」としての「場」を丹念に描き出し「地域からの世界史」へと論を展開させていく。その一方で「素朴な実感のみを絶対視したり、ミクロ・ヒストリーに逃走して、全体的・構造的把握を回避する姿勢をとるべきではな」く「地域だけからでは見えない世界史があることをも自覚する必要がある」[15]と警鐘を鳴らす。

繰り返しになるが、移動研究における従来の地域間の枠組みでは菊と用錫の出会いを位置づけることは難しい。しかしだからと言って「沖縄・台湾・朝鮮（韓国）」のように国家や地域をただ単に列挙して解決できる問題でもない。本書が「水産」地域という具体的な場に即して論を展開する理由はここにある。

杉原の見解に倣って言えば、「水産」地域も国際関係や国家権力に規定されながら地域内部の矛盾に基づく可変的で緊張した関係性の場である。「水産」地域が帝国日本の時代から戦後東アジア地域再編（冷戦体制）へと連なる様々な諸力が畳み込まれた場であるからこそ、菊の経験は予期せぬ方向へと展開していった。すなわち「場は決して単なる行政的単位でもなければ、それだけで自己完結するものでもあり得ない」[16]のである。そして、杉原が指摘する「場の可変性に依拠すること」[17]こそが、菊の経験のゆくえを問うことに繋がっていくのであり、国や地域で切り取ることの出来ない菊の生存のあり方が歴史性を帯びて浮かび上がってくるのである。

(3) 経験——出会いのゆくえ

フランス文学者であり哲学者でもある森有正（一九一一－一九七六）は、経験と体験の違いを次のように述べている。

> 私の生活の中にある出合いがあって、それが人であろうと、事件であろうと、その出会いが私の中に新しい生活の次元を開いて行く、そして生活の意味自体が変化して行く。それを私は「経験」と呼ぶのであって、記憶の中にただ刻みつけられ、年月とともに消磨して行くもの、あるいは、自分の生活の一部面の参考となるに止まって、そこに新しい次元を展くに到らないもの、それを私は「体験」と呼ぶのである。[18]

森は、ある個人にとってのある出来事が、その人の中に新たな生活の次元を開いていくものとして「経験」を位置づけている。他方で、新しい生活の次元へと至らないものを「体験」と呼んでいる。つまり、経験とは常に可変的である可能性を帯びているが故に、予定調和的に語れるものではない。

しかし、経験は独りでにその意味を変化させていくのだろうか。ある出来事が経験として新しい生活の次元を切り開いていく、また、体験が経験に変転していくのには何らかの契機があるのではないか。菊の経験を予期せぬ方向へ押しやっていく要因の一つとして「水産」地域をあげたが、ここではさらに他者との出会いを付け加えたい。

安田常雄『出会いの思想史――渋谷定輔論』（勁草書房、一九八一年）は、出会いという視座から渋谷定輔（一九〇五－一九八九）という個人の軌跡を論じた著作である。

渋谷定輔は埼玉県入間郡南畑村（現・富士見市南畑）に生まれた。渋谷には、農民詩集『野良に叫ぶ』（平凡社、一九二六年）や、大正時代末期の地主制度下における農民の厳しい生活を日記録として描いた『農民哀史』（勁草書房、一九七〇年）などの著作がある。そして「大正末から昭和初期は農民運動家として活動し、戦後は、政治・経済・文化運動に携わり、故郷富士見市では、社会教育活動に関わった」といわれている[19]。

安田は、その渋谷について「詩人であり、農民運動家であるといわれる」が「もう一つ、今もなお初々しい「思想者」としての面影がある」[20]と述べたうえで「運動、思想、そして自己が生きることを、ほとんど一元的に統一させながら生きようとしてきたといってよい」[21]と位置づけている。そして詩人・農民運動家・思想家としての人間形成の過程を、渋谷が展開した運動と思想の連関のなかで捉えようとする。その際に安田は、渋谷の運動と思想の「結節点」として「さまざまな同時代人との出会い」[22]に着目する。

安田によれば「出会い」とは「自己の思想形成と、組織的運動をいわば弁証法的に連関する契機」[23]である。言い換えれば「自己と他者との、矛盾し、協同する関係の場」としての「出会い」[24]である。すなわち「人間は、他者との出会いを通し、他者を触発しそのことによって自己もまた新しい自己に再生する」[25]のであり、渋谷と他者との有機的な相互関係の契機として「出会い」の場を設定するのである。その「出会い」から渋谷の経験のゆくえを辿り、渋谷の自己形成や思想形成の追跡を試みている。安田は、その視角を「〈出会いの思想史〉」[26]と呼ぶ。

菊の軌跡を辿り直すとき、そこには「さまざまな同時代人との出会い」[27]があった。菊と幾多の人びとの出会いは、それぞれの時代状況や出会った人物によって異なる意味を持つが、菊の自己形成を考える上でキリスト教関係者との出会いが特に重要になる。

しかし、他者との出会いが全て血肉化されるわけではない。安田は「人がその生涯の時間において出会い、訣《ママ》れていく幾多の出会いは、ひとつの一般的な偶然にすぎないかも知れない」[28]と断ったうえで次のように述べる。「だが、出会い（訣別を含む）が、単なる偶然的な処世上の関係を超えて存続することもありうるし、また長くその人の生涯を根底で規定することもある」[29]と。安田はさらに、偶然的な出会いが抜き差しならぬ必然として捉えられていく要因として以下の点を指摘する。

> ある時代、ある特定の場所で、いわば偶然のように出会った他者の思想と人間像が、長くその人の内部に沈潜し、その人の思想を支え、行動への契機となりうるということは、その偶然を内的に必然化せしめる要因が、その人の自己思想の内部と時代の社会的現実の両極に存在していることを意味する。そしてこの二つの要因が接近し、出会いによって結合する。[30]

安田によれば「ひとつの偶然の出会いが、ひとつの必然性として人間の生きかたにつきささる社会情況の切迫性」[31]が偶然的な出会いを必然性へと変容させていくという。そして「渋谷定輔という存在は、なによりもこの出会いの意味を、ほとんど極限的なまでに自覚化して生きようとした人に思われてならない」[32]と述べている。

安田が指摘する「偶然を内的に必然化せしめる要因」は、菊と他者との出会いを考えるうえでも瞠目に値する。ただし、菊の場合、自らの出会いを「自覚化」して生きてきたというより、その場その時の状況に即しながら他者との出会いを絶えず捉え返してきたという側面が強い。しかも、経験のゆくえという本書の視座から言えば、出会いを予め偶然か必然かに二分化し、偶然が必然化されていく過程を考察することよりもむしろ、菊が他者との出会いをどのような状況のなかで如何に捉え返してきたのかが枢要な論点となるだろう。なぜなら、そうした経験の捉え返しのなかにこそ「新たに「変貌」を遂げる無限の深まり」[33]としての経験が看取されるからである。

第三節　研究方法

(1)「生存」の歴史学とエゴ・ドキュメント研究

前節では移動・場・経験という三つのキーワードを説明し、本書に関わる先行研究を提示した。それらを踏まえて、本節では本書を貫く研究方法について述べる。

本書は、歴史学者の大門正克が提唱する「生存」の歴史学に依拠している。大門によれば「「生存」は人びとが生きることを仕組み（歴史的諸条件）とかかわらせて議論しようとするものであ」り「人びとは、とどのつまりどのように生きてきたのか」を歴史との関わりにおいて捉える視座を指す[34]。

大門が「生存」を中心に据えた背景には次の理由が関係している。それは、新自由主義の趨勢によって脅かされる人間の生存や希薄になる人びとの「つながり」に対する危機感、そして、二つの大震災――阪神・淡路大震災（一九九五年）と東日本大震災（二〇一一年）――から見えてきた人びとの「つながり」への関心である[35]。つまり「生存」の歴史学とは現代社会における人びとの「つながり」の意味を改めて問い直す歴史学だと言える。

以上の問題意識に支えられた研究が、大門正克『戦争と戦後を生きる』（小学館、二〇〇九年）である。同書には、小原昭・高橋千三・黄永祚・後藤貞子・陳真の五名が登場し、彼・彼女らが「どのように生きてきたのか」が中心課題として据えられている。大門はこれに対し、「人びとの経験」「生存の仕組み」「国家の対応」という三つの軸を据え「経験の記録（記録資料）」と「経験を語る声（聞き取り）」を「重ね合わせる」ことで「相互交渉の歴史」を照らし出し、そのなかを生きた彼・彼女たちの「生存」に接近しようと試みている。[36]

本書の内容に即して言えば「経験の記録」とは一九七〇年代以降に菊が断続的に書き記したノートやメモ類、家族写真であり、「経験を語る声」は菊への聞き取りや近親者へインタビューである。なかでも、菊が自分自身について書いた史料をエゴ・ドキュメントとして位置づけたい。

エゴ・ドキュメントとは、オーラル・ヒストリー、日記、自伝、回想録、旅行記、手紙などの自分を語った史料を指す。[37] 近年、エゴ・ドキュメント研究が関心を集めているが、その背景には（1）「大きな物語」の虚構性、（2）量的データから読み取れる歴史の限界、（3）言語論的転回による史料価値の平準化が挙げられる。[38] なかでも、その最大の理由は「主体の復権」「主体の捉え直し」である。[39]

歴史学者の長谷川貴彦は、エゴ・ドキュメント研究の今後の方向性として次の二点を指摘している。一つは、個人の感情や記憶をめぐる主観性への着目といったミクロな方向へ向かう動きであり、もう一つは、マクロな視点に主観性を組み込む動きである。[40] これらの点に関連して、心理学や精神分析学との提携や感情の揺れ動きといった個人の内面に深化していく研究動向を指摘している。

以上の研究状況を総じて言えば、「生存」の歴史学が「歴史的諸条件」と個人をめぐる「相互交渉の歴史」を描くのに対し、エゴ・ドキュメント研究は個人の主体性やその内面により重点を置いている。両研究は個人の生存や経験を論じる点で共通しているが、個人の主体性や心理的な側面への注視は「生存」をめぐる歴史学の方法的彫琢の深化に繫がる。問題は、「生存」の歴史学とエゴ・ドキュメント研究をいかに相互補完的な関係として位置づけ、菊の生存を描き出せるのかである。菊の「経験の記録」と「経験を語る声」をいかに解釈し、本書に位置づけられるのかが課題となる。

（2）「経験を語る声」と「菊さんノート」

菊の歩みを辿り直す際、当人の語りが重要になる。菊の語りには同じ言葉や出来事が繰り返し登場する。語弊を恐れずに言えば、ストーリーテリングが揺るぎないものとして構築されている。その物語を中心で支えているのがキリスト教である。

菊はキリスト教によって自身の経験と向き合い、自分の物語を絶えず作り直していった。だからこそ、同じ言葉や出来事が受難として繰り返し登場するのである。例えばそれは、九歳で辻の遊郭に売られたこと、そこで身に付けた琉球舞踊、植民地台湾での経験、用錫との出会い、〈もう死んだらいい〉と振り返った「水産」地域での生活である。

管見の限りでは、菊の半生を紹介した刊行物には以下のものがある。

①謝花直美（文）・石川真生（写真）「語らなうちなー台湾⑥　宮城菊さん　日韓両国のはざまで」『沖縄タイムス』、一九九二年四月一五日

②百万人の福音編集部編「主は私を緑の牧場に伏させ」『百万人の福音』、二〇〇一年

③宮城菊（語り手）・城倉翼（聞き手）「証し」石嶺バプテスト教会『主の御手の中で――献堂三〇周年記念証し集』、二〇〇三年

①は標題からも察することが出来るように「日韓両国のはざま」という観点から家族内の葛藤を描き、菊を取り上げた文章としては一番早い。②はキリスト教系の雑誌に掲載された文章で、菊の半生が聞き書きの形で綴られている。また③は「礼拝のなかで語られた証し」(41)として、インタビュー形式で菊の半生が語られている。②③

は菊のキリスト教信仰を中心に据えた構成になっているが、①ではキリスト教に関する記述は見られない。

日本のライフヒストリー研究を牽引してきた桜井厚は、「人びとは「なぜ、その〈物語〉を語るのか」」という問いを立て「人びとは自己の生活史経験をすべて語るわけではない。語るに値すると思ったことを中心に語るはずである」、「「その後の人生を決めたまさに〈決定的な〉経験」（A・シュッツ）」を語るのではないかと述べている。そして、このような「人生の重要時期を刻印した経験」は「新しい自己像の獲得やアイデンティティ形成に関わる過程であり、新しい意味体系を獲得した〈転機〉のことである」と桜井は位置づけている。[42]桜井の見解から言えば、菊の語りに繰り返し登場する言葉や出来事は、菊にとって「人生の重要時期を刻印した経験」であり、キリスト教との出会いはまさに人生最大の「転機」だったと言える。

しかしその一方で、菊が語らないことや語り得ないことの領域に注意する必要がある。地域社会論や生活史を研究する有末賢は、その著書『生活史宣言――ライフヒストリーの社会学』（慶應義塾大学出版会、二〇一二年）において「「語られないこと」は「ない＝存在しない」ことと一緒なのだろうか？」[43]と問い、次のように続けている。

> 本人が「語りたくないこと」、「語り得ないこと」を聞くことはできないが、「語り得ないこと」の存在に気づくことは、オーラリティ（口述）の大きな特徴である。[44]

有末は「語りたくないこと／語り得ないこと」へのさらなる着眼点として次の点に着目する。それは「表情や眼で語るとか、感情を顕わにするとか、泣くとか声を詰まらせるとか、さまざまな表現や表象」であり、「写真や絵、音楽や映像によって表現するという様式も存在している」[45]。有末は、こうした「さまざまな表現形態によって、ライフヒストリーを共有していく試みがもっとなされてもよい」と提唱している(46)。

菊の「「語り得ないこと」の存在」に深く関連するのが「菊さんノート」である。「菊さんノート」については第七章で詳述するが、ここでは必要最低限の情報を記しておきたい。

「菊さんノート」は、菊がクリスチャンになった後に作成され、その時々の感情や出来事が綴られている。その記述は極めて断片的で、菊の感情や立場に一貫性を見出すことは難しいが、身の丈にあった自分の言葉で生身の現実と自分自身とを切り結ぶ自己検証の作業だったと言える。

「菊さんノート」には、菊がいかに自らの半生をキリスト教の観点から捉え返そうとしたのかが綴られている。それは取りも直さず、菊自身による「主体の捉え直し」であり、そこには肉声と異なる菊の経験や思いが綴られている。その意味において、「菊さんノート」は菊の心の動きやアイデンティティを考える上で非常に重要な記録となる。

本書は、移動・場・経験を分析枠組みとし、「生存」の歴史学とエゴ・ドキュメント研究に学びながら、菊が「どのように生きてきたのか」を論述する試みである。その際に「経験の記録」と「経験を語る声」を相互に織り交ぜ、「水産」地域との関係性から菊の経験のゆくえを考察する。そして、歴史の全体性を意識しつつ心の機微を視野に入れた「経験の歴史学」を目指すとともに、菊の軌跡を東アジアが絡まり合う関係性のなかで読み解き、東アジアへと越境していく菊の生存のかたちを照らし出したい。

第四節　本書の構成

本書は第一章から第七章で構成されている。菊の経験に重点をおく章（第一章、第二章、第五章、第七章）、関係性としての場について論じる章（第三章、第四章）、喜友名嗣正を論じている章（第六章）と、それぞれの章で力点がやや異なっている。しかしいずれの章も菊や「水産」地域と無関係ではなく相互に連関性を持った内容になっている。

第一章では辻遊廓への身売り、そして、植民地台湾に売られるまでの経緯について述べる。その際、菊が幼少期を過ごした西新町という場、菊の家庭環境、辻で習った琉球舞踊や識字について言及する。

第二章では海光園での琉球人差別の問題、旅館女中と舞妓の狭間に立たされた菊の姿、用錫との出会いを中心にしながら、植民地台湾における菊の経験を論じる。

第三章では「水産」地域の形成と発展の過程を考察する。「水産」地域形成のきっかけとなった基隆漁港築港をめぐる言説の変遷を辿ることで、「水産」地域の形成と発展が国際港湾都市・基隆の発揚といかに関わっていたのかを論じる。

第四章では映画『無言の丘』を取り上げる。先述したように『無言の丘』は、多民族間の交流や経験の諸相を流動的に描くことで東アジアを接続する歴史の構想を試みている。本章では、『無言の丘』の歴史叙述が金瓜石・九份という場と密接不可分な関係にあることを論じる。

第五章では戦後「水産」地域の特徴を検討した後、菊と用錫の出会いがどのような経験として展開したのかを考察する。それは、戦後「水産」地域との関係性から二人の出会いをめぐる経験のゆくえを検討し、そこに顕現する東アジアを照らし出すことに繋がるだろう。

第六章では喜友名嗣正（一九一七―一九八九）に光を当てる。喜友名は戦後台湾で琉球独立運動を展開し「台湾省琉球人民協会」の理事長を務めた人物である。琉球独立運動と「琉球人民協会」の関連性に注意しながら喜友名の軌跡を辿り、東アジア冷戦体制のなかで喜友名がいかに沖縄／日本と向き合って来たのかを考えたい。

第七章では「菊さんノート」に依拠しながら、菊が用錫との出会いをどのように捉え、自らの半生をいかに解釈してきたのかを考察する。その際に、菊のキリスト教信仰に加えて、自らの経験を「書く」「読む」「語る」――菊の経験を「聞く」人びとの存在に着目しながら菊の経験の捉え返しについて論じる。

終章では現在の「水産」地域について述べる。それと共に二〇一三年九月の菊の死去と、同年一〇月に「石嶺バプテスト教会」（沖縄県那覇市首里石嶺町）が主催した「宮城菊姉を偲ぶ会」について述べる。菊は一九九三年に沖縄に帰郷し「石嶺教会」に通っていた。「偲ぶ会」では、菊と親交のあった信徒たちが各々にとっての菊を語り合う場が設けられた。菊をめぐる複数の語りから、菊が生物学的な死を越えて未だ「石嶺教会」の人びとの間にあることを照らし出す。

以上のように、本書では菊や「水産」地域に加えて『無言の丘』（第四章）や喜友名嗣正（第六章）についても検討している。菊を中心に据える本書において『無言の丘』や喜友名を論じることは議論を散漫にしてしまう恐れがある。しかし本書では、菊の軌跡を単線的に論じることはしない。そこには、菊を決して特殊な一人としてみなさない同時代的思考の企てがある。

菊と喜友名は全く異なる立場で台湾を生きた。その時々の時代状況や社会情勢に翻弄されながら自らの生を切り拓いてきた菊と喜友名にはそれぞれの生存のかたちがある。そして本書に登場する人びと――鄭用錫、辻に身売りされた上原栄子や小渡カマド、海光園の〈日本人の女〉や〈ジロウヤン〉、『無言の丘』の登場人物、喜友名が出会った「宮古郡多良間出身の一青年」(47)、菊をキリスト教へと導いた鄭盛元、菊の友人で在台コリアン二世の金妙蓮、「水産」地域で「文化美容院」を営む黄太任――にもそれぞれの生存のかたちがあり、それらを置換可能なものとして扱うことは当然出来ない。

だが、自らの出自や文化、言葉、歴史を背負い、その場その時の状況や社会情勢に制約され、人間関係の軋轢や矛盾に絡め取られながら生きて来たのはなにも菊に限られたことではない。なぜなら、用錫や喜友名を始めとする本書の登場人物たちはもちろんのこと、今を生きる「私たち」もまた時代の趨勢や社会の動きのなかで「さまざまな関係の網の目」(48)を生きているからである。

「水産」地域に関して言えば、『無言の丘』の舞台となった金瓜石・九份はかつて多民族集住地域だった。そこで繰り広げられる交流や経験の諸相を描いたのが『無言の丘』であり、その意味において金瓜石・九份は「もう一つの「水産」地域」なのではないだろうか。そして「水産」地域や『無言の丘』は、東南アジアの労働者が多く暮らす現在の台湾や、外国人労働者や難民の受け入れ拡大が進むこれからの日本社会を考えることにも繋がるだろう。

本書の構成は、菊の軌跡や「水産」地域を特殊な時代の特殊な話として完結させるのではなく、今もどこかで生きているであろう「もう一人の菊」、今もどこかにあるであろう「もう一つの「水産」地域」に目を広げる同時代的思考の企てとしてある。人びとがめまぐるしく移動し、異なる出自や文化を背負った人びとが対面することが多くなった今の時代だからこそ、菊の歩みや「水産」地域の特殊性を踏まえながら、しかしそれを決して特殊なものとしてみなすのではなく、「私たち」とを切り結ぶ歴史との向き合い方が求められているのではないだろうか。それは、「私たち」はいかにして菊と出会うことが出来るのか、という問いでもある(49)。

なお、各章の最後にコラムを置いた。菊との出会いや思い出話、本研究に至る着想の経緯や福岡県の戸畑港、二・二八事件訴訟といった本書に関連する内容を取り上げている。菊の人となりや暮らしの様子、沖縄と台湾をめぐる近年の動向を少しでもお伝え出来れば幸いである。

注

（1）「売られる」という言葉は性的な労働を想起させる。そのためか、菊が娼妓や日本軍「慰安婦」として台湾に〈売られた〉と誤解されること多々ある。しかし第二章で述べるように、菊は旅館女中として台湾に渡ったのであり、娼妓や日本軍「慰安婦」として台湾に〈売られた〉のではない。そうした誤解を避けるために「売られる」には〈　〉を付けるべきだが、以下では煩瑣を避けるために山括弧を外して表記する。

（2）呉密察（帆苅浩之訳）「台湾史の成立とその課題」溝口雄三他編『アジアから考える3　周縁からの歴史』東京大学出版会、一九九四年、二三五頁。

（3）菊への聞き取りは二〇〇八年二月から二〇一三年九月まで断続的に行った。本書はその約五年にわたる聞き取りに基づいて執筆されている。そのなかでも本書は二〇〇八年二月一六日、三月一日、四月一日に菊の自宅で行った聞き取りを中心にしている。筆者が生活の場を台湾から大阪に移した二〇一〇年四月以降、菊を訪ねる機会は減ったが、毎年夏と冬に菊を訪ね聞き取りを継続した。

（4）本書では特に、菊と家族同然の間柄にあった砂川弥恵の証言を参照にしている。菊が二〇一三年九月に死去した後、基隆で菊の葬式が開かれたが、筆者はその時に初めて弥恵と出会った。それを機に、同年一〇月、沖縄に暮らす弥恵を訪ね、菊と縁のある場所を訪問することができた（二三日：那覇市、二六日：名護市）。本書に登場する弥恵の語りは、その道中で聞いた話が中心である。尚、菊と弥恵の関係については第七章を参照。

（5）又吉盛清『日本植民地下の台湾と沖縄』沖縄あき書房、一九九〇年、七〇頁。同『大日本帝国植民地下の琉球沖縄と台湾』、同時代社、二〇一八年、八六頁。

（6）又吉、前掲『日本植民地下の台湾と沖縄』、三四〇頁。同、前掲『大日本帝国植民地下の琉球沖縄と台湾』、三四六頁。

（7）同上。

（8）松本誠一「台湾韓人研究ノート」『白山人類学』第一四号、二〇一一年、一二五頁。

（9）安城秀『基督教傳播與台灣港市的韓人移民：以「基隆韓国教会」為中心』國立臺灣海洋大學碩士論文、二〇一一年、一一三頁。

(10) ジェイムズ・クリフォード/毛利嘉孝他訳『ルーツ――二〇世紀後期の旅と翻訳』月曜社、二〇〇二年、四四頁。
(11) 杉原達『越境する民――近代大阪の朝鮮人史研究』新幹社、一九九八年、一八〇頁。
(12) 同上、二一二頁。
(13) 同上。
(14) これは「猪飼野に生まれ育った日本人の若い友人がはなしてくれた」出来事として紹介されている。ある日、ダンボールを回収しているハルモニに対して、中年の女性が「あんたのような恰好の人がおるから、私らまでが、きたない、くさい、と言われるんや」となじり、その場にいた「日本人の若い友人」は「いたたまれなくなってその場を離れたという」。そして杉原は「三人がでくわした現場そのものが、幾重もの歴史によって重層的に構成されているとみる方法論的立場」を提起する(同上、二〇九-二一〇頁)。
(15) 同上、三一頁。
(16) 同上、二一二頁。
(17) 同上。
(18) 森有正『森有正全集』一二、筑摩書房、一九七九年、三一六頁。これは「一つの「経験」」と題された文章からの引用だが、本巻の「解題」によれば本文章は「遺稿中から見出されたもの」(三三九頁)であり未発表原稿である。
(19) 本田明美「渋谷定輔と布施辰治」ドキュメンタリー映画「弁護士布施辰治」製作委員会編『弁護士布施辰治を語る――韓国併合一〇〇年に際して』日本評論社、二〇一〇年、三八頁。
(20) 安田常雄『出会いの思想史――渋谷定輔論』勁草書房、一九八一年、二頁。
(21) 同上、一一頁。
(22) 同上、一二頁。尚、安田は、次の「五つの時期と類型」からなる「出会い」に着目している。それは「①原型としてのタラス・シェフチェンコと細井和喜蔵との出会い(一九二三年・一九二四~二六年)」、「②土田杏村との出会い(一九二八~三〇年)」、「③農民自治会(一九二五~二八年)における下中弥三郎・中西伊之助との出会い」、「④一九二八~二九年における、いわゆる農民戦線統一の思想的構造に関わる、コミュニストの山本宣治、佐野英造、さらに雑誌『農民闘争』における伊藤三郎、関矢留作など同時代の新しいコミュニストとの出会い」、「そして最後に、⑤最も本質的な意味での他者である渋谷黎子との出会い」である(三七-三八頁)。
(23) 同上、一二頁。

(24) 同上。
(25) 同上、二四九頁。
(26) 同上、一二頁。
(27) 同上。
(28) 同上、三七頁。
(29) 同上。
(30) 同上。
(31) 同上、一七三頁。
(32) 同上、三七頁。
(33) 釘宮明美「森有正の「経験」思想における信仰――神経験と神の定義」加藤伸郎観衆／鶴岡賀雄他編『キリスト教をめぐる近代日本の諸相――響鳴と反撥』オリエンス宗教研究所、二〇〇八年、一八五頁。
(34) 大門正克／岡田和弘他編『「生存」の東北史――歴史から問う3・11』大月書店、二〇一三年、二八一－二八二頁。また大門は同書のなかで「どの時代にも共通する「生存」の仕組み」として、A：人間と自然、B：労働と生活、C：国家と社会を指摘している（二八二頁）。
(35) 大門正克「序説「生存」の歴史学――「一九三〇～六〇年代の日本」と現在との往還を通じて」『歴史学研究』第八四六号、二〇〇八年、同『歴史への問い／現在への問い』校倉書房、二〇〇八年。また、倉地克直『「生きること」の歴史学――徳川日本のくらしとこころ』（敬文社、二〇一五年）でも「生存」「生きること」と災害の問題が指摘されている（二八二－二八四頁）。
(36) 同書の問題意識と研究方法については『戦争と戦後を生きる』の「はじめに」及び「おわりに」を参照。
(37) 槇原茂編著『個人の語りがひらく歴史――ナラティブ／エゴ・ドキュメント／シティズンシップ』ミネルヴァ書房、二〇一四年、三－四頁。
(38) 同上、三頁。
(39) 同上、六頁。
(40) 長谷川貴彦「エゴ・ドキュメント論――欧米の歴史学における新潮流」歴史科学協議会編『歴史評論』七七七号、二〇一五年、五六頁。

(41) 「編集後記」石嶺バプテスト教会『主の御手の中で――献堂三〇周年記念証し集』、二〇〇三年。
(42) 桜井厚「オーラル・ヒストリーの対話性と社会性」『歴史学研究』第八一一号、二〇〇六年、六頁。
(43) 有末賢『生活史宣言――ライフヒストリーの社会学』慶應義塾大学出版会、二〇一二年、一七頁。
(44) 同上。
(45) 同上、二四頁。
(46) 同上。
(47) 喜友名嗣正「孤立無援であっても……――一死硬派の弁」(『新沖縄文学』第五五号、沖縄タイムス社、一九八三年、一三〇頁。
(48) エドワード・W・サイード/大橋洋一訳『文化と帝国主義 1』みすず書房、一九九八年、三四四頁。
(49) ここで念頭においているのは、杉原達「中国人強制連行と私たち――安野・西松を中心に」(『広島教育』五五四号、一九九九年)である。戦時中、広島安野発電所では多くの中国人が強制連行・強制労働させられていた。それを強いた西松建設の企業責任を問う裁判において、受難者である呂学文、宋継堯、邵義誠の三人が本人尋問に立った。それを数日後に控えていた一九九八年二月、杉原は、ある講演会のなかで当事者の証言――ここでは宋継堯の証言――を「一体どのようなものとして聞いていくのか」(一五頁)と問いかけている。そして「証言が自分の中に響いて、何かを分裂させて、そして、自分の中の一部になっていくような聞き方、さらには、自分の明日を突き動かしていくようなきっかけとして、私たちは証言を聞いていく必要があるのではないか」(同上)と述べている。そのうえで杉原は、山東省から安野に連行された宋は「満州国」、朝鮮、華北内の労働現場に連れて行かれた「無数の宋さんたち(他の中国人――筆者注)の中のお一人」(一七頁)であり決して特殊な例ではないと述べている。そこには、ある歴史的な出来事や人びとの経験を過去に閉じ込めてしまうのではなく、自分自身に連なるものとして当事者の証言をたぐりよせようとする杉原の姿勢がある。本書の同時代的思考は、杉原の歴史や人間に向き合う姿勢、見解に着想を得ている。

第一章　沖縄から台湾へ――経験のゆくえと生存のかたち1

第一節　経験の束としての語り――西新町と社寮島

二〇一二年二月二四日、筆者は「水産」地域にある菊の自宅で話を聞いていた。自身の信仰のあり方と自分の労苦を重ね合わせる菊の姿が印象的だった。その中で菊は〈随分ね、あっちこっちあっちこっち歩きました〉とそれまでの歩みを回想し〈こっちがどうするああする言わないでも自然にそうなった〉と振り返った。〈自然にそうなった〉という菊の言葉は、予期せぬ運命的な力に翻弄されてきた菊の姿を彷彿させる。しかしその一方には自らの主体的選択によって切り拓いてきた菊の歩みがある。予期せぬ運命的な力と主体的選択。これらの累積による菊の歩みは一九二〇年代の沖縄に始まる。

宮城菊は一九二二年七月一四日に八人兄妹の次女として沖縄県那覇市久米町に生まれた【図1－1】。出生届の提出が遅れたため戸籍では一九二四年生まれになっている。菊が生まれた久米町は一四世紀後半に中国（明）から派遣された「久米三十六姓」の居留地だった。

菊は五～六歳の時に久米町からほど近い西新町に引越しをしている。西新町は明治以降の埋め立てによって誕

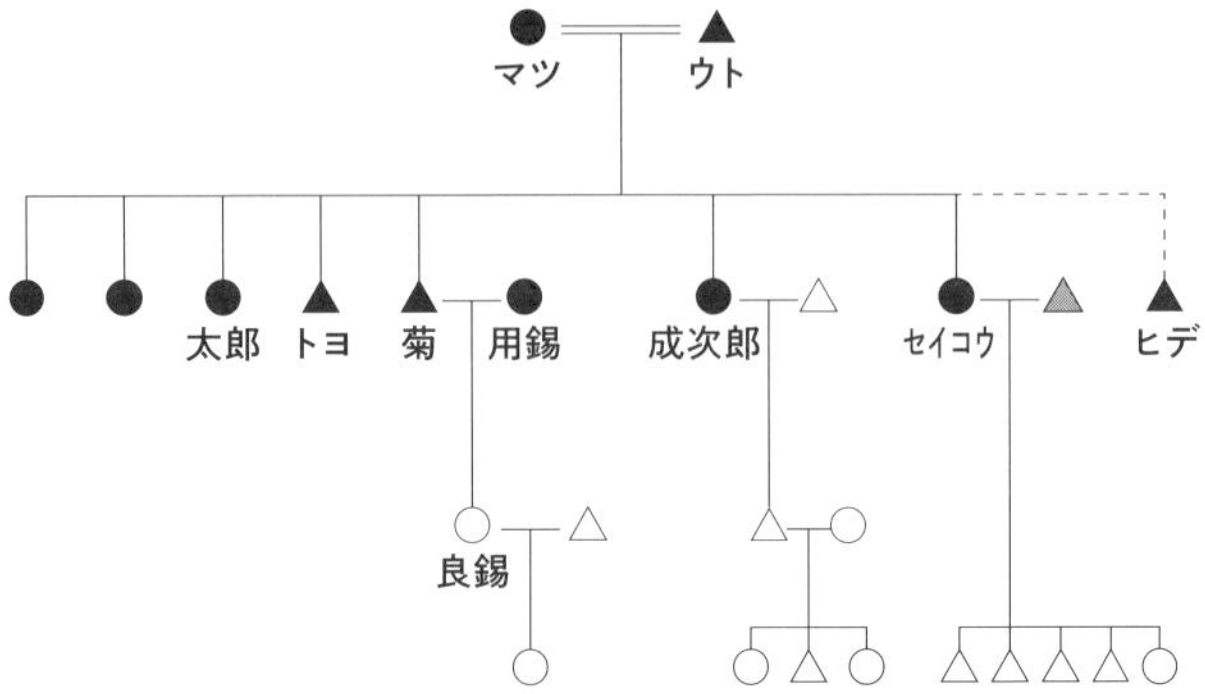

【図 1-1】

菊や親族の証言に基づき作成した家系図。太郎の上には兄が二人いたが、菊が生まれる前にどちらも亡くなっている。また菊には〈ヒデ〉という妹がいたが何番目にあたるのか確認出来ていない。2015 年 11 月現在、姉のトヨ（95 歳）を残し菊の兄弟姉妹は全員死去している。尚、黒はすでに鬼籍に入っている人、グレーは生存が確認出来ていないことを意味している。

生し、一九一四年から一九七一年まで存在した地域である[1]。そして、現在の西町にあたる区域がかつての西新町にあたる。

一九二一年、沖縄で一般市制が施行された当時、西新町はすでに那覇市を構成する一つの町で、段階的な埋め立てによって形成された。それは以下の三段階に分けられる。

最初の埋め立ては一八八二年に「湯屋の前（ユーワーヌメー）」と呼ばれる地域一帯を対象とし、約四〇〇坪が埋め立てられた。次に、一八八八年に「三重城（ミーグスク）」に伸びる突堤付近約四〇〇〇坪が埋め立てられた。この地域は後の西新町一～二丁目に該当し、俗に「古潟（フルガタ）」と呼ばれた。そして一九〇八年に始まり一九二二年に竣工した埋め立て事業によって西新町三丁目が形成された。この地域は「ミーガタ（新潟）」と呼ばれた【写真１－１】。

以上の経緯で誕生した西新町の東には西本町と東町が位置し、菊が後に売られることになる辻町は北側に位置していた。現在、那覇市の中心と言えば国際通り周辺を指すが、戦前は西本町・東町一帯が那覇の中心だった。

西本町は商業の町だった。その様子は「内地風の黒瓦の商家が点在して、寄留商人のメッカのような観を呈し」

ており「寄留商人の経済力が、四隣をなびかせ、鼻息荒いものにしていた」(2)と言われ、一八七九年から一九二〇年の間、沖縄県庁は西本町に置かれていた。

　他方の東町は「昔から市民の生活を支える大町（町《マ》は市場のこと《マ》）があって雑踏した」(3)と言われる。那覇は首里王府時代から物貨集散の中心地だったが、その心臓部を担っていたのが東町市場だった(4)。その他にも山形屋や円山号といったデパートがあった。

【写真 1-1】

那覇港（写真中央）を挟んで手前がかつての住吉町、その対岸が西新町である。船が停泊しているのが「古潟」、その奥に「ミーガタ」が続く（「那覇全景（戦前）」（沖縄群島政府統計課編『沖縄群島要覧』琉球文教図書株式会社、1952 年、p. 330）。

　それでは、商業や政治の中心だった西本町・東町に隣接する西新町にはどのような地域的特徴があったのだろうか。

　一九二九年頃の那覇市の地図【図1－2】を見ると、西新町は整備された港湾によって隔てられた三つの陸地で構成されていたことが分かる。そのうち、那覇港に近い「フルガタ」（西新町一～二丁目）には「水上署港務署」「大阪商船」「平良製材」「早瀬川造船」「十倉鉄工所」といった港湾関係会社が並び、辻町に隣接する「ミーガタ」（三丁目）には「偕楽軒」「真宗寺」「硝子工場」が確認できる。

　参考までに「各町別戸数人口表」(5)を見てみると、一九二七年の西新町には「七二一・三〇五五（世帯数・人口、以下同様）」が暮らしていた。一九三〇年になると「九

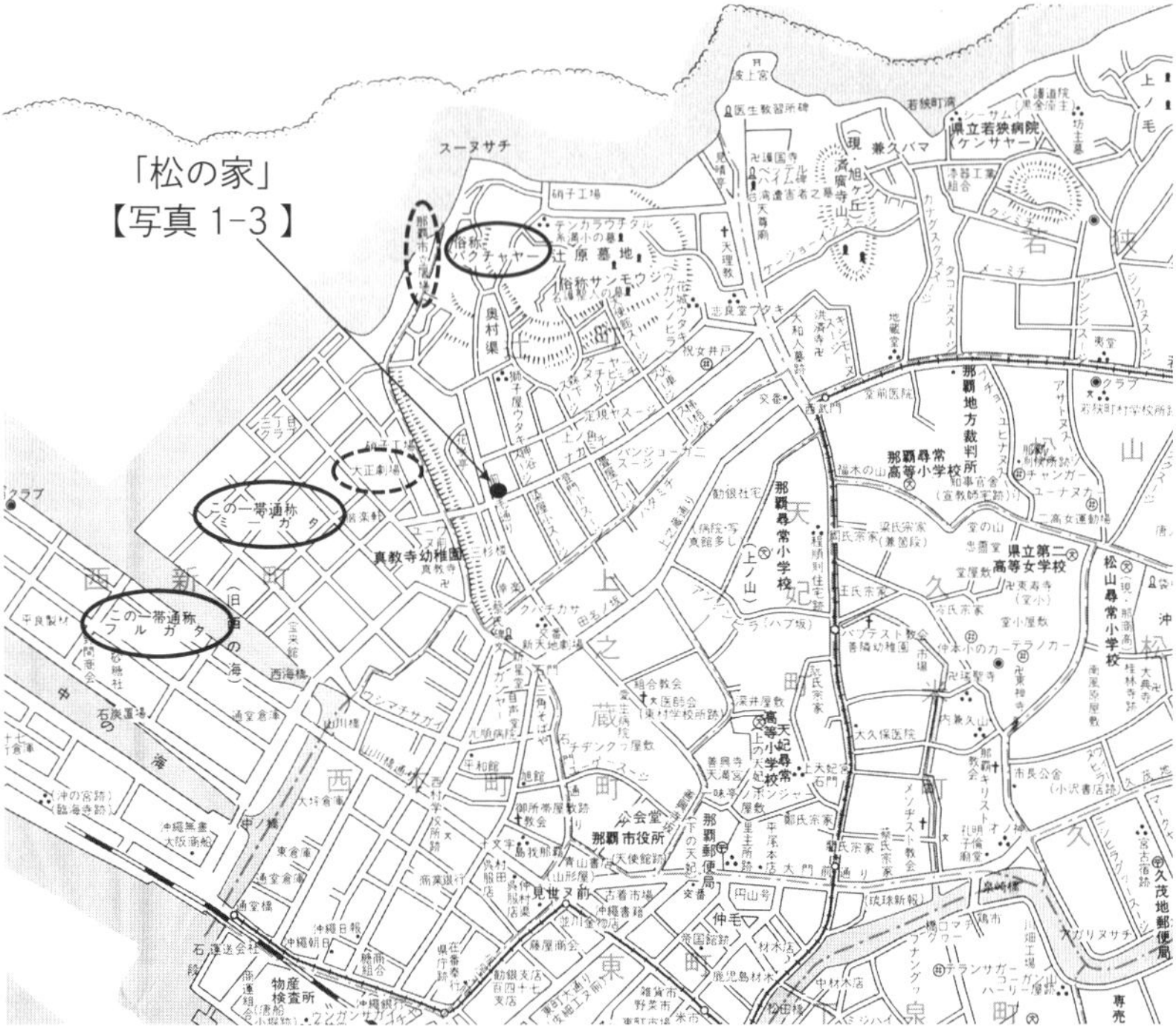

【図 1-2】

「那覇の歴史民俗地図」（那覇市企画部市史編集室編集・発行『那覇市史資料編第 2 巻中の 7』、1979 年、付図）から筆者作成。点線で囲ったのが「大正劇場」と「那覇市立屠場」。「那覇市立屠場」の近くには「バクチャヤー」と呼ばれる地域があった。黒点で示した場所は、菊が後に売られることになる「松の家」を示している。

○一・三一八二」、一九三四年は「九六二・三○八二」、一九三九年では「九八○・四○四一」と推移しており、西本町や東町よりも人口が膨れ上がっていた⑥。

那覇市史編集員会編集『那覇市史資料編第二巻中の七』（那覇市役所、一九六七年）には「西新町は船着場として倉庫と村宿屋小が多く、樽皮細工なども盛ん」だったと記されている⑦。別の文献では「大正のころに埋め立てが完成したので、新開地らしい活気と、東京の下町によくある長屋らしい庶民の世界があ」り、辻町から近いこともあって「この辺はお妾さんの町でもあったらしい」と述べられている[8]。

その一方で次のような記述も確認できる。「西新町は（中略）本町（西本町）から転出した者と他からの転入者の入りくみで共同心に欠け、村としてのまとまりがなかった」[9]。さらに「やーど小（木賃宿）やみすぼらしい借家が立ちならぶスラムが西の海までつづく」[10]と。西新町で幼少期を過ごした菊は、この「スラム」を彷彿させる証言を残している。

> そこは前は海があって、もういつも海に行って貝拾ったりなんだかんだして。でもとじょうばが近い。とじょうばにね、遊びに行ったりなんじゃかんじゃしてやっとったんだけど、もう遊ぶことしかないよ。あそこ、とじょうばに行く、あの、海（略）の道を歩いとったらちょうどゴミ捨て場。なんていうかね、みんな家のない人たちがトタン屋根を作ってそこに住んでいる。乞食。うん。

菊の語りに登場する〈とじょうば〉とは「那覇市立屠場」のことである。菊によれば〈とじょうば〉まで〈牛とか馬とか豚〉を〈歩かせて連れて行くと、後ろまでもずらーっと行列みたいに歩いて西新町まで行く〉そして〈牛とか馬とか豚〉は〈大きな薪割り〉で屠殺されたという。

〈とじょうば〉は西新町の外れに位置しており、俗称「バクチャヤー」と呼ばれた地域のすぐ側にあった。「バクチャヤー」とは「現在の辻町の海岸側（波上《マ》宮の西側《マ》）にあった洞窟」のことで「かつてそこは乞食の住みかで、よく博打が行われていたことからこう呼ばれた」[11]と説明されている。

〈とじょうば〉で解体された豚や牛の残りかすは海に捨てられた。それに群がる熱帯魚を見に行くのが菊の遊びの一つだった。菊は、その〈とじょうば〉に行く途中で〈トタン屋根作って〉暮らしている〈乞食〉を目にしており、その様子を〈家が掘っ立て小屋で、あの古い掘っ立て小屋〉だったと語っている。西新町の「スラム」とは、菊が〈とじょうば〉に行く道中で目にしていた〈古い掘っ立て小屋〉だったと考えられる。

この菊の語りで重要な点は、西新町の「スラム」に関する回想が、かつて琉球人部落が存在していた社寮島（基隆市中正区、現・和平島）に関わる語りのなかで発せられたことである。

私の考えでは（琉球人部落の沖縄出身者は）みんな漁師でしょう。十何日も家を空けるでしょう。あそこね、私が、あの、和平島のあそこ行ってみたとき、ちょうど沖縄の西新町に似てる。家が掘っ立て小屋で。終戦してから喜友名さん（が会長）になってから家らしい家が建ったと私は思うよ。そうじゃないかと私は思う。

菊の語りには西新町と社寮島という二つの場が登場する。菊は、社寮島にあった琉球人部落と幼少期に目にした西新町の「スラム」を重ね合わせている。西新町と社寮島の間には公式に語られる歴史的関係を見出すことは出来ない。しかし菊は、その後の台湾生活で目にした琉球人部落の光景を、子どもの頃に目にした〈古い掘っ立て小屋〉に重ねているのである。西新町と社寮島は菊の個別具体的な経験を介して歴史的な繋がりを持ったと言える。

次に、社寮島の琉球人部落に〈家らしい家が建った〉という語りに着目したい。菊の語りに登場する〈喜友名さん〉とは、戦後台湾で琉球独立運動を展開し「台湾省琉球人民協会」の会長でもあった喜友名嗣正のことを指している。その喜友名によって〈家らしい家が建った〉という語りには留保が必要だが、その信憑性よりもむしろ、西新町に関する語りのなかで喜友名にまつわる具体的なエピソードが語られている点が重要である。喜友名の運動や活動については第六章で述べるが、琉球人部落に〈家らしい家が建った〉という語りは、喜友名が菊にとっていかに重要な存在だったのかを物語っている[12]。

先の語りを文字に起こせば数行程度である。しかしこの語りの背景に目を向ければ、菊の経験が幾重にも絡まりあっていることが分かる。こうした「経験の束としての語り」によって、西新町と社寮島の予期せぬ関係性や喜友名の人物像が照らし出される。個別具体的な経験を軸に据えることは、菊の経験を介して顕現される様々な地域や事柄を相互に繋ぎ合わせ、そこから新たな歴史の物語を紡いでいく試みである。

第二節　西新町の暮らし、辻への身売り

西新町の目と鼻の先には海が広がっていた。菊は弟妹の手を引いて〈いつも海に行って貝拾ったりなんだかんだして〉遊んでいた。他方で西新町は海に近かったため「井戸の水は塩分をふくんで飲料にならなかった[13]」と言われる。菊も〈井戸は水が塩っ辛い〉〈水を買って飲んだこともあるからね〉と述べている。

お母さんたちが買って。水を売りにくる。（中略）ウティンダ（落平）の水いうて。桶に入れて売りに来る。

〈ウティンダ〉とは現在の奥武山公園の近くにあった桶川跡である。そこは岩の間を流れる水を桶で取水する井泉だったが、一九三三年に水道給水が開始されると〈ウティンダ〉の水売りも姿を消した[14]。菊にとって〈芝居館〉も遊び場の一つだった。菊が〈映画館と同じようで〉と記憶している〈芝居館〉とは「大正劇場」のことである。菊は、この「大正劇場」に〈毎日（略）二〇時頃から始まって二四時頃まで〉芝居を覗きに行った。

【写真 1–2】

向かって左から 2 番目が母親のウト、中央に菊、その右に弟の成次郎。この写真が撮影された日付は定かではないが、戦後沖縄で撮影されたと菊は述べている。菊は台湾に売られた後、帝国日本崩壊後も台湾で生活を続けている。そして菊は〈ソウワガッカイ〉という仏教団体に所属する〈沖縄の人〉と知り合いになる。菊は〈その人が（沖縄に）帰って（略）聞いてみてあげるって。あの人が（菊の家族を）探してくれたですよ〉と述べており、それを機に〈戦争が終わって 4～5 年くらいたってから〉沖縄に帰郷したという。この写真は、そのときに撮影された一枚である。

菊の家庭は決して裕福ではなかった。大工だった父親のマツは病気で働くことが出来なかった。菊は〈弟をおんぶして妹の手（を）引いて〉〈お金が落ちてないかと思うて〉歩き回った。〈一銭だとか二銭だとか五銭〉を拾い集め、弟妹に〈黒い飴〉を買い与えた。子守や遊びの合間をぬって母親のウトが作った餅や蒲鉾を売り歩くこともあった。

幼い子どもが懸命に売り歩く姿は大人たちの同情を買った。一人でたくさん買って帰る客もいた。菊は家庭状況を聞かれるたびに〈お父さんはいない〉と答えた。なぜなら〈病人がいる家の食べ物を誰が買ってくれるのか〉と考えたからである。菊はこの〈実地訓練〉によって〈言っていいこと、言ってはいけないこと〉を子どもながらに感じ取り〈人の苦労が分かるようになった〉と述べている。

菊が九歳の時にマツが息を引き取った。治療費で嵩んだ借金が多く残った。女手一つで家計を支えていかなければならなくなったウトは、借金返済と引き替えに菊を辻の遊郭に売ることを決める【写真1－2】⑮。

当時の沖縄は「蘇鉄地獄」[16]と呼ばれる不況経済の只中にあり、「蘇鉄地獄は娘を売らせる。蘇鉄地獄でなくとも沖縄の農家で一度家族に重い病人でも出たり、その借金は娘でも売らぬ限り救わるる道がない」と言われた時代だった。[17]この記述を体現するかのように、菊が売られる前には姉のトヨが辻に売られ、妹のヒデは後に南洋に、弟の成次郎は久米島に売られていった。末っ子のセイコウだけがどこにも売られなかった。沖縄の社会状況や逼迫した家庭環境が絡まり合うなかで菊の身売りが選択された。[18]

辻は、琉球王府時代から「尾類（ジュリ）」と呼ばれた女性たちで形成された「特殊な地域」で「「辻」・「仲島」・「渡地」の三ヵ所が沖縄の遊郭として明治期まで名を馳せてい」た。廃琉置県から二年後の一八八一年に「貸座敷並娼妓規則」、一八八八年には「芸妓酌婦取締規則」が沖縄県から公布されている。一九〇八年になると当時沖縄県知事だった奈良原繁によって「「仲島」・「渡地」の遊郭は廃止され、「辻」遊郭に統合され」た。それ以降、辻は「沖縄県下最大の社交場として観光案内にも取り上げられ」、「財政界の要人、官公庁・教育界の指導者をはじめ、あらゆる階層の男性が出入りする場所」になっていった。[19]

菊が売られた一九二〇年代後半は、辻が初めて公に批判された時期でもあった。一九二八年三月八日には、国際婦人デーに連帯した沖縄初の婦人集会が那覇市公会堂で開かれ辻の廃止が訴えられた。一九三三年には児童虐待防止法が公布、三八年になると日本キリスト教矯風会本部から林歌子、久《く》布《ぶ》白《しろ》落《おち》実《み》といった廃娼運動を訴える活動家が沖縄を訪ねている。沖縄のキリスト教矯風会では、会長の山田郁子や幹事の大城つるを中心に辻廃止運動が展開された。しかし「二〇年以内には辻を廃止する方針を立てていたが、戦時体制に入り、戦争に巻き込まれる形で辻遊廓は姿を消した[20]」。

戦局がすでに悪化していた一九四四年七月、辻の遊廓は「宴会場としての機能が廃され、「性的慰安施設」に集約されていき、芸妓は娼妓に転業させられ」ている。[21]そして同年一〇月一〇日、米軍による那覇大空襲（十・

十空襲）によって遊郭二七一軒が焼失、娼妓一一九七人が犠牲になった。

空襲以前の辻の様子は、上原栄子『辻の華』（時事通信社、一九七六年）が詳しい。菊よりも七年早く生まれた上原は、四歳のときに「母の病気の治療費に困り果てた父に」(22)モッコに乗せられて辻に売られている。上原はその時に目にした辻の風景を次のように書いている。

田舎ではかつて見たこともない大きな瓦葺きの家がズラリ立ち並び、どの家（楼）も御殿のように高い石垣で囲まれており（中略）三百軒もあるといわれた辻の各楼の、二階や平屋造りの豪勢な建物に圧倒された上、漆黒の髪を鬢付けや髪油で大《ウフカラジ》髪《（ママ）》に結い上げ、ピカピカと光る銀の簪を髪にさしたお姐さんたちが明るく忙しそうに立ち働いている（省略）(23)

上原はその後、辻で二五年の歳月を過ごすことになる。上原は「成長して後知《ママ》ったことでしたが」(24)と断った上で「どのお姐さんたちも程度の差こそあれ似たような境遇で売られてきた者たちでした」と述べている。そして「あの頃は、子どもが親に売られるのが当然のような時代でした」(25)と回想している。

菊の歩みを辿り直す時、その経験に刻み込まれた個別性と共に、辻に売られた幼女に共通する経験が看取される。「辻の女性たちは地縁、血縁ではなく、各地から売られてきたか、そこで産まれた女たちの寄り集まりであった」(26)と言われるように、上原も菊と同様、肉親の病気や借金のために身売りされ、後述する小渡《おど》カマドもまた「兄の借金払い」(27)のために辻に売られている。沖縄の経済的な不況や家庭の事情に絡めとられたのは菊だけではない。そこには菊と似た境遇を背負った幾人もの女性たちの姿があった。

第三節　琉球舞踊と読み書き

菊は「チカネーングヮ」[28]として「松の家」という遊郭に売られた【写真1－3】。菊は部屋の掃除や宴席の手伝いをしながら〈家におったら絶対に経験出来ない〉生活を送っている。例えば〈朝起きたらこれ食べなさいねっていうて生菓子買っておいて上等にしてくれ〉た。菊は辻での生活を振り返り〈本当に可愛がってもらった〉「辻においては本当に良くして貰って」[29]と述懐している。

【写真 1-3】

かつて「松の家」があった場所。現在は一般住宅になっている（2013 年 10 月 23 日、筆者撮影）。

菊にとって辻とは、一般の沖縄社会では経験することの出来ない生活や文化を体験出来る場所だった。なかでも辻での教育経験と琉球舞踊は、菊のその後の人生において重要な意味を持つことになる。

菊は辻時代に小学校に通っている。上原は、辻の女性が学校に通う理由として「義務教育」、さらに「小娘を抱えていながら、学校へも行かさず、こき使うような仕打ちをすれば、人情のない抱親として朋輩たちはもちろんのこと、辻全体から白眼視される」という辻社会の体面や世間体を指摘している。

菊は同学年よりも少し遅れて小学校に入学している。そのため〈（クラスで）一人だけ背が高くてね〉と当時を振り返っている。そして〈ハナ、ハト、マメ〉で始まる『尋常小学校国語読本』（「ハナハト読本」）で文字の読み書きを習っている。

一九一五年に西原村に生まれた小渡カマドも辻で教育を受けた一人である。小渡もまた「ハナハト読本」で文字を習い、これが「最初の文字との出会い」だった。小渡は「私はカタカナが上手なんですよ。現在でもカタカナしか書けません」[30]と述べている。

日本の近代教育は一八七二年の学制に始まる。学制とは近代学校制度に関する基本法令だが、「沖縄女性が初めて近代教育の恩恵を受け、日本語の読み書きを学習するようになったのが、一八八五年」[31]だと言われている。日本本土に比べて沖縄女性の就学が遅れたのは、日本近代教育に対する不信感、同化政策への警戒心、旧慣温存政策、「女子不学」の伝統的な考え方が関係していた[32]。

沖縄女性は琉球王府時代までは主に声の文化（口承）を生きてきた。口承文化は「話す者と聞く者とを統合し、和を奏でる「場」を優先させる」が「書承文化は、文字を読み解く読書の発達に伴って、分類・分析する「個」を誕生させることになる」[33]。他方で「この二つの文化の衝突は、じつは世代間の対立、価値観の対立となって沖縄女性を分断するとともに個人の内面にも亀裂を生じさせていた」[34]とも言われている。

菊の生涯において、最初で最後の学校生活はわずか一学期間という短いものであった。それでもこの時に習ったカタカナが後の「菊さんノート」へと繋がっていく。菊の読み書きやリテラシーについては第七章で詳しく検討するが、菊の主体性や自我の構築を考える上で、キリスト教信仰と共に文字の読み書きは重要な論点の一つとなる。

辻での生活において、この文字の読み書きと並んで重要になるのが琉球舞踊である。辻に売られた幼女たちは客をもてなす教養として、踊り、三線、礼儀作法などを教え込まれるが、菊は琉球芸能史にその名を残す玉城盛義（一八八九－一九七一）の指南を受けていた。これは「抱え親（アンマー）」（貸座敷業者）が菊を一流の尾類に育て上げようとしていたことを物語っている。

玉城盛義は「タマグシクヌターリー（玉城のお父さん、以下、ターリー）」の愛称で親しまれた舞踏家であり、明治・大正・昭和にかけて役者、舞踏家、創作者として活躍し、多くの弟子を養成したことで知られている。そのターリーに師事を仰ぎ、現在は玉城流翔節会の家元として活躍する玉城節子は「いつも気取らず、口数も少なかった」(35)とその人柄について述べている。そして「芝居の世界での稀なる人格者としての存在」であったターリーの踊りは「人柄そのままでいささかのてらいも無く、淡々とした味わいがあり、自然体ともいうべき流麗さがあった」(36)という。

ターリーは「二〇歳のころから辻遊郭で舞踊を教えながら演劇をつづけ」たと言われている(37)。玉城節子は辻での稽古について以下のように述べている。

先生は辻にお稽古場を持っていらして、遊廓や料亭の踊り子さんたちにも指導したらしいんです。そこの女将さんたちもみんな先生のお弟子さんだったようです。先生はとても優しいんですが、ただ優しいだけではなくて、稽古中にふざけたりちゃんと覚えなかったりすると、ミーチル（見放す《ママ》）んです。言葉はないけれど、だめだという態度をなさったんでしょうね。それが恐くて皆さん一生懸命頑張ったっていう話を聞いたことがあるんです(38)。

菊は〈毎日扇子を二本持って〉稽古場に通った。稽古ではまず〈扇子の持ち方、立ち方、歩き方〉の手本をターリーが見せた後、その弟子たちが菊を指導した。ターリーは〈もっと手を上げれとか下げれとか注意はするけど、自分が立って教えるってことはちょっと見られなかった〉。

しかし菊が尾類になることはなかった。なぜなら、ある出来事がきっかけで、一年ほどで「松の家」を逃げ出

【写真 1-4】

2013 年 10 月 26 日、砂川弥恵の案内で名護を訪ねた。菊が売られた料亭を探すことは出来なかったが〈姐さん〉たちが洗濯をしていた小川を見ることが出来た。琉球舞踊は手の動きが重要になるため、〈手が硬くなる〉という理由で菊は水仕事をさせてもらえなかった。〈私は台湾に来るまで【略】洗濯は自分のパンツぐらい洗うだけで、後はみんな姐さんたちが洗ってくれますよ〉と述べている（2013 年 10 月 26 日、筆者撮影）。

【写真 1-5】

「13 祝い」の写真。沖縄には誕生日から 12 年目に巡ってくる生まれ年を「年日（トゥシビー）」と呼び、旧暦の正月初めの干支の日に「生年祝い」を行う。「13 祝い」は生年を迎える儀礼と考えられており、女子の場合、近世以前であれば「13 祝い」以降が結婚適齢期だと考えられていた（渡辺欣雄・岡野宣勝他編『沖縄民俗辞典』吉川弘文館、2008 年、p. 287）。

しているからである。

ある日、菊が五人の客を相手に踊りを披露した際、その褒美として〈五〇銭〉を一枚ずつもらった。その後、お使に行く途中でみかんを売るウトと出会う。菊はウトに〈五〇銭〉を三枚渡し、残りの二枚を「抱え親」に渡した。しかし、三枚足りないことに激怒した「抱え親」は菊を厳しく叱りつけた。辻には「一人前になって個室を与えられるまでは働いた金はすべて抱え親の手に渡る」[39]というしきたりがあった。このしきたりを破り、ひどく怒られた菊は〈踊りの稽古に行く〉と言ったきり「松の家」には戻らなかった。〈私の親でしょう。私の親なのに、あの時あの人があんなことしなければ〉と当時の心境を語っている。

辻を逃げ出した菊は「抱え親」への「前借金」[40]を返すために、今度は舞子として名護や今帰仁、嘉手納の料亭に売られていくことになる【写真1－4】。

菊は名護の料亭で〈アイちゃん〉と呼ばれていた。〈アイちゃん〉とは蟻を意味する沖縄の言葉「アイコー」に由来している。体の小さい菊が蟻のように一生懸命働く姿から〈アイちゃん〉と呼ばるようになった。

名護の料亭にはブラジルに移民した親戚がいた。ブラジルから送られてくるコーヒーを淹れるのが菊の仕事だった。上手く淹れることが出来ると、その褒美としてブラジル産のクッキーを内緒で貰って食べた。また、今帰仁では「一三歳の祝い」をしてもらっている【写真1－5】。

菊はこの時、すでに琉球舞踊を踊ることが出来た。さらに年齢もあがっていた。そのため菊が高値で取引されることを、ウトは仲介業者から聞かされていた。その結果「お母さんは、お金が無くなったらすぐに私の所に来て、私の抜け道が無い」状況に追い込まれていた[41]。

菊が抱える借金は雪だるま式に膨れ上がっていった。〈あんまり借金が多くて〉〈遠くに行かないとまたその金を出す人もおらない〉そして〈紹介人〉から〈台湾に行くか、南洋に行くか〉と聞かれた菊は〈沖縄から近いから〉という理由で、当時帝国日本の植民地だった台湾に渡ることを決意する。この時、菊には二つの選択肢があった。一つは五年契約の旅館女中であり、もう一つは四年契約の娼妓である。菊は旅館女中として台湾に渡ることになるが、この時の選択が菊のその後の人生を大きく左右することになる。

注

（1）「角川日本地名大辞典」編纂委員会『角川日本地名大辞典 沖縄県』角川書店、一九八六年、五五三頁。

（2）沖縄文教出版株式会社編集・発行『那覇今昔の焦点』一九七一年、一七三頁。尚、西本町で事業を展開した寄留商人の大半は鹿児島県出身者であったが、大阪系寄留商人も次第に勢力を伸張していった（那覇市企画部市史編集室編集『激動の記録 那覇百年のあゆみ――琉球処分から交通方法変更まで』一九八〇年、一八頁）。

（3）那覇市企画部市史編集室編集・発行『那覇市史資料編第二巻中の七』一九七九年、三〇頁。

（4）那覇市企画部市史編集室編集・発行、前掲『激動の記録 那覇百年のあゆみ』、六二頁。

（5）那覇市史編集員会編集『那覇市史資料編第二巻下』那覇市役所、一九六七年、五八頁。

（6）同上。

（7）那覇市企画部市史編集室編集・発行、前掲『那覇市史資料編第二巻中の七』、三〇頁。

（8）沖縄文教出版株式会社編集・発行、前掲『那覇今昔の焦点』、一七二頁。

（9）那覇市企画部市史編集室編集・発行、前掲『那覇市史資料編第二巻中の七』、五三頁。

（10）沖縄文教出版株式会社編集・発行、前掲『那覇今昔の焦点』、一七二頁。

（11）沖縄言語センター「首里・那覇方言音声データベース」（http://ryukyu-lang.lib.u-ryukyu.ac.jp/srnh/details.php?ID=SN51377、二〇一八年四月三〇日最終閲覧）。

（12）この語りには、菊が一九七〇年代に購入した土地と家の出来事が関係していると考えられる。詳細は第七章で述べるが、喜友名は台湾を離れる際に、菊に土地と家の購入を勧め、菊に代わってその手続きを行っている。

（13）沖縄文教出版株式会社編集・発行、前掲『那覇今昔の焦点』、一七一頁。

（14）那覇市歴史博物館ホームページ（http://www.rekishi-archive.city.naha.okinawa.jp/archives/site/%E3%81%86%E3%81%A6%E3%81%83%E3%82%93%E3%81%A0、二〇一八年三月二五日最終閲覧）。

（15）百万人の福音編集部「主は私を緑の牧場に伏させ」では「九歳の時、名護の料理屋に奉公に出された」と記されており、後述する琉球舞踊に関しても「名護の舞子時代にみつけたもの」と述べられている（六八頁）。しかし、筆者

(16)の聞き取りや宮城菊（語り手）・城倉翼（聞き手）「証し」（石嶺バプテスト教会『主の御手の中で』二〇〇三年、六一頁）によれば、九歳で売られたのは辻であり、琉球舞踊は辻で身に付けたと考えて差し支えないだろう。

(17)安渓貴子・当山昌直編『ソテツをみなおす――奄美・沖縄の蘇鉄文化誌』（ボーダーインク、二〇一五年）によれば「ソテツ地獄」は「沖縄の新聞記者が作った言葉」であり「サツマイモどころか毒があるソテツの実や幹を食べた、そのひどかった生活」を象徴する「決まり文句」として日本本土で使われたという（一頁）。しかし「実際には（中略）その毒を抜いて澱粉にし、おかゆなどで食べる食べ方が日常食であった地域もあって、悲惨なものではなかった」と述べ「庶民の感覚では「地獄はソテツを食い尽くしたその先にあった」」という歴史研究者・大城将保の言葉を紹介している（同上）。同書は、ソテツの分布や特徴、ソテツと人びとの関わり、毒抜きの方法や食べ方などを紹介することで悲観的な歴史を連想させるソテツを見直す著作である。

(18)湧上聾人編『沖縄救済論集』琉球資料復刻頒份会、一九六九年（初版：一九二九年）、三〇頁。

(19)菊によれば、長男の太郎は〈小学校行く時に怪我して頭痛めた〉のが原因で〈自分で（物事を）考えてやるちゅうことは出来な〉かったが、指示された仕事をこなすことが出来たため〈戦争が終ったと同時に一生懸命働いてお母さんを養っとんだからね〉と述べている。

(20)那覇市市民文化部博物館（歴史博物館）編集・発行『辻の歴史と文化』、二〇一二年、二一―三頁。

(21)外間米子「上からの制度、下から支え」『琉球新報』、一九九九年七月二五日。

(22)「女たちの戦争と平和資料館」編集・発行『軍隊は女性を守らない～沖縄の日本軍慰安所と米軍の性暴力』二〇一二年、一八頁。

(23)上原栄子『辻の華』時事通信社、一九七六年、一四頁。

(24)同上、一五頁。

(25)同上、一七頁。

(26)同上。

(27)外間、前掲「上からの制度、下から支え」、一九九九年七月二五日。

(28)那覇女性史編集員会・那覇市総務部女性室編『なは女性史証言集―生命のあかし』、一九九四年、一二四頁。

「四・五～一〇歳前後」で辻に売られた少女たちを指し「養育している子」の意味（那覇市総務部女性室・那覇女性史編集委員会編『なは・女のあしあと 那覇女性史（近代編）』ドメス出版、一九九八年、三七六頁）。

（29）宮城菊（語り手）・城倉翼（聞き手）、前掲「証し」、六一頁。
（30）那覇女性史編集員会・那覇市総務部女性室編、前掲『なは女性史証言集』、一三一頁。
（31）沖縄県教育庁文化財課史料編集班編『沖縄県史各論編8　女性史』、二〇一六年、一五三頁。
（32）同上、一四五頁。
（33）同上、一四六頁。
（34）同上。
（35）玉城節子「百玉舞」『沖縄タイムス』、二〇一〇年一〇月二六日。
（36）矢野輝雄『新訂・増補　沖縄芸能史話』榕樹社、一九九三年、三七五―三七六頁。
（37）当間一郎監修・那覇出版社編集部編集『琉球芸能事典』那覇出版社、一九九二年、四一〇頁。
（38）沖縄国際大学公開講座委員会編『沖縄芸能の可能性』、二〇〇五年、七〇頁。
（39）「沖縄20世紀の光芒29」『琉球新報』、一九九九年七月二五日。
（40）身売りの際に親が受け取る金を「前借金」と呼ぶようになったのは近代に入ってからである。それ以前は「身代金」と言われていた（北原みのり編『日本のフェミニズム』河出書房新社、二〇一七年、二一頁）。
（41）宮城菊（語り手）・城倉翼（聞き手）、前掲「証し」、六一頁。筆者はこれまで、繰り返される年季奉公と借金の絡繰りから逃れることが出来ずに菊は台湾に売られたと解釈してきた。しかし砂川弥恵によれば「沖縄にいたら次々に売られる。とにかく売られるのが嫌だから島を出たかった。沖縄にいたら先が見えない」と菊は語っていたという（二〇一三年一〇月二六日）。菊が弥恵に語った理由は、菊が自分自身の身を守るために自分で沖縄を離れたことを示唆している。菊はなぜ沖縄を離れたいと考えたのだろうか。今となってはその真意を確認することは出来ないが、辻や名護、今帰仁での充実した暮らしには、菊の「語りたくないこと／語り得ないこと」としての経験があった可能性を指摘しておきたい。

コラム①　〈シジダカサン〉と〈呪いの金〉

沖縄には「シジダカサン」という言葉がある。半田一郎編『琉球語辞典』（大学書林、一九九九年）によれば「シジ」とは、①筋、②神（の霊力）、③杉、④錫を意味する名詞で、これに「〜ダカサン」が付くと「（聖地などが）神々（こうごう）しい」という意味になるという（四九二頁）。人と比べて霊感が強い、家筋が良い人を「シジダカサン」と呼ぶ。

菊は自分の名前は〈シジダカサン〉だと言う。なるほど。「宮城」は皇居の旧称、「菊」は天皇家のシンボル「菊花紋章」だ。

沖縄には立派な名前を付けると体が脆弱になるという言い伝えがあるらしい。〈貧乏者のくせに名前はシジダカサンだからね〉と冗談交じりに話す菊は、確かに子どもの頃から脆弱で、大人になってからも病気に苦しめられた。

第一章で菊がお金を拾い歩いていたと書いたが、実はこれには続きがある。

菊がいつものように妹たちの手を引いて歩いていたある日のこと。偶然通りかかった空地——菊は空地だと述べているが、そこは村落祭儀を行う御嶽だったのではないか——には〈一五銭〉が供えてあった。

そこは空地だけど、そこにご飯も置いておかずも置いて線香立てて、お茶、お酒、花立てて。そこに拝んでるんですよ、これ。そこに一五銭というお金がある。私、確か、あのね、穴の開いた大きいのと小さいの二つ、あれは確か一五銭だったと私覚えていますよ。

いつも拾っていたお金の数倍、子どもの菊にとっては大金である。菊は迷わずその〈一五銭〉を拾った。その後も空地に通った菊は、決められた日に〈一五銭〉が供えてあることを知る。〈毎日はないからね。で、日にちをみて、あ、今頃あの金あるらしいよ、早く行かないと人に取られるというてその金をよく拾いました〉と、その機を逃さずに〈一五銭〉を拾いに行った。

しかし〈一五銭〉の他にもご飯、お酒、おかず、線香、花が一緒に供えてあった。一体何のために？　菊は言う。

あの、病気治らない、長い。だけどみんな何とかして生かしたいと思うから願をかける。この人の病気を【省略】その一五銭持っていく人に【省略】移して、あの人の病気を治してください、その人の病気をこっちに移して。だからもうどんな薬を飲んでも治らなかったんでしょう、呪いの金だから。あの人が持っていくべき病気をこっちがもらったんだからね。あの時は小さいから分からない。

その後、菊は沖縄から植民地台湾に売られ、日本敗戦後も台湾に残り生活を続けた。戦後台湾での暮らしは決して順風満帆ではなかった。その原因の一つが菊の心身を蝕んだ病だった。

菊は西洋医学や東洋医学といった様々な治療を試したが、病状は一向に良くならなかった。菊が〈どんな薬を飲んでも治らなかった〉と述べているのは戦後台湾で患った病のことである。そして、自分の病が完治しなかったのは〈呪いの金〉を子どもの頃に拾い、他人の病気が自分に移ったからだ。菊はそのように解釈しているのである。

〈あの時は小さいから分からない〉。菊は大人になって初めて、あの時の〈一五銭〉が〈呪いの金〉だったことを知る。それは誰かからの見聞や知識として学んだわけではなく、戦後台湾で闘病生活に苦しんだ菊が、あれは〈呪いの金〉であったと後に解釈したのではないか。

〈シジダカサン〉に関しても同じことが言える。菊がこの言葉をいつ頃知ったのかは定かではないが、苦難の連続だった自分の人生を振り返ったときにその生涯を解釈する一つの手掛かりとして、自分の名前と〈シジダカサン〉を関連付けたのではないだろうか。もし仮に菊が違う人生を歩んでいたとしたら、〈シジダカサン〉も〈呪いの金〉も意味付けされることなく記憶の底に沈んでいたのかもしれない。

ある出来事はその人にとって重要な意味を持つのに、その人によって忘れられていく出来事がある。ある時期まではただの出来事に過ぎなかった事柄が、何らかの契機を境にしてそれまでとは全く異なる意味を持ち始めることもある。人が生きていく上で経験とはどのような意味を持っているのだろうか。〈シジダカサン〉や〈呪いの金〉に限らず、菊と向き合うなかで考えさせられることの一つとして経験がある。

第二章　植民地台湾での暮らし――経験のゆくえと生存のかたち2

第一節　日本軍と観光が同居する真砂町

菊は〈普通の貨物船〉に乗って植民地台湾を目指した【写真2－1】。菊を乗せた〈貨物船〉は那覇を出発し、宮古・八重山を経由して「内地台湾間連絡の門戸」[1]である基隆港に到着した。この時、菊は、自分がまさか半世紀近い時間を台湾で過ごすことになるとは想像もしていなかったであろう。菊の長い台湾生活は港湾都市・基隆から始まった。

【写真 2-1】

台湾に渡った頃の菊。基隆に到着した菊は、澎湖島の〈マルハチ〉で働いた後に基隆へ戻り、海光園の女中として働くことになる。

菊が台湾に渡ったのは一九三六年だった。当時の台湾は帝国日本に統治されてすでに約四〇年が経過していた。その植民地統治を中心で担っていたのが台湾総督府であり、一九四五年に帝国日本が崩壊するまでに延べ一九名が総督に任命されている。

歴代総督を概観してみると植民地統治の大まかな時代的特徴が浮かび上がる。初代総督の樺山資紀から第七代・明石元次郎までは全て陸海軍の将官が任命された。それに続く第八代・田健次郎から第十六代・中川健蔵までは文民であり、第十七代・小林躋造から再び将官が総督に任命され、最後の総督を務めた安藤利吉まで武官統治が続いた。①前期武官総督（一八九五－一九一九）→②文民総督（一九一九－一九三六）→③後期武官総督（一九三六－一九四五）という流れである。

各時期の特徴を大まかに述べると、①は圧倒的な武力で台湾を平定した時期、②は文化的植民地統治を行った時期、③は皇民化政策が強化された時期だった。菊は②から③へと移り変わる時期に台湾に渡り、主に③を過ごしたことになる。③はアジア・太平洋戦争[2]によって戦時体制に突入し、台湾では国語運動、改正名、宗教や風俗の改革、志願兵制度が施行され、日本への同化圧力が高まっていく時期である。菊はその時代の台湾をどのように生きたのだろうか。

菊は台湾に来た経緯とその後の生活について次のように語っている。

借金の終わるあてが無かったもんだから、一四歳の時に、私は台湾に行く決心をしたんですよ。そのとき私は、向こうに行けば、五年と四年があったんだけど、私は五年のほうを選びました。それは旅館の女中としての仕事であったもんだから、それだったら大丈夫と行ったんですけども、やっぱりその間にいろいろなことがありましたけれど、私が沖縄に帰れるようになったのに。[3]

菊は「一四歳の時に」台湾に渡ったと述べている。他方、別の文章では「一五歳の時、菊さんは台湾の基隆にある旅館に送り込まれた」[1]と記されている。渡台年齢にズレが生じているのは、前者が満年齢、後者が数え年を基準にしているからである。また「基隆のある旅館」と書かれているが、菊が働いた旅館は二つある。一つは〈マルハチ〉、もう一つは海光園という観光旅館である【図2－1】。「基隆のある旅館」とは海光園を指しており、菊が「いろいろなことがありました」と述べているのも海光園での出来事である。

菊が最初に勤めた〈マルハチ〉は台湾本島西側に浮かぶ澎湖島に位置していた。菊は基隆で一泊した後、汽車で南部の港湾都市・高雄を目指し、そこからさらに船を乗り継いで澎湖島に向かっている。

澎湖島は澎湖諸島を構成する島の一つである。澎湖島には日本海軍が駐留し、澎湖島要塞司令部が置かれていた[5]。また、馬公という地域には軍港があり、それを掩護する砲台が設置されていた[6]。菊によれば〈マルハチ〉にやって来る客のほとんどが澎湖島に駐留していた日本兵だったという。

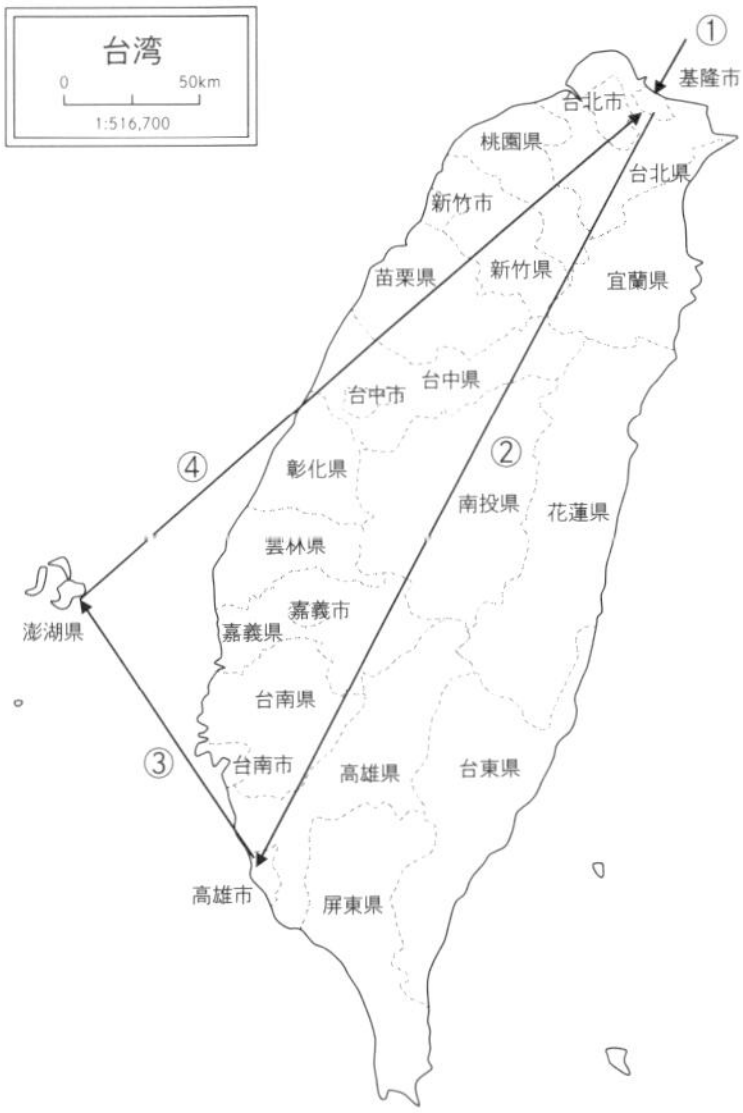

【図2-1】

台湾到着後の動きを①～④で示している。①台湾に到着した菊は基隆で一泊し、②南部の港湾都市・高雄に向かっている。③その高雄から澎湖島に渡り〈マルハチ〉で働いた後、④再び基隆に戻り観光旅館・海光園で女中を続けている。

澎湖島と沖縄の歴史的関係は思った以上に深い。例えば、日清戦争勃発後、屋比久孟治という人物は「比志島義輝大佐の率いる陸軍混成枝隊の一人として」[7]澎湖島占領作戦に参加している。そのため「屋比久は、このように沖縄人としては、最も早い時期に台湾領有に武力で直接的な関わりを持った一人で」[8]「沖縄最初の帝国軍人」[9]だと言われた。また

「沖縄最初の従軍記者」と言われた護得久朝惟や諸見里朝鴻も屋比久らと共に澎湖島占領作戦に従軍している。[10]さらに、帝国日本が台湾を領有した一八九五年には、真玉橋朝宏ら五名が巡査として澎湖島勤務を命じられ、一九〇〇年には久場政用が「澎湖島国語伝習所教諭」として澎湖島に渡っている。[11]一九四二年になると大田政作（一九〇四－一九九九）が澎湖庁長になっている。[12]

菊は〈マルハチ〉で〈下の仕事（下女中）〉をしていた。〈下の仕事〉とは板場の手伝いや食事の準備を担当する。それとは対照的に〈上の仕事〉があり、それは客の接待が主な仕事だった。また、菊は〈マルハチ〉の向かいに〈具志堅〉という〈塗り物屋〉があったと記憶している。〈具志堅〉は〈お盆とかお膳とかね、お椀とかなんとか売ってる店〉で〈そこの人たちがいい人で、うん、大分やっかいになったよ〉と回想しているが〈あの時は悲しくて寂しくて〉と当時を振り返っている。

菊が〈マルハチ〉で働いたのは一年という短い期間だった。なぜなら経営者が日本内地に引揚げることになったからである。そのため菊は〈沖縄に近いところにおりたい〉という理由で再び基隆に戻り、海光園の女中として働くことになる。

海光園は真砂町にあった【図2－2】。真砂町は基隆市街地[13]から北東におよそ一キロの距離に位置していた。一九三〇年代の真砂町は台湾を代表する観光地の一つとして知られていた。真砂町には「海水浴場として断然台湾におけるナンバーワン」と言われたクールベー浜があった。[14]クールベー浜は「基隆海水浴場」とも言われ、その様子は「近年台北を始め付近各地よりの浴客とみに増加し、市営休憩場、快楽園ルナパークの膨大をもって尚且つ狭隘《きょうあい》を感ずるの盛況にあり」[15]さらに「文化住宅、別荘地として今やあまねく知られ、将来の殷賑《いんしん》が思いやられる」[16]ほどの賑わいを見せていた。真砂町は、こうした砂浜があったことから俗に大沙湾と呼ばれていた。

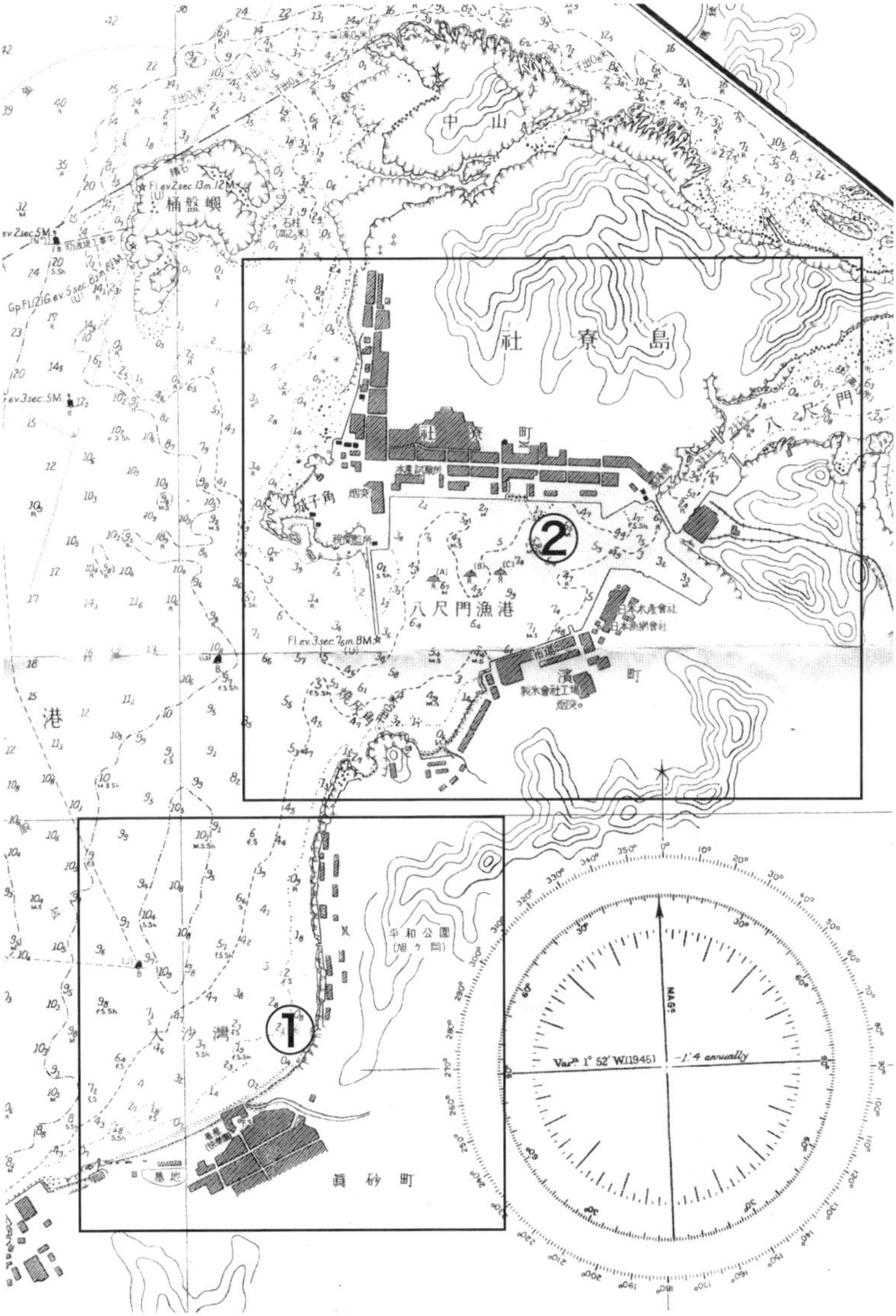

【図 2-2】

真砂町〜濱町・社寮町一帯地域図。①が真砂町、②が濱町・社寮町一帯である（日本海軍「基隆港」（1937 年）から筆者作成）。

【図2-3】
基隆市市章
(http://www.klcg.gov.tw/home.jsp?mserno=201502120003&serno=200710020002&menudata=KlcgMenu&contlink=klcg/content/introduction.jsp&level2=Y、2015年8月19日最終閲覧)。

その真砂町の先には濱町、社寮島が続く。当時の社寮島（現・和平島）には沖縄出身者が多く暮らしており、やはり基隆の観光名所の一つになっていた。

島内には沖縄人の漁村があり、独特の櫂を操り、或は海中に潜りモリで泳ぐ魚族を突き刺すなど珍とするに足りる。島内には料亭があり新鮮な魚を直に厨房に上すことができ、涼風に吹かれながら蛇皮線を聞くのも一興であろう。[17]

真砂町~濱町・社寮島へと続く地域一帯が本格的に開発されたのは一九三四年に竣工された基隆漁港が契機となっている。とりわけ、濱町は「近代的メカニズム、キャピタリズムの騒音地」[18]と称されるほどの発展を遂げた。基隆は現在でも港湾や漁業との関係から海との繋がりを強く連想させるが、東西南の三方に山岳を有する地域でもある。その特徴は現在使われている基隆市の市章にもはっきりと見て取ることが出来る【図2-3】。そこに描かれた外枠の円は自然と埠頭をイメージしている。中央に置かれた基隆の二文字は貨物船をモチーフにし、中央に配置された山脈は連綿と続く丘陵地を象徴している。[19]基隆はそうした山々に取り囲まれる地勢だったため、砲隊・堡塁を設置すれば基隆港を三方から守ることが出来た。

基隆港防衛のための砲隊・堡塁が本格的に設置されたのは植民地時代に入ってからである。浄法寺朝美の研究によれば、基隆には「偽砲台」「即時廃止」を含め一〇基の砲隊・堡塁が設置されていた。竣工年順に整理していくと、①外木山砲台（一九〇二年三月）、②白米甕砲台（一九〇二年七月）、③社寮島砲台（一九〇三年九月）、④大武崙堡塁（一九〇四年二月）、⑤万人頭堡塁（一九〇四年八月）、⑥槓仔寮砲台（一九〇四年一〇月）、⑦八尺門砲台・公山尾砲台（一九〇五年六月）、⑧牛稠嶺砲台（一九〇六年九月）、⑨深澳山堡塁（竣工時期不明）となる。要塞整理によって④は即時廃止後に偽砲台として残置され、⑨は即時廃止後に除籍されている。[20]

①〜⑦は領台後間もない時期に設置されている。これは武力で台湾を平定した時期と重なっている。日本近代史・軍事史を専門とする大江志乃夫は、一八九五年から一九一五年に台湾島内で繰り広げられた武力制圧、戦闘を「台湾植民地戦争」と位置づけている。[21]

大江は「台湾植民地戦争」を三つの時期に区分する。第一期は「台湾民主国を崩壊させ、一応台湾全島を軍事的に制圧するまで侵攻戦争の時期」（一八九五－一八九六年三月）、第二期は「中国系平地住民のゲリラ的抵抗」を平定した時期（一八九六年四月－一九〇二年）[22]、第三期は「少数先住民族である山地住民の軍事的制圧を主とする」[23]戦闘が繰り広げられた時期（一九〇二年－一九一五年）である。以上のことから、基隆防衛の砲台・堡塁は「台湾植民地戦争」が平地から山地へと移行する第三期に設置されていることが分かる。日本軍による圧倒的な暴力が台湾先住民に振るわれた時期と並行して「澎湖島要塞、高雄要塞とともに、台湾防衛上の要地」[24]としての基隆要塞が築城されていった。

基隆要塞の枢要を担ったのが基隆要塞司令部であり、その前身は一八九六年に真砂町の海岸近くに設置された基隆要塞指揮所である。その基隆要塞指揮所は一九〇三年に基隆要塞司令部に改名し、北部台湾を指揮する最高軍事施設としての役割を担っていく。[25]その後、基隆要塞司令部は一九二九年に海岸沿いから内陸部（現・祥豊街）に拠点を移している。[26]この時の移転と連動する形で「陸軍部、税関等の官舎」[27]や基隆要塞司令部官邸が海岸近くに建設されていった。[28]つまり、基隆観光の目玉であったクールベー浜や海光園は、日本軍関連施設と隣接していたことになる。

菊が渡り歩いた澎湖島と基隆はいずれも要塞司令部を有する要塞地帯であり、海光園が位置する真砂町は日本軍と観光が同居する場所だった。菊は日本軍が日常的に駐留する軍事的色彩の強い場所に売られたことになる。

第二節　琉球舞踊と琉球人差別

菊によれば、海光園には〈彼女（を）連れてお忍びで来る人〉〈（台北から来た）そういう人たちが何日か泊まっていく〉ことがあった。また、海光園近くの海岸には〈ウニがたくさん〉いたという。菊は〈ちょっと泳ぐいうて、立ったらもう足にみんなあれ（ウニの棘）が刺さって、あれ取るのに大変したことがあるよ〉と当時を振り返っている。

海光園に関する史料は多くないが、台湾総督府交通局鉄道部編『台湾鉄道旅行案内』（一九四二年、東亜旅行社台湾支部、以下『旅行案内』）から大まかな概要を知ることが出来る。[29]『旅行案内』は当時基隆にあった旅館を表にまとめて紹介している【表2－1】。それを見ると、海光園は基隆駅から約一キロの距離にあり、部屋数は七部屋だった。表には「内」や「台」と記されているが、これは「内地式」と「台湾式」を意味しており、海光園は日本風の旅館を模した「内地式」だったことが分かる。

【図2－4】は海光園の周辺図である。黒丸で示した位置に海光園があった。図の左下に見える「墓地」は「基隆フランス墓地」（基隆法国公墓）である。[30]また、網掛が「基隆要塞司令部庁舎」であり、白抜きの丸が「快楽園ルナパーク」（以下、快楽園）である。

快楽園は基隆を代表する私営の娯楽施設だった。その意味において、快楽園が真砂町の遊興文化をある程度体

【表 2-1】基隆にあった旅館の概要

<table>
<tr><th>旅館名</th><th>室數</th><th>クーポン</th><th>別</th><th>部屋代</th><th>朝食</th><th>夕食</th><th>所在地</th><th>電話</th><th>驛ヨリ（米）</th></tr>
<tr><td>船越別館</td><td>一六</td><td></td><td>内</td><td>六・〇〇 四・五〇 三・〇〇 二・〇〇</td><td>一・〇〇 一・〇〇 一・〇〇 七〇</td><td>三・〇〇 二・五〇 二・〇〇 一・三〇</td><td>双葉町 九七</td><td>一四三</td><td>一粁〇</td></tr>
<tr><td>常盤館</td><td>二二</td><td></td><td>内</td><td rowspan="5">四・〇〇 三・〇〇 二・〇〇 一・五〇</td><td rowspan="5">一・〇〇 一・〇〇 七〇 五〇</td><td rowspan="5">三・〇〇 二・〇〇 一・三〇 一・〇〇</td><td>旭町 二ノ一五</td><td>二〇一 三六</td><td>一〇〇</td></tr>
<tr><td>船越館</td><td>一九</td><td></td><td>内</td><td>明治町 一ノ五</td><td>五〇二</td><td>五〇</td></tr>
<tr><td>内山館</td><td>一五</td><td></td><td>内</td><td>日新町 一ノ三</td><td>四四三</td><td>一粁五</td></tr>
<tr><td>廣島館</td><td>一三</td><td></td><td>内</td><td>義重町 一ノ一</td><td>八三三</td><td>一粁〇</td></tr>
<tr><td>基隆館</td><td>八</td><td></td><td>内</td><td>眞砂町 六</td><td>五六〇</td><td>三粁〇</td></tr>
<tr><td>肥後屋</td><td>一七</td><td></td><td>内</td><td rowspan="8">三・〇〇 二・〇〇 一・〇〇 一・〇〇</td><td rowspan="8">八〇 五〇 五〇 五〇</td><td rowspan="8">一・二〇 一・〇〇 一・〇〇 一・〇〇</td><td>日新町 二ノ八</td><td>八二九</td><td rowspan="8">一粁〇</td></tr>
<tr><td>神戸館</td><td>一三</td><td></td><td>内</td><td>義重町 四ノ一六</td><td>三四三</td></tr>
<tr><td>入船館</td><td>二四</td><td></td><td>内</td><td>義重町 三ノ五</td><td>九〇四</td></tr>
<tr><td>日新館</td><td>二〇</td><td></td><td>内</td><td>日新町 四ノ三</td><td>三三九</td></tr>
<tr><td>大和館</td><td>一〇</td><td></td><td>内</td><td>日新町 一ノ三</td><td>六四四</td></tr>
<tr><td>依姫館</td><td>七</td><td></td><td>内</td><td>双葉町 一四</td><td>三三四</td></tr>
<tr><td>平和湯</td><td>五</td><td></td><td>内</td><td>眞砂町 三七</td><td>四八九</td></tr>
<tr><td>海光園</td><td>七</td><td></td><td>内</td><td>眞砂町 三五</td><td>五六四</td></tr>
<tr><td>永三館</td><td>一九</td><td></td><td>臺</td><td rowspan="7">一・五〇 一・〇〇 八〇</td><td rowspan="7">五〇 五〇 五〇</td><td rowspan="7">一・〇〇 一・〇〇 七〇</td><td>旭町 二ノ一九</td><td>四八五</td><td>五〇〇</td></tr>
<tr><td>蓬莱館</td><td>一九</td><td></td><td>臺</td><td>高砂町 三ノ四</td><td>一一六</td><td>五〇〇</td></tr>
<tr><td>日春館</td><td>二四</td><td></td><td>臺</td><td>旭町 三ノ二七</td><td></td><td></td></tr>
<tr><td>登瀛館</td><td>一三</td><td></td><td>臺</td><td>高砂町 三ノ二〇</td><td>六一五</td><td>五〇〇</td></tr>
<tr><td>吾妻館</td><td>一〇</td><td></td><td>内</td><td>義重町 五ノ五</td><td></td><td></td></tr>
<tr><td>華新館</td><td>一〇</td><td></td><td>臺</td><td>高砂町 三ノ二一</td><td></td><td></td></tr>
<tr><td>義重館</td><td>一二</td><td></td><td>内</td><td>義重町 一ノ一九</td><td></td><td></td></tr>
</table>

栗原純・鐘淑敏監修『近代台湾都市案内集成第 6 巻 台湾鉄道旅行案内 1942 年』（ゆまに書房、2013 年、p. 58）から転載。真砂町には基隆館、平和湯、海光園があり、部屋数は 5〜8 部屋で他の旅館よりも小規模だったことが分かる。

現していると言える。また、菊の証言と照らし合わせてみると、快楽園と海光園にはある種の共通点が確認できる。それは、本章の始めに引用した文章のなかで「いろいろなことがありました」[31]という菊の語りと無関係ではない。海光園に関する資料が少ないため、快楽園の特徴とその共通点を述べた上で海光園での菊の経験に分け入っていきたい。

快楽園は「内地の所謂温泉旅館」[32]であり「潮湯」「真水湯」「ラジウム温泉」を備えていた[33]。菊は海光園にも〈塩風呂〉があったと述べており、真砂町の観光旅館は海に近い立地を活かした〈塩風呂〉を売りにしていたと考えられる。さらに快楽園は「個人経営としては稀に見る電気応用メリーゴーランドの設備」を有しており「子供達を喜

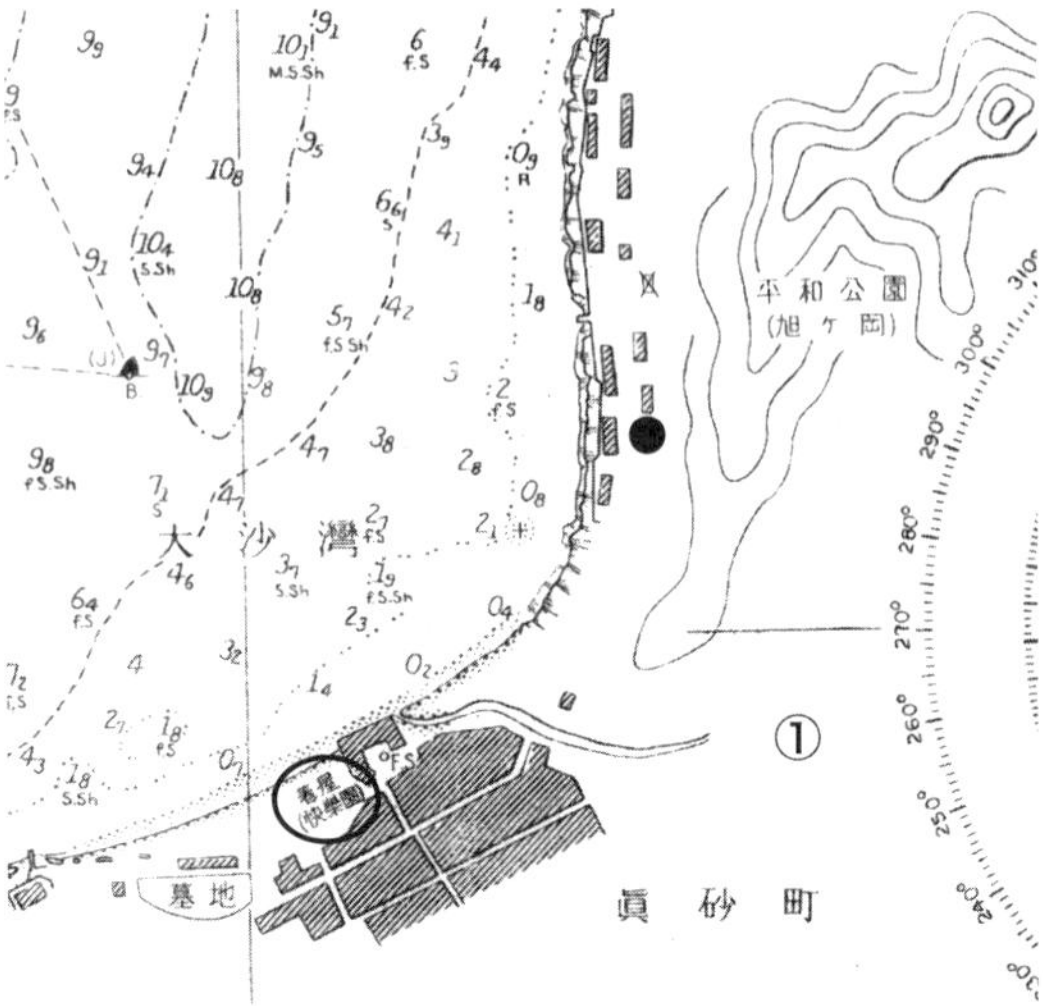

【図 2-4】

海光園周辺図（日本海軍、前掲「基隆港」、1937 年より筆者作成）。黒い丸で示した地域が海光園、白抜きの丸で囲った場所が快楽園である。「著屋」とも記されているが、その意味は判然としない。

ばせてい」た[34]。また『旅行案内』では「食事喫茶」としても紹介されている。「冷キリンビール五十五銭」「冷サイダー二十五銭」「チキンライス三十五銭[35]」「部屋だけなら一泊一円五十銭[36]」で利用することが出来た。

快楽園はレジャー的な要素を含んだ多目的施設だった。しかし「酔到《ママ》って紅裙を要するとあらば、席を換えれば丁《ママ》時にして美形の出現もするという次第[37]」という記述は、快楽園が単なるレジャー施設ではなく宴会場として使われていたことを物語っている。その「美形の出現」に関して当時の新聞は次のように伝えている。

御大の村瀬氏はわざわざ内地へゴ《ママ》出張に及んで狩集めて来た内地直輸入の美人連に満点のサービスを尽させようという勉強ぶりである。[38]

快楽園に「出現」する「紅裙」は、経営者の「村瀬」が日本内地から「直輸入」した「美人連」だった。快楽園は、温泉、レジャー施設、食事喫茶に加えて「席を換えれば寸時に」「内地直輸入の美人連」が「出現」する場だった。

宴会の席に「紅裙」即ち芸者が付くことはさほど珍しいことではない。日本植民地時代に温泉地として開発された北投では、旅館自らが芸妓や酌婦を抱えていることもあれば、芸妓などを取り次ぐ「検番」を利用することもあった[39]。菊によれば海光園でも〈近くのお店から芸者を借りてくる〉ことがあったという。

しかし、その〈芸者〉が足りない時には菊が座敷に立たされた。その経緯について「初めは年が足りないということで雑事に追われたが、やがて、旅館の宴会で舞妓として踊るようになった」[40]と説明されている。しかしこれは年齢だけの問題ではない。旅館女中として売られたはずの菊が舞妓として座敷に立たされたのは、年齢に加えて、琉球舞踊をすでに踊ることが出来たからである。礼儀作法として習った琉球舞踊は、海光園という場において菊を舞妓にした。旅館女中／舞妓の狭間に立たされた菊の姿は、琉球舞踊という経験のゆくえを照らし出している[41]。

また、菊は海光園で琉球人差別を受けている。ある日のことである。菊と一緒に働いていた〈台湾の人（女性）〉が、同僚だった〈日本人の女〉の所持品を盗んだという冤罪にかけられた。菊は〈この人は今来たばかり〉で〈何も見てないですよ〉と台湾人女性を擁護したが、それを聞いた〈日本人の女〉は〈生意気いうなって、琉球人のくせに〉と菊を罵っている。菊によれば、この〈日本人の女〉は〈姉さんかぶ〉で〈根性が悪くてね、みんなから嫌われてい〉たという。

沖縄出身者への蔑視は菊に限られたことではない。台湾東部に位置する花蓮港の沖縄人集落で生まれ育った香村良雄は「小さいころ、ウチナーンチュであることにひがんだ時期がありたましたね」と述べ「何かあると、内地人の子から琉球人のくせにとよく言われましてね（以下省略）」という証言を残している[42]。

琉球人のくせに生意気言うな。菊は、香村と同様に沖縄という出自で差別された時の気持ちを次のように回想している。

あれ聞いたときにはもう本当に（・・・）何とも言えない悔しいっていうか悲しいっていうか。もうもうもうもう肩がもう（・）日本人はそういうあれで沖縄の人を見てるんかーと思ったら絶対（・・）いい気持ちでは見られなかったですね。

沖縄に出自を持つことでなぜ差別されるのか。菊は言う。それは沖縄が〈戦争に負けた〉からだと。菊は伯母から次のような話を聞かされていた。

終戦するまで、教会に行くまで、私も日本人を（・・）好きじゃなかったですよ。沖縄で辻町とこの民間の町となんで違うかーと。これをうちのお母さんの姉さんから聞かされとったんですよ。沖縄にはこういう事があって、こういう事でこういう辻町ができたんだよーって。これも戦争に負けたからね（・）仕方がない【省略】日本語を使わなかったらもう怒られる。学校行っても札下げて、方言使ったら罰して立たされると【省略】なんで日本のあれと違うかね（・・）それを伯母さんから聞いとったから、あ、戦争に負けたから、みんなそうして向こうの言う事聞かんといかんのだよねって。

伯母が菊に語った〈戦争〉は、薩摩藩による琉球侵攻や琉球処分を指していると考えることもできる。しかし重要なことは、その〈戦争〉をある歴史的な出来事として説明してしまうことではない。菊が〈琉球人のくせに〉と差別された自らの経験を〈戦争に負けた〉から〈向こう（日本）の言う事聞かんといかんのだよね〉と解釈していることが重要なのである。さらに菊は、〈こういう事で（略）辻町ができた〉〈方言使ったら罰して立たされる〉とも語っている。つまり、辻への身売りや琉球人差別の経験を、沖縄と日本をめぐる歴史的な連なりのなかで捉えているのである。伯母が菊に語った〈戦争〉物語は、沖縄に出自を持つ女性であるが故に幾重にも周辺化され差別されてきた経験を自分に納得させるための歴史資源なのである。

また、先の〈日本人の女〉は〈ジロウヤン〉と呼ばれていた台湾人男性にも差別的な発言をしている。菊は〈なにがどうなったわからんけど〉と断った上で、この〈日本人の女〉が食事中に〈ジロウヤン〉に対して〈チャンコロのくせに〉と罵声を浴びせていたのを聞いている。その一部始終を見ていた菊は、その〈日本人の女〉に次のように言った。

うちすぐ立ち上がって、あんた何言うてるかって。喧嘩するんでもね、自分の国を引っ張り出すなって。あんたは朝鮮人のくせにと言うたら（言われたら）どんな気持ちするか。【略】喧嘩するなら喧嘩の言葉があるだろうって。国を出して何するかって。あんたは朝鮮人のくせにって言われた後どんな気持ちがするか考えれって（・・）偉そうに（笑）

菊の〈日本人の女〉に関する語りは、帝国日本の植民地主義によって周辺化された人びとの複雑な関係性を照らし出している。

菊の語りにあるように、この〈日本人の女〉は〈朝鮮人〉だった。菊によれば、この〈日本人の女〉は、日本に長く暮らした経験があり自分を日本人だと思い込んでいたという。〈日本人の女〉がいかに日本人意識を内面化していたのかを確かめる術はないが、アジア・太平洋戦争の勃発によって日本への同化圧力が高まっていた台湾の時代的な雰囲気も関係していたであろう。そして〈日本人の女〉が〈朝鮮人〉であったことを念頭に置くとき、菊や〈ジロウヤン〉に対する差別的な発言からは、帝国日本によって周辺化された人びとの抑圧移譲や植民地主義的位階の葛藤が看取される[43]。

そして、菊は〈ジロウヤン〉に関する語りのなかで次のようにも語っている。〈私としては（〈日本人の女〉＝朝鮮人女性に）言われる立場〉で台湾人女性や〈ジロウヤン〉も〈同じ種類〉だから〈あの胸の痛さはどうしようもないだろうなって〉。

菊にとって台湾人女性や〈ジロウヤン〉は自分と〈同じ種類〉だった。なぜなら、自分の力ではどうすることも出来ない出自で差別された共通の経験をしているからである。菊は〈琉球人のくせに〉と差別され〈胸を痛くしている〉からこそ、同じ境遇に置かれた台湾人女性や〈ジロウヤン〉に同じ胸の痛みを感じ取っていた。

菊が売られた海光園は〈日本人の女（朝鮮人女性）〉、台湾人女性、〈ジロウヤン〉が共に働く空間であり、彼・彼女たちの立場性や眼差しが重なりあう場だった。その具体的な形が「琉球人のくせに生意気言うな」という蔑視であり、〈同じ種類〉の人間に対する痛みの共感だった。菊と〈日本人の女〉をめぐる出来事は、帝国日本に周辺化された人びとの、決して一筋縄ではいかない葛藤、軋轢、共感の諸相を照らし出している。

第三節　旅館女中という経験

本節では旅館女中として台湾に渡った菊の経験を先行研究との比較から位置づけてみたい。

女性史家の浦崎茂子は「近代沖縄における典型的な三つの女子労働」として、（1）紡績女工、（2）海外移民・出稼ぎ、（3）台湾出稼ぎ女中をあげている[44]。そして（1）～（3）の共通点として、まず「沖縄の貧困から排出された社会的背景を持」つこと、次に「遠く故郷を離れ海を越えて、自らの意思で異文化社会、新しい労働環境下で家のために働いた」ことの二点を指摘している。[45]

東アジアや東南アジアを中心に人の移動を研究する金戸幸子は「台湾出稼ぎ「女中」という植民地時代の特異な時代性を持った女性労働者の形態についての調査研究はほとんどされていない」[46]ことを指摘し、「女中」として台湾に渡った人びとへの聞き取りや新聞・雑誌の記事を参照しながら、植民地台湾における家庭内労働の実態を考察している。

金戸は、沖縄本島出身女性の場合、行商人や娼婦として渡台する一部の女性たちを除けば、夫に付随して台湾に渡る女性の占める割合は少なくないだろうと述べる。[47]その一方で、台湾から地理的に近い八重山女性の場合、単身で台湾に就労・出稼ぎに行く人が多く、来台初期は家事使用人つまり「女中」に従事する者が多かったと述べている。[48]

植民地台湾における女中研究として水田憲志の論文がある。[49]水田は台北市職業紹介所の統計資料を用いることでその実態に迫ろうとする。水田によれば「一九二〇～三〇年代の台北市職業紹介所において、女子労働市場の大部分が「家事使用人」すなわち「女中」で占められ、しかもその多くが沖縄出身者であった状況が確認された」[50]と述べ、台北で「女中」として働いた八重山出身者「五名の生活史」を「渡航から帰郷までの状況」を中心に紹介している。[51]また、沖縄県教育庁文化財課史料編集班編『沖縄県史各論編第八巻女性史』（二〇一六年）では「台湾で家事労働者として働いた女性たちの出身地は様々だったが、なかでも八重山諸島出身者が比較的多かったといわれて」おり「沖縄本島では独身女性の出稼ぎ先として関西の工業地帯がよく知られている」と述べられている。[52]

以上の研究状況は、出稼ぎ女中に関する研究が主に八重山出身女性の家庭内労働に焦点が置かれてきたことを物語っている。しかし、女中というカテゴリーは、家庭で働く「普通下女」と「旅館女中」に分けることが出来る。例えば、金戸が引用している『先島朝日新聞』（一九三二年六月二八日）を見ると、「普通下女」（女中）と「旅館女中」は異なる職種として位置づけられており、前者は「五一八名（六二・一％）」、後者は「九四名（一一・三％）」[53]となっている。つまり、沖縄出身女中をめぐる従来の研究では「旅館女中」が正面から論じられることはなく、沖縄本島に出自を持ちながら旅館女中として台湾に渡った菊のような存在はこれまで着目されてこなかったと言える。以上の点を念頭に置きながら、水田の研究に依拠しながら菊の経験を逆照射する形で考察したい。

水田は八重山出身の台湾在住経験者に聞き取りを行っている。そこから「一般論を導き出すことには無理がある」と断った上で「あえていくつか共通する点を整理してみたい」と述べている[54]。以下（A）〜（D）は水田の見解に基づいた筆者の要約である。

（A）**移動の過程**：多くの場合、学校卒業直後から数年以内、年齢で言えば一〇代後半〜二〇歳代前半で台湾に渡っている。近親者ないしは同郷の有力者の紹介を受けるか、職業紹介所を利用して「女中」の仕事を得る。

（B）**雇用形態**：雇用者と「女中」の直接的な関係による。賃金や雇用期間などの労働条件は雇用者側の裁量に委ねられる部分が大きく、雇用側の都合による一方的な解雇も当然とされる不安定な雇用形態だった。また、結婚や出産を機に「女中」をやめるケースが多かった。

（C）**台湾へのあこがれ**：「都会へのあこがれ」。「都会に出るための方便」としての出稼ぎ。

（D）**同郷者関係と同郷団体**：台北における八重山出身者の場合、キーパーソンを核とする同郷者を介しての求職が行われた。しかし住み込みで働く「女中」たちの多くは郷友会の会合には参加出来なかった。[55]

（A）から順に見ていこう。

水田は渡航年齢について「一〇代後半～二〇歳代前半」と述べている。先述した通り、菊は数え年一五歳で台湾に売られていることから、水田の調査よりもやや若くして台湾に渡っていたことになる。また、菊が台湾に売られた経緯を考えると、菊が職業紹介所を利用したとは考えにくい。しかし菊は〈旅館に知り合いがいた〉と述べている。その〈知り合い〉が〈マルハチ〉と海光園どちらの旅館にいたのか、また、それが「近親者あるいは同郷の有力者」なのかは判然としないが、仲介業者の斡旋で台湾に売られたことを考えれば、菊が地縁や血縁に基づくネットワークのなかで台湾に身売りされた可能性が浮かび上がる。これは（D）の「同郷者を介しての求職」という点にも関わるだろう。

次に（B）の雇用形態である。

女中という不安定な雇用形態は、旅館女中と芸妓の狭間に立たされた菊の姿を想起させる。旅館女中だった菊が座敷に出された理由として年齢と琉球舞踊を指摘したが、「雇用者の裁量次第」という不安定な雇用形態も念頭に置く必要があるだろう。辻で習った琉球舞踊、旅館女中というジェンダー化された職業、雇用主との不安定な関係性といった諸要因が絡まり合うなかで、菊は旅館女中と芸妓の狭間に立たされたと考えられる。

菊の渡台と先行研究の間に見られる最大の隔たりが（C）である。

「台湾へのあこがれ」は、八重山出身者が渡台する理由の一つとしてこれまでにも繰り返し指摘されてきた。[57]それは沖縄では味わえない都会的な生活や[56]「「行儀見習」「家事習得」といった〝修業〟として性格を有していた」ことに起因する憧れである。当時の新聞や雑誌記事では台湾での生活によって淪落した女中への批判的な眼差しも確認されている。[58]

菊の場合はどうだろうか。再度確認しておきたいことは、菊は家庭の困窮から旅館女中として台湾に売られたのであり、都会的な生活に憧れていたわけではない。「台湾へのあこがれ」を抱いた渡台は主体的選択という意味合いが強いが、菊は沖縄社会の経済的困窮や逼迫した家庭状況といった自らの力ではどうすることも出来ない諸要因に翻弄された結果として台湾に売られている。

さらに菊は「家事使用人」（「普通下女」）ではなく「旅館女中」だった。先に述べたように、植民地台湾において「家事使用人」と「旅館女中」は別々の職業に位置づけられていた。「旅館女中」にも「行儀見習」や「家事習得」の側面があったに違いない。その意味において「家事使用人」との共通点を見出すこともできる。しかし観光旅館は、客が日常的に入れ替わる流動的な場であり、様々な出自を背負った人びとが集まる空間を形成しやすい。これを一般化するのには慎重を期する必要があるが、「旅館女中」の場合、接客作法を身に付け不特定多数の客を相手にする点で「家事使用人」とは異なっている。

最後に（D）について言及したい。

菊が基隆にやってきた当時「基隆沖縄県人会」がすでに設立されていた。「基隆沖縄県人会」は一九三〇年一二月に結成され、その所在地は「義重町一－六」、当時の構成員は「会長：徳森大成、副会長：屋部憲昭、会員：一四〇人」だった。[59] 義重町は基隆市街地に位置し、基隆神社や台湾銀行支店が位置する繁華街である。菊が県人会のような同郷団体に所属していたかどうかは確認できていないが、海光園に住み込みで働いた菊が郷友会などの会合に参加していた可能性は低いと思われる。

第四節　鄭用錫との出会い

アジア・太平洋戦争の激化に伴い台湾でも国家総動員法が施行されると、海光園は北川産業というサルベージ会社の工員宿舎として接収された。菊によれば、北川産業は〈（船に）ちょっと水が入るとか、どうなったこうなったというのを基隆に持って来てちょっとパッチあてる〉〈（日本に）持って行けるものは、ここでちょっと応急手当して日本に持って行く〉〈もしこれ（応急手当）が出来ないものは、ここでばらして、解体して【省略】その鉄を日本に持っていく〉作業を行っていた。

海光園が接収されたとき、菊は日本に帰ることも出来たが、〈沖縄に帰りたい〉という理由で工員宿舎に残り〈事務所の方の係り〉として働きながら沖縄に帰る船を待つ。しかし、その後の戦争の激化によって〈船の行き来が無くなって（沖縄に）帰ることが出来な〉くなってしまう。

戦争が来てそれ（旅館）をやめて、北川産業の寄宿舎になったのよ。だからみんなもうおる人達は、みんな引き揚げたよ。うちも一緒にいくかー日本にいくかーって言うたけど、うちは沖縄に帰りたいから、うん、沖縄に帰るのを、帰ることができるのをうちまっとったのよ。で、それが、もうそういうことになってしまって帰れなくなっちゃったでしょう。沖縄に帰る船がない。引揚船があったんだけどそれ分からない。

第一章の最後で、菊が台湾に売られる際に旅館女中と娼妓のどちらかを選択することができたと述べた。菊がもし四年契約の娼妓を選んでいたら一九四〇年に契約が満期を迎え、台湾に長く留まることはなかったのかもしれない。一方の旅館女中は五年契約で一九四一年が満期となり、日本がアメリカとの戦争に突入していく時期にあたる。菊は、旅館女中として台湾に渡ったが故に、戦争の激化によって台湾に閉じ込められた(60)。

しかし菊は、海光園が接収された当時の心境を苦渋と安堵が入り交じる言葉で述懐している。それは〈あの時（海光園）は辛かった〉という苦渋であり、北川産業になって〈やっと終わったと感じた〉という安堵である。

【写真 2-2】

学生服を身にまとった鄭用錫。写真の裏には「18 歳의冬」（18 歳の冬）と記されており、徴用される前に日本で撮影された一枚であることが分かる。

アジア・太平洋戦争が海光園の〈辛かった〉労働から菊を解放するという皮肉的な状況は、舞妓として座敷に立たされたことや琉球人差別の経験が、菊にとってそれだけ〈辛かった〉ことを物語っていよう。

北川産業は〈二階があって、また地下があって〉〈（一部屋は）一二人ぐらいの大きな広い部屋〉があった。その〈裏がすぐ海〉だったために魚釣りや〈潮が引いたら（略）貝拾い〉が出来た。

北川産業には、朝鮮・沖縄・日本・台湾の労働者が衣食住を共にしていた。朝鮮半島に出自を持つ〈白井〉〈大谷〉、沖縄から来た〈大城〉〈石川〉、そして〈日本の人が十何名〉と台湾人労働者が〈四〇～五〇人くらいおったんじゃないかね〉と菊は記憶している。労働者たちは日中は外に働きに出るため、菊が彼らと知り合うことはなかった。しかし菊は、マラリアをきっかけとして朝鮮半島出身の〈大谷〉——鄭用錫と出会うことになる。

鄭用錫は一九一九年に全羅南道に生まれた【写真2－2】。一二歳で大分県に渡り、学校に通いながら紡績業に従事する。菊は、用錫が渡日した理由について〈男の手がない〉日本の家に〈（朝鮮の男の子を）連れて行って〉〈勉強させて、それで自分の娘婿にしたりなんかして、こう色々あったんだそうです〉と説明している。その後、用錫は一九四四年に戦時徴用工として北川産業に連れて来られている。菊によれば、用錫はこの時、自分の配属先を選択することが出来たと言う。

戦争が激しくなったからこういう物（紡績業）はもういらないと。（省略）平和産業はこれで終わり。もう仕事がないから軍に徴用されて。で、台湾に行くか沖縄に行くかというたのを、台湾にはまだ甘い物が食べ（ら）れるというので台湾へ来たそうです。

菊と用錫の移動を比較してみると次の点が特徴的である。まず、菊と用錫は対照的な移動をしている。先述したように、菊は戦争の激化によって〈沖縄に帰る船がなくなり台湾に閉じ込められたが、用錫は徴用されて台湾に連れて来られている。次に、二人には「どこに移動するのか（或いはしないのか）」という選択の余地が残されていた。菊は海光園が接収された時に〈沖縄に帰りたい〉という理由で台湾に残ったが、用錫は〈甘い物が食べられる〉という理由で台湾を選択している。菊と用錫は、アジア・太平洋戦争という時代の流れと共に、その対照的な移動が重なり合うなかで出会うことになる。菊は二人が出会った当時の状況を以下のように語っている。

この人（用錫）が、あのーマラリアにかかって、みんな仕事に行ったのに熱があるもんだからもう病院行かないといかん。【略】自分で（タオルを）絞って【略】頭冷やしているから「どうしたんですか？」いうて。マラリアにかかって熱があるんだって。【略】「ああじゃあもう大変ですね【略】私が（車が）来るまで【略】冷やしてあげましょう」というたのがきっかけになってる。話のきっかけになってる。そして（病院に）行って帰ってきてからも「ありがとう」いうて二人が話をするようになったですよ。

植民地台湾における風土病の代表格はマラリアである。一九一二年に発布された「マラリア防遏規則」によっ

【図 2-5】

菊と用錫の移動関係図。菊の移動を直線、用錫を点線で示している。①菊は 1936 年に台湾に売られ、海光園が北川産業の工員宿舎として接収された後も女中として北川産業に残る。②一方の用錫は、菊が身売りされるよりも 5 年ほど早く大分県に渡っている。そして③ 1944 年に戦時徴用工として北川産業に連れて来られ、④菊と用錫は北川産業で出会うことになる。

て死亡者数は減少したが、台湾総督府警務局『台湾の衛生』によれば「本島地方病の巨擘《きょはく》たる地域は今日といえども依然として動かない」[61]と述べられており、植民地統治から四〇年以上が経過した一九三〇年代後半になっても、マラリアは依然として人命を脅かす風土病の一つだと考えられていた。

マラリアをきっかけに〈口をきくようになった〉二人だったが、菊はそれ以前から用錫のことが気になっていた。他の労働者たちは仕事が終わると〈酒飲みに行ったり何しに行ったり〉するが〈用錫は宿舎に残り〉本を見たり新聞見たり〉していた。〈酒飲んで暴れるとかぎゃーぎゃーするとかなんとか、このザラザラしたところがない〉と用錫の印象を述べている。また、他の労働者は〈影も形も見えない〉のに〈この人だけはいつもおる〉〈なんでかね〉と思ったのが〈気になったきっかけなのよ〉と菊は言う【図2－5】。

二人には〈好きとか嫌いとかどうしたこうしたっていう（略）話は〉なかった。用錫は菊に〈韓国の、自分が幼いときの話〉や〈（朝鮮が）日本になってからの話〉をし、菊もまた〈沖縄の話で、売られたあれを一生懸命話して「あーかわいそうだね」って。（略）そしてまあ仲良くいつもそういう話ばっかりしておったんです〉と追懐している。〈あっちは韓国の話をするし、うちは沖縄の話をする。気が合う〉。菊と用錫はお互いの経験を共有することで徐々に親交を深めていった。

菊と用錫が出会ってから間もなくして空襲が本格化する。当時の台湾はすでに「武力南進とそれによって形成されようとする大東亜共栄圏のなかで」重要性が一段と高くなっていた。[62] 特に基隆は南進兵站基地としての役割を担っていた。

台湾が初めて爆撃されたのは一九三八年である。それはソ連と中華民国の編成部隊による空襲だった。[63] 一九四三年一一月には、アメリカ陸軍航空軍と米中混成軍団が来襲している。[64] 一九四四年一〇月になると、アメリカのレイテ島上陸に伴い台湾への空襲が徐々に本格化し、一九四五年五月三一日にアメリカは台北を集中的に爆撃している。この時、基隆も空襲されているが、基隆が集中的な爆撃を受けたのは同年六月一六〜一九日だったと言われている。[65]

北川産業が位置していた真砂町と空襲はどのような関係性にあったのか。アメリカが作成した当時の資料を見てみよう【図2－6】。

斜線で囲った部分はアメリカが爆撃対象に定めた区域であり、真砂町は爆撃対象地域には指定されていない。しかし、真砂町は爆撃対象区域である基隆市街地（①）と濱町・社寮町（②）の中間に位置していた。そのため、菊も空襲の惨劇を目の当たりにしている。

菊は〈うちが（北川産業の）二階におったら【省略】二階の前【省略】には広場があるんですよ。あそこは軍の倉庫だったですよ〉〈そこにはもう本当避雷があるし陣地もあったですよ、大砲も置いて。そこは港（の）入り口だからね〉〈とにかく私がびっくりしたのは、あの船に落ちた時、あの爆発した時、あのボイラーが爆発し

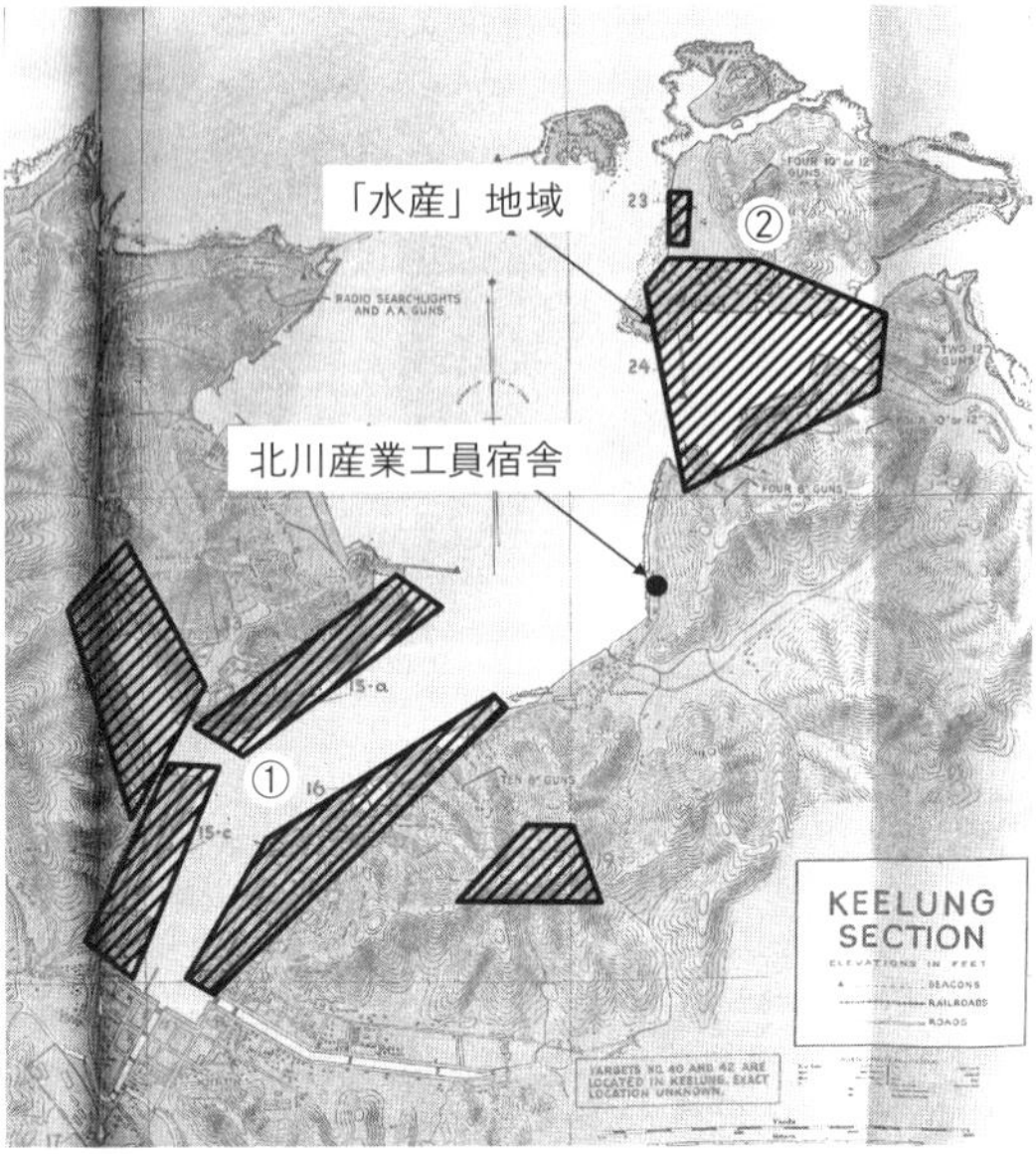

【図 2-6】

（斜線）で示したのが空襲爆撃区域に指定された地域（甘記豪『米機来襲——二戦台湾空襲写真集』前衛出版社、2015 年、pp. 46-47 より筆者作成）。

た時【省略】その時に自分がおる家もグラグラいうて。もう遠いのに【省略】ビックリしたですよ〉と述べている。

菊は防空壕でも悲惨な光景を目にしている。〈みんなやられてもう肉でぐちゃぐちゃになって、肉もあの籠に入れてね、そこにおいてある。手も足も〉。戦争の惨劇を目の当たりにした菊は〈ぱーんとそのまんまいってしまえばいいけど、手がもげたわ足がもげたわ言うて、どこ（の）誰にみてもらうか〉〈一人でおったら大変だ〉という不安を抱くようになる。そして〈結婚せんといかん〉と考えた菊は、当時一番の信頼を置いていた用錫に〈モーションをかけた〉。

日本の人もおるし沖縄の人もおったですよ。だけど一番頼れるのはこの韓国の人だけど（家に掛けてある用錫の遺影を指しながら）この人ですね（笑）【省略】私をもらってくれーって言ったんですよ。そして「ああいいよ」って言うたんじゃないんですよ。ちょっと考えさせてくれって言われたんですよ（笑）。

二〜三ヶ月が経過しても用錫の返事はなかった。菊は〈どんなですかっていうて催促した〉。用錫は〈あんたをもらって幸せにしてやる自信がない〉と答えたが、菊は〈あんたさえ私の味方になってくれたら（略）いいって。貧乏してでも二人が仲良く暮らすことができたらそれでいいんだって〉と用錫に伝えた。そして二人は菊の〈親代わり〉だった人を通して許婚関係を結び生活を共にするようになる。しかしこの時、菊の胸中には沖縄に暮らす母への思いが去来していた。

これはもうしょうがないね。それまで絶対に結婚しない、沖縄に帰ってお母さんと一緒に、家族と一緒に住むと決めておったのに、これも戦争のおかげよね。

菊の植民地台湾生活を振り返るとアジア・太平洋戦争が深く関係していることが分かる。菊は、戦争が激化する前は〈金で縛られてるから自由はきかない〉状況に置かれていたが、戦争が激化すると沖縄に帰ることが出来ず台湾に閉じ込められた。その一方で、海光園の過酷な労働から抜け出すことが出来たのは〈戦争のおかげ〉であり、戦争がなければ用錫が北川産業に連れて来られることもなかった。

また、菊の植民地台湾での暮らしには沖縄が影のようにつきまとっていた。菊は身売りされた際に〈沖縄に近いとこにおりたい〉という理由で台湾を選択したが、海光園では琉球舞踊を踊ることが出来たために舞妓として座敷に出され、〈日本人の女〉からは「琉球人のくせに生意気いうな」と罵られた。用錫との関係で言えば〈あっちは韓国の話をするし、うちは沖縄の話をする〉ことでお互いの距離が縮まった。

沖縄と朝鮮に出自を持つ男女が植民地台湾で出会った。菊と用錫が出会えた背景には、決して一つに絞ることを許さない様々な位相の諸要因——貧しさによる身売り、用錫の戦時徴用、マラリア、アジア・太平洋戦争、帝国日本による植民地主義——が絡まりあっている。菊と用錫の出会いは、沖縄と朝鮮をめぐる近代史の、ある一つの側面を照らし出している。

注

（1）池田季苗「台湾の港湾」『台湾時報』一九二八年一一月号、三頁。
（2）倉沢愛子・杉原達他編『岩波講座アジア・太平洋戦争1 なぜ、いまアジア・太平洋戦争か』（岩波書店、二〇〇五年）は「一九三一年九月の「満州事件」や、一九三七年七月の日中戦争の全面化の過程をも含む期間の戦争を対象とした言い方」として「アジア・太平洋戦争」という呼称を用いている（p. viii）。これは従来の「一五年戦争」と同意義ではない。なぜなら「戦闘の時間・空間に限定せずに、帝国——植民地の関係を見据え、「戦時」に止まらず「戦後」をも考察の射程に入れること」で「あらたな戦争像そして歴史像の提供を図りたい」という問題意識が念頭に置かれているからである（同上）。これに関しては『岩波講座　アジア・太平洋戦争』各巻の「刊行にあたって」、及び、第一巻収録の成田龍一・吉田裕「まえがき」（pp. vii–xiii）を参照。
（3）宮城菊（語り手）・城倉翼（聞き手）「証し」石嶺バプテスト教会『主の御手の中で——献堂三〇周年記念証し集』、二〇〇三年、六一–六二頁。
（4）百万人の福音編集部「主は私を緑の牧場に伏させ」『百万人の福音』、二〇〇一年、六九頁。
（5）浄法寺朝美『日本築城史——近代の沿岸築城と要塞』原書房、一九七一年、二九五頁。
（6）同上。
（7）又吉盛清『大日本帝国植民地下の琉球沖縄と台湾』同時代社、二〇一八年、三七九頁。
（8）又吉盛清「台湾植民地支配と沖縄（人）」『新沖縄文学』六〇号、一九八四年、五六頁。
（9）又吉、前掲『大日本帝国植民地下の琉球沖縄と台湾』、三七七頁。
（10）同上、三七九頁。

（11）同上、三八三頁。
（12）同上。沖縄県国頭村出身の大田政作は澎湖庁長として敗戦を迎え、戦後は琉球政府行政主席や沖縄自由民主党の総裁を務めた。
（13）橋谷弘『帝国日本と植民地都市』（吉川弘文館、二〇〇四年）によると「植民地都市としての基隆」は「大基隆」と「小基隆」の「二つの地域に分かれていた」（二三頁）。基隆港西側が「大基隆」、東側が「小基隆」である。「大基隆」は基隆創始の場所であり漢人が多く暮らしていた。一方の「小基隆」は日本人が大部分を占めていた。
（14）伏喜米次郎『グレート基隆』基隆新潮社、一九三二年、一三一頁。同書によれば、一八八四年の清仏戦争の際、フランス提督であったクールベが自国の艦隊数隻を引き連れてこの浜に上陸したのが由来だと言う（同頁）。「クールベー浜」は埋め立てによってすでに消失しているが、清仏戦争の戦没者を奉る「基隆法国公墓」（基隆フランス墓地）が残されている。
（15）同上。
（16）俞明發主編『大沙灣田野風雲誌――文史調査研究』基隆市中正区區正砂社區發展協會、二〇一七年、七頁、非売品。同書によれば、真砂町は一九三一年にできた町名で、一九四〇年の時点で日本人が一六〇八人、町人口の約五五％を占めていたという。
（17）栗原純・鍾淑敏監修『近代台湾都市案内集成第六巻　台湾鉄道旅行案内　一九四二年』ゆまに書房、二〇一三年、五九－六〇頁。
（18）葉矢志生「台北から基隆へ」『台湾水産雑誌』第二五七号、一九三六年八月、五〇－五一頁。
（19）基隆市政府公式ＨＰ（https://www.klcg.gov.tw/index.jsp#、二〇一五年八月一九日最終閲覧）。
（20）浄法寺、前掲『日本築城史』、二九四－二九五頁。
（21）大江志乃夫「植民地戦争と総督府の成立」大江志乃夫他編『岩波講座　近代日本と植民地2　帝国統治の構造』岩波書店、一九九二年、三－一一頁。
（22）同上。
（23）同上、六頁。
（24）浄法寺、前掲『日本築城史』、二九四頁。
（25）基隆市文化局文化資産「基隆要塞司令部」（http://www.boch.gov.tw/boch/frontsite/citycase/cityCaseAction.

do?method=doViewCaseBasicInfo&caseId=CA09602000879&version=1&assetsClassifyId=1.1&cityId=2&menu=null)、二〇一五年一〇月一三日最終閲覧）。

（26）同上。

（27）「基隆通信」『台衛新報』、一九三六年八月一日。尚、司令官邸は二〇一五年六月頃から段階的な取り壊しが行われている。また、現存していた「官舎群」は取り壊され、その跡地に「基隆市中正区行政大楼」が建てられている。二〇一八年一月から利用が開始された「行政大楼」は「民政処」「区公所」「戸政事務所」「衛生所」「図書館」といった各行政を担っている。

（28）基隆市文化局文化資産、前掲「基隆要塞司令部」、二〇一五年一〇月一三日最終閲覧。

（29）栗原純・鐘淑敏監修、前掲『台湾鉄道旅行案内　一九四二年』、五八頁。

（30）清仏戦争で犠牲になったフランス人戦病死者を埋葬している。本章註一四参照。

（31）宮城菊（語り手）・城倉翼（聞き手）、前掲「証し」、六二頁。

（32）「基隆のお湯」全島料理花街同盟報社『華光』一九三八年一一月号、三四頁。

（33）「東洋一を誇る私設基隆快楽園海水浴場」『台湾婦人界』一九三四年七月号、一一頁。

（34）「基隆海水浴場案内」『台湾農林新聞』一九三六年七月一日。

（35）前掲「東洋一を誇る私設基隆快楽園海水浴場」、一一頁。

（36）前掲「基隆のお湯」、三四頁。

（37）同上。

（38）「基隆支局通信雨港繁栄記」『台湾芸術新報』一九三九年四月一日、六一頁。

（39）曽山毅『植民地台湾と近代ツーリズム』青弓社、二〇〇三年、二八二頁。

（40）百万人の福音編集部、前掲「主は私を緑の牧場に伏させ」、六九頁。

（41）菊が台湾に売られた沖縄出身女性という先入観から、菊は娼妓だった、あるいは、日本軍「慰安婦」だったと考える人びとがいる。当時の社会状況やジェンダーを考えれば、菊が植民地台湾において身を売る仕事を強要された可能性がなかったとは断言できない。しかし菊はそのことについて語っていない。もし仮に、菊が性的な仕事を強要されていたのだとすれば、それは菊にとって「語りたくないこと／語り得ないこと」としてわだかまり続けていたと考えられる。菊が生涯に渡って「語ってこなかったこと／語れなかったこと」の意味を考える必要がある。また、菊が語っていないことと、身売りされた沖縄出身女性だという理由で菊をアプリオリに娼妓や日本軍「慰安婦」であったと決め付けることは次元の異なる問題である。筆者の見解では、菊は旅館女中として台湾に売られたのであり、娼妓や日本軍「慰安婦」として渡台したわけではない。むしろ、旅館女中でありながら琉球舞踊を踊れてしまったことが、菊を曖昧できわどい立場に立たせたのである。次節で検討するように、旅館女中という職業や琉球舞踊は海光園という場に即しながらジェンダーの問題として考える必要がある。

(42) 琉球新報社編集局『世界のウチナーンチュ1』ひるぎ社、一九八六年、一〇四頁。

(43) 〈ジロウヤン〉との出来事には後日談がある。菊は海光園で〈赤痢にかかって大変したことがある〉という。その時に〈ジロウヤン〉が〈阿片〉を〈わざわざ探してきて持ってきてくれ〉た。阿片は「一般に中枢神経系に対する抑制作用の結果として鎮痛・鎮静・鎮咳のほか、消化管の蠕動運動抑制による止瀉(下痢止め)作用が臨床的に応用されている」(『世界大百科事典』第一巻、平凡社、二〇〇七年、四一八頁)。この〈ジロウヤン〉が探してきた〈阿片〉によって赤痢が完治したと菊は述べている。

(44) 浦崎茂子「日本植民地下台湾における女子労働――台湾出稼ぎ女中をめぐって」『沖縄・八重山文化研究会会報』第三七号、一九九四年、二頁。

(45) 同上。

(46) 金戸幸子「〈境界〉から捉える植民地台湾の女性労働とエスニック関係――八重山女性の植民地台湾への移動と「女中」労働との関連から」『歴史評論』第七二二号、二〇一〇年六月、二〇頁。

(47) 同上、二三頁。

(48) 同上。

(49) 水田憲志「日本植民地下の台北における沖縄出身「女中」」『史泉』第九八号、二〇〇三年。

(50) 同上、四一頁。

(51) 同上、四二-四五頁。

(52) 沖縄県教育庁文化財課史料編集班編『沖縄県史各論編第八巻女性史』二〇一六年、二四四頁。

(53) 金戸、前掲「〈境界〉から捉える植民地台湾の女性労働とエスニック関係」、二一頁。尚、括弧内の割合は星名宏修『植民地を読む――「贋」日本人たちの肖像』(法政大学出版局、二〇一六年、八頁)による。

(54) 水田、前掲「日本植民地下の台北における沖縄出身「女中」」、四五頁。

(55) 同上、四五-四八頁。
(56) 星名宏修「「植民地は天国だった」のか――沖縄人の台湾体験」西成彦・原毅彦編『複数の沖縄――ディアスポラから希望へ』人文書院、二〇〇三年、一七三頁。
(57) 金戸、前掲「〈境界〉から捉える植民地台湾の女性労働とエスニック関係」、二七頁。
(58) 星名、前掲『植民地を読む』、八頁。
(59) 石坂荘作『おらが基隆港』台湾日日新報社、一九三二年、七七頁。
(60) アメリカとの戦争に突入したとはいえ、一九四一年の時点で台湾から沖縄や日本に向かう船がなかったのかどうか疑問が残る。菊の歩みを振り返る時、旅館女中の契約が満期を迎える一九四一年から用錫と出会う一九四四年までの三年間、その動向は不明である。
(61) 台湾総督府警務局『台湾の衛生』台湾総督府警務局衛生課、一九三七年、二七頁。
(62) 近藤正己『総力戦と台湾』刀水書房、一九九六年、一三三頁。
(63) 甘記豪『米機来襲――二戦台湾空襲写真集』前衛出版社、二〇一五年、一三頁。
(64) 同上。
(65) 張維斌『空襲福爾摩沙――二戦盟軍飛行攻擊台湾紀実』前衛出版社、二〇一五年、三一四-三二〇頁。

コラム②〈あほー〉の響き

台湾が帝国日本の植民地だったとはいえ、菊にとって台湾は異国の地であり異文化と出会う場であった。

基隆に到着した菊は〈あほーあほー〉という物売りの声を耳にしている。〈台湾には「あほー」という珍しい物を売っているのか〉。それをよく見てみると〈あほー〉の正体は豆腐だった。もう一つの思い出は卵である。菊が台湾で見た卵は沖縄のよりも大きくて薄い緑色をしていた。それは白くて小さいニワトリの卵ではなくアヒルの卵だった。

菊の渡台と時期をほぼ同じくして日本から中国南部を目指していた岡本信男は、その航海の途中で高雄に立ち寄っている。岡本は後に『近代漁業発達史』（一九六五年）や『水産人物百年史』（一九六九年）といった水産関連の著作を多く残しているが、若き日の岡本は、菊とはいささか違った視点で植民地台湾を見ていた。

> 台湾には大きなカフェーがある。ゴーストップは三階建の堂々たるもので、内部の装飾は我々に遥か他国に遊ぶの感を与えるに充分である。北海道から来たという女、大阪から憧れて来たという女。せせっこましい東京を捨てて大陸的香りのする高雄へ来たという女。支那娘もいるし、朝鮮人もいる。国際的という感じのするゴーストップは大きい包容力を思わせる。花柳界には堂々たる家が軒を並べ遊女が立っていて、太陽や星を見ることを忘れた人形の様であった（『海を耕す』霞ケ関書房、一九四一年、一〇六頁）

高雄には「大きなカフェー」があり、三階建ほどの高さのある「ゴーストップ」が国際的な雰囲気を漂わせていた。当時の台湾は、帝国日本の植民地政策によって良くも悪くも近代化された場所だった。そのため、第二章で述べたように、憧れを抱いて台湾に渡った沖縄出身者は少なくない。そうした当時の台湾を歌った歌が「台湾行き数え唄」である。

> 一つとせ　人々羨む台湾へ　婦人処女の区別なく　赴くところは台湾ぞ
>
> 二つとせ　二人の親より金をとり　夜にしのんで逃げてい

く 果てはいずこよ台湾へ
三つとせ 右も左もわきまえず 商船会社に走りゆき 湘南丸の切符買う
四つとせ 世の中開けて有りがたや 台湾行きて働けばもらう月給一五円
五つとせ 錨引き乗せ船は出る 八重山後に名残惜し 竹富後にいざさらば
六つとせ 向こうにみゆるあの山は 台湾一の新高山 手前に見えるは金瓜石
七つとせ 波の上より無事に着き 台北市内に来てみれば一目見ゆるは総督府
八つとせ 八重の潮路を乗り越えて 届く手紙のなつかしさ 思いははるか竹富へ
九つとせ この月たてば八ヶ月 お腹の子どもは四ヶ月郷里の親には何と申す
十つとせ とうとう仕事も定まりて 親子呼び寄せ台湾へここぞわれらの故郷ぞ

（大工哲弘『蓬莱行』二〇〇三年、オフノート）

「台湾行き数え唄」は竹富島の若者が寄せる台湾への憧れを歌っている。そして岡本は大阪から台湾に憧れてやってきた女性の姿を捉えていた。他方で「太陽や星を見ることを忘れた人形の様」な女性たちは、どのような思いを抱き台湾にやってきたのだろうか。

岡本が高雄に暮らす多様な人びとを切り取っていたように、基隆にも異なる出自を持つ人びとが暮らしていた。一七世紀に中国から渡ってきた漢人の人びとは、主に福建省南部の泉州や漳州（閩南系）、広東東北部や福建省西部（客家系）に出自を持つ。また、基隆には漢文化に教化されたケタガランと呼ばれる人びとが暮らしていた。ケタガランとは植民地時代に「平埔族」と呼ばれたエスニック・グループの一つである。それに加えて、菊や用錫のような沖縄や朝鮮の人びとや日本人が基隆に暮らしていた。

菊が台湾に売られた当時、基隆はすでに多民族で構成されていた。菊が耳にした〈あほー〉が閩南系の言葉だったのか、それとも客家系だったのか、はたまたケタガランの言葉だったのか判然としない。しかし〈あほーあほー〉という物売りの声は、多様性に富んだ基隆への想像力を掻き立てるとともに、様々な出自や文化、歴史を背負った人びとの間に生きた菊の人生を象徴しているように思える。幼き頃の菊が耳にした〈あほーあほー〉の響きは、それから数十年が経った後も色褪せることなく菊の耳に残り続けていた。

第三章　基隆「水産」地域の形成と発展
――国際港湾都市・基隆としての面目

第一節　国際部落としての「水産」地域

菊は旅館女中として台湾に売られた後、膨湖島の〈マルハチ〉、基隆の海光園で働いた。海光園では琉球舞踊が踊れることから舞妓として座敷に立たされ、〈日本人の女（朝鮮出身女性）〉からは琉球人差別を受けた。アジア・太平洋戦争が激化すると、海光園は北川産業の工員宿舎として接収された。菊は戦時徴用工として北川産業に連れて来られた鄭用錫と出会い、空襲を経て二人は結婚する。その後、台湾で帝国日本の敗戦を迎えた二人は、一九四七年に「水産」地域と呼ばれる場所に引っ越している。

菊と用錫が暮らした「水産」地域の歴史を紐解けば、一九三四年五月に築港した基隆漁港（八尺門漁港）に遡ることが出来る。基隆漁港は台湾総督府の事業として一九二九年五月一四日に起工され、漁港抱有水面積は約七万坪を有し[1]、基隆北東部に位置する濱町と社寮町に面している。漁港周辺には水産業関連施設や漁業会社が凝集され「キャピタリズムの騒音地」[2]「台湾水産の誇り」[3]と称された。

基隆漁港築港を契機に形成・発展された「水産」地域は、現在の行政区域で言えば基隆市中正区に位置し、次のように説明されている。

水産…中正路西側の基隆区漁業組合、魚市場一帯を指す。日本時代から漁業に関係のある施設、例えば、水産館、魚市場、水産試験場、鰹工場等は全てこの場所一帯にあった。旧称。(4)

ここでは「中正路西側」――旧濱町の一部――を「水産」と呼んでいる。これは基隆に暮らす人びとが認識している「水産」地域に近い。

しかし本書では、社寮町南側を含む地域一帯の総称として「水産」という呼称を用いる。なぜなら、基隆漁港を契機に開発されたのは濱町だけではなく、社寮町もそこに含まれているからである。「水産」との違いを念頭に置きながら、社寮町を含むより広範な地域を「水産」として捉えたい。

【写真 3-1】

「水産」地域に位置する「基隆韓国教会」（基隆市中正区中正路 500 号）（2012 年 9 月 16 日、筆者撮影）。

る。基隆に暮らす人びとが認識する「水産」との違いを念頭に置きながら、社寮町を含むより広範な地域を「水産」として捉えたい。

「水産」地域の形成・発展の過程を論じる前に、当該地域に現存する建造物から「水産」地域の特徴を素描しておきたい。

「水産」地域は、基隆市街地から北東に伸びる中正路を四キロほど行った場所に位置している。境界線で区切られた地域ではないため、地図でその位置を確認することは出来ない。

中正路を行くと右手に「基隆韓国教会」が見えてくる【写真３－１】。「基隆韓国教会」は、大韓民国イエス長老教会に属し、教会法に従って一九四九年一一月に創立された。[5] その「基隆韓国教会」をさらに進んでいくと、飲食店、日用雑貨店、漁工診所、造船所、正濱大楼といった建物が建ち並び、和平橋へと辿り着く。

和平橋は、台湾本島と和平島を繋ぎ、植民地時代には基隆橋と呼ばれ、「水産」地域の形成・発展と密接な関係にあった。その和平島には沖縄と台湾の歴史交流を伝える「琉球ウミンチュの像」（「琉球漁民慰霊碑」）が二〇一一年に建立されている。また、和平島にはかつて琉球人部落が存在し、台湾で亡くなった身寄りのない沖縄出身者を無縁仏として祀る「外萬善堂」という廟がある。

和平橋のたもとに目を向けると、コンクリートの骨組みが剥き出しになった巨大な建造物が目に飛び込んでくる。これは一九三六年に完成した「鉱石積場」[6] で「アジア一の貴金属鉱山」と言われた金瓜石鉱山（現・新北市瑞芳区）の鉱石を大分県佐賀関製錬所に移出するために設置された【写真3－2】。

【写真 3-2】

和平橋から撮影した鉱石積場。植民地時代、瑞芳で採掘された鉱石は「鉱石積場」を経由して大分県佐賀関製錬所に搬出された（2012 年 9 月 20 日、筆者撮影）。

「鉱石積場」は戦後、「阿根納造船廠」（Agenna Shipyard）として使われた。「阿根納」とは「鉱石積場」を買収したアメリカの会社 Agenna に由来している。その奇抜な造形と廃墟的な雰囲気から、ハリウッド映画の舞台として使われ、近年では写真撮影に訪れる人びとが後を絶たない。二〇一六年二月一五日、「鉱石積場」を管理する業者によってその一部が突如取り壊されたが、[7] 基隆市政府の差し止めによって全壊は免れ、一部崩壊した状態で現在に至っている。

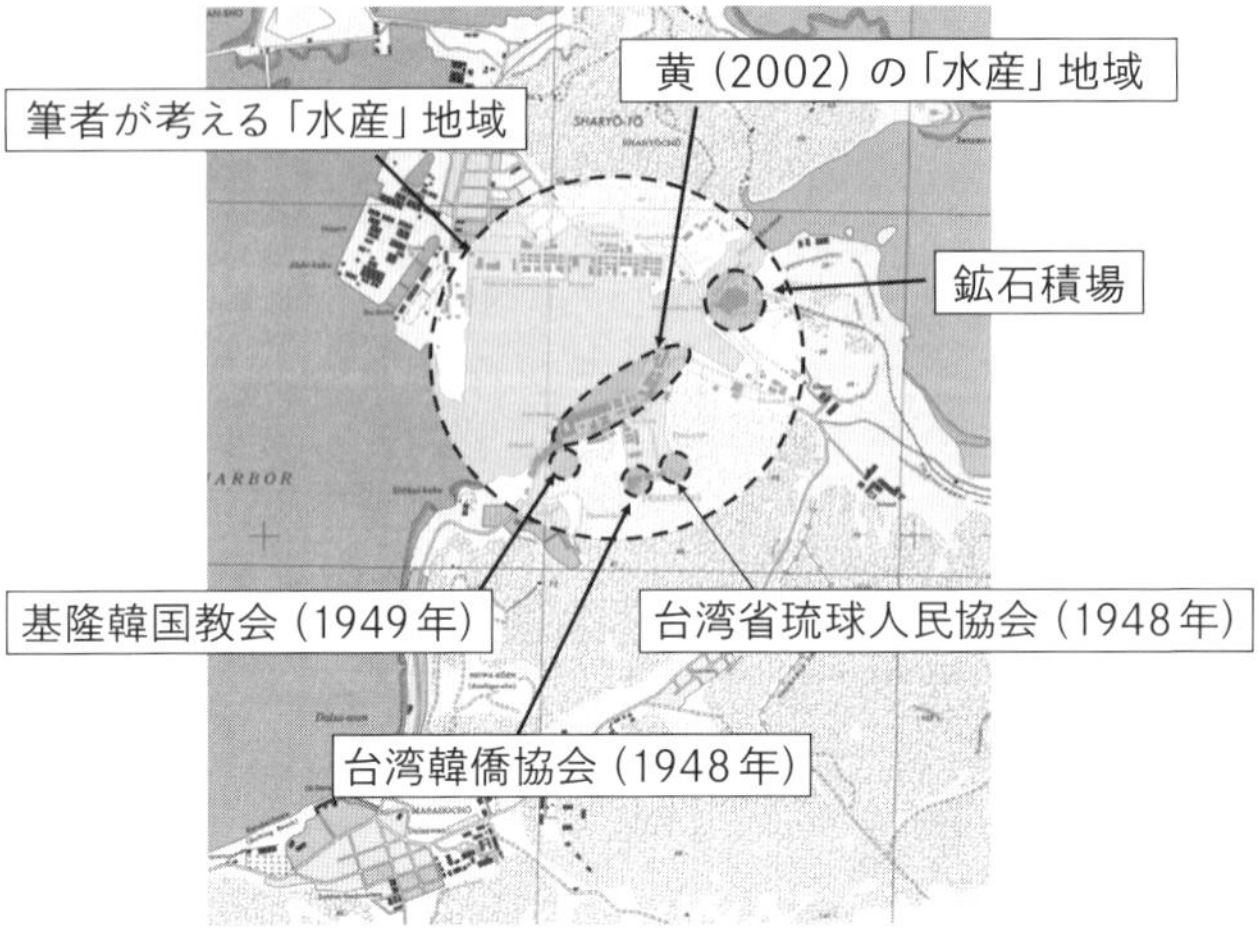

【図 3-1】

「水産」地域周辺図（出典：University of Texas Libraries, Formosa City Plans U. S. Army Map Service, 1944-1945（http://www.lib.utexas.edu/maps/taiwan.html, 2012年11月1日閲覧）より筆者作成）。

「鉱石積場」と「基隆韓国協会」の間に「天徳宮」と書かれたきらびやかな門が建っている。「天徳宮」は一九五〇年に「水産」地域の商売人によって建立された。[8]「天徳宮」へと続く筋道（中正路六五六巷）は狭く、庇が掛かっているために日中でも薄暗い。その筋道を一〇〇メートルほど行った小高い場所に「天徳宮」は建っている。

今から七〇年ほど前、「天徳宮」のすぐ近くには「台湾省琉球人民協会」と「台湾韓僑協会」が結成されている。一九五四年には「中華民国台湾省基隆韓僑国民学校」が「天徳宮」の隣に開校された。「琉球人民協会」と「台湾韓僑協会」は、帝国日本崩壊後の台湾に暮らした沖縄・朝鮮（韓国）出身者の生活を支える組織だった。他方で、協会の方針にそぐわない者、思想や行動に共産主義的傾向のある者を監視する役割も担っていた。

「水産」地域は、その名からも察しが付くように水産業との関連が強い地域である。その一方で「琉球人民協会」「台湾韓僑協会」「基隆韓国教会」という三つの「キョウカイ」に加えて「基隆韓僑国民学校」が設立されており、沖縄・朝鮮（韓国）と深い繋がりを持つ地域であることが分かる【図3−1】。

戦後「水産」地域で生活をしてきた金妙蓮《キムミョリョン》（一九三三－）は「沖縄や韓国、日本、台湾の山の人（アミ）が一緒に生活していたから、みんな国際部落と呼んでました」と筆者に語っている。

金妙蓮は八歳の時に、母親と共に釜山から下関を経由して高雄に渡っている。父親はそれよりも早く単身で台湾に渡っていた。金の家族が台湾に来た理由は「台湾は景気がいい」と聞いていたからである。金は吉井デパート前にあった堀江国民学校に通っていた。

日本が敗戦を迎えると、金の家族は朝鮮半島に帰還するために基隆に向かう。しかし帰還船に乗り遅れ、朝鮮半島の情勢がその後不安定になったこともあり、金一家は台湾に残り「水産」地域で生活することを決める。金の父親は水産業関連の技術者として家計を支えた。

金は、戦後「水産」地域の暮らしのなかで「国際部落」という言葉を耳にした。「水産」地域に暮らす人びとが自分たちの生活の場を「国際部落」と呼んでいたことは、「水産」地域が多民族集住地域であったことを物語っている。「国際部落」という言葉には「水産」地域の特徴が見事に凝縮されている。

第二節　衛生と都市の「体面」

本節では「水産」地域に関わる先行研究を整理し、当該地域の形成・発展を考える視座について述べる。

先行研究としてまず挙げられるのが『基隆市志』である。『基隆市志』は一九五二年二月二五日に設立された基隆市文献委員会によって、一九五九年に全二〇巻（全二〇冊）の構成で出版された。[9] その基隆市文献委員会は一九七二年に廃止され、基隆市民政局に合併されている。[10] 基隆市民政局は一九七九年から一九九〇年にかけて、風俗・行政・自治・漁業・交通・戸口・農林・社会・司法の改訂版を出版している。[11] そして一九九六年からは「編著者二八名、審査員一二名」[12]を招集し、従来の『基隆市誌』は全面的に刷新されることになる。それが二〇〇二年に完成した『基隆市志』(改訂版)である。二〇一八年八月現在、最も新しい版となっている改訂版は巻首と巻尾を合わせて全九巻二九冊からなり、「水産」地域や基隆漁港に関する記述や「韓僑に対する布教」[13]という項目が設けられている。

しかし『基隆市誌』の記述はどれも概説的であり、相互の繋がりや歴史的関係性が見えにくい問題を抱えている。これは『基隆市志』に限られたことではなく、他の先行研究全般に共通している。王俊昌『日治時期台湾水産業之研究』(国立中正大学歴史研究所博士論文、二〇〇六年)は、植民地時代の漁業環境、水産行政、水産業の発展、水産運輸や貿易、漁民生計といった広漠なテーマを論じている。また、陳世一編『港都雞籠,文化出航』(基隆市立文化中心、二〇〇三年)は写真や地図といった視覚資料を用いながら基隆という都市空間そのものを網羅的に捉えようとしている。これらの研究にも「水産」地域や基隆漁港に関する記述は見られるものの、「水産」地域の形成と発展に関する歴史的経緯は詳細に論じられていない。

自由漁業移民の流入という観点から「水産」地域に着目した研究がある。それが、山口守人を代表とする科学研究費助成事業「日本統治下の台湾における自由移民としての日本人漁民の生活様式に関する地理学的研究」(研究種目：基盤研究(C)、研究期間：二〇〇六〜二〇〇九、課題番号：18520615)である。[14]

山口は「一般に、自由漁業移民は、既成の民族的マジョリティの展開している地域で、民族的マイノリティとして、多数の既住民族とある種の連帯を保ちながら共存するといわれているが、その連帯の内容は如何なるものであるか」という問いを立てている。山口は、これに対し、植民地時代の「「土地台帳」・「地籍図」ならびに「戸籍簿」・「住民台帳」を中心とした公文書類の閲覧・解析」並びに「インタビュー調査・アンケート調査」を実施しており、その調査地には「宜蘭県蘇澳鎮南方澳・花蓮県花蓮市美崙・台東県成功鎮新港」に加えて「基隆市中正区」の「漁師町」すなわち「水産」地域が含まれている。

　山口は「自由漁業移民集落の形成が明確にみられていたのは、東部《ママ》台湾では港湾機能の地域分化の進展していた基隆市の基隆漁港界隈だけである」と述べ、その「自由漁業移民集落」を調査するために中正区公所が管理する「「全戸戸籍謄本（均宮記事）」」の閲覧と解析を試みている。しかし「作業途中で、理由なく、不許可となり、関係する全戸を転記し終えたか否か、なお不明である」と断ったうえで、自由漁業移民流入によって「水産」地域の「「民族」的棲み分けが崩れつつも存在していたことは確かである」と結論付けている。つまり、自由漁業移民の流入によって「水産」地域の「「民族」的棲み分け」が曖昧になっていたことになる。そして山口は、自由漁業移民の流入を促した要因として「基隆港湾の機能分化に伴う「漁港」の整備事業」を指摘している。この「整備事業」とは、基隆港内に位置していた三沙湾漁港の移転[15]から基隆漁港築港に至る一連の動きを指している。

　本章では、これまで断片的に論じられてきたこの「整備事業」の過程を『台湾日日新報』[16]や『台湾水産雑誌』[17]といった一次資料に依拠しながら実証的に検討する。その際に「水産」地域がどのような言説に支えられて形成・発展したのかにも留意したい。

　台湾先住民の表象から帝国日本を問い続ける松田京子は、一九〇三年に天王寺で開催された第五回内国勧業博覧会という場の形成を衛生の観点から実証的に論じている。

　松田は、従来の研究において「インフラストラクチャーの整備および南部開発の起爆剤という位置づけが与えられてきた第五回内国博」を「博覧会開催決定と同時に持ち上がった「貧民街」移転問題」から考察することで「「帝国」の博覧会の開催が世紀転換期の大阪という都市空間にどのような影響を与えたのかを捉え直してみたい」と述べている。[18]その際にインフラストラクチャーの整備や地域開発といった「実態論的なレベル」のみならず「認識論的なレベル」――帝国日本の体面や大阪という都市空間の編制思考――に踏み込んだ考察を展開している。[19]

松田の論点を簡略的に示せば、「貧民街」の強制移転は「不潔さ」という衛生的観点に加えて「東洋の商都」大阪の「体面」に連なる問題だった。[20]衛生と都市の「体面」をめぐる言説の積み重ねによって「貧民街」の排除が正当化され、強制移転という実践的な力の行使が引き出されていった。つまり、第五回内国勧業博覧会は、そうした「実態論的なレベル」と「認識論的なレベル」が相互に関連し合うなかで実現されたのである。

松田の研究に倣って言えば、「水産」地域の形成と発展はどのような言説によって正当化され、それは基隆という都市空間といかに関わっていたのか。本章では「実態論的なレベル」と「認識論的なレベル」の双方を念頭に置きながら「水産」地域の形成と発展の過程を考察していきたい。

第三節　三沙湾漁港移転をめぐる言説――コレラ・美観・貧困

「水産」地域の形成・発展の契機になった基隆漁港の築港には前史がある。それが三沙湾漁港の移転問題である。

三沙湾漁港は入船町に位置していた。入船町には、菊と用錫が出会った北川産業の営業所があった。入船町の由来について、菊は〈昔はそこにちょっと湾があって、あの、外から暴風があるときは小さい船なんかはみんなこの湾に入って避難するんですよ〉だから〈入船町〉と名付けられたと述べている。その入船町は、現在の基隆市中正区正船里・中船里・入船里にあたる。正船里と中船里は俗に三沙湾、入船里は二沙湾と呼ばれており、三沙湾漁港は正船里に位置していた。

三沙湾漁港は基隆港第二期工程（一九〇六－一九一二）の一部として築港された。三沙湾漁港周辺には、魚市場、製氷工場、船舶修理場といった水産業関連施設が集まっていた。その地域一帯は俗に「水産窟仔」と呼ばれていた。[21]

「水産」地域で生まれ育った余振棟（一九二九―二〇一七）[22]は、基隆漁港築港以前は三沙湾漁港周辺一帯が「水産」と呼ばれており、基隆漁港が築港された後は濱町地域一帯が「水産」と呼ばれるようになったと述べている。余は前者を「旧水産」、後者を「新水産」と呼び、基隆漁港築港前の濱町には特別なものは何もなく砂浜だけがあったと記憶している。

三沙湾漁港築港からまだ間もない一九一〇年代後半にはすでに移転が検討され始めている。一九一八年九月三〇日付の『台湾日日新報』は「基隆漁港計画　山形技師の視察」の見出しで次のように報じた。「基隆港に完全なる発動機船の係留避難所の設置」に言及した上で、係留避難所設置のために「目下三沙湾入江を浚渫しつつある」が「発動機船のみにても八〇余隻に増加せる現在の設備としては尚且狭隘《きょうあい》」であり「当業者はその拡張を希望」している。その解決策として「三沙湾入江と二沙湾入江」に運河を開通し「係留能力を増加せしむる計画」を提案する者もいるが「とにかく漁港の急設は刻下の急務」であり「去る二七日山形技師は、基隆出張所員を従え、水産□台足立支部長代理の案内にて三沙湾漁港（移転）予定地を視察したり」と述べられている。また、一九二四年九月二九日付けの記事は「奥の方に押込められている漁船は、立ち塞がっている船々に遮られ出港するにも容易の事でなく、数々葛藤が演ぜられ官憲の手を□ることさえある」[23]と報じ、当時の三沙湾漁港の様子を次のように伝えた。

基隆内港目抜きの場所は、三沙湾入江を中心として乱雑不恰好な発動機船の多数が舳先を並べ、殆どすれすれになって係留しているが、三沙湾入江だけでも三、四〇〇坪の水面積に九月二七日午後一〇時三〇分現在、発動機船一一五隻、無□漁船二七隻、舢舨二六隻、日本形船（陸上）四三隻が寿司詰の様に押し合って碇泊し、動きも取れぬ有様で、船員は船から船を辿って自船に通っているという有様である（以下省略）(24)

以上のことから、漁港の狭さと漁船の増加に起因した三沙湾漁港の係留能力が問題だったことがわかる。つまり、三沙湾漁港移転問題の出発点は漁船係留能力の拡充であり、その解決策として三沙湾漁港を基隆港から切り離し、濱町・社寮町一帯に新設の漁港――基隆漁港を作る必要があったのである。

基隆漁港の築港計画は、三沙湾漁港の限界が露呈して間もない一九二一年にはすでに具体化されていた。同年七月七日付けの『台湾日日新報』「隠れたる基隆の二大問題　八尺門漁港修築と陸軍用地の利用」は「(基隆漁港は)ひょっとすると来年度予算に計上され、何ヶ年の□□事業で工事に着手する模様が濃厚になってきたが、基隆漁業界にとっては大なる福音」だと報じている。そして「いつかは八尺門に追い立てらるる運命に脅かされつつ、狭苦しい短命な三沙湾漁港に跼蹐《きょくしゃく》するよりも、永久的施設を有する八尺門漁港に漸次移転し、最後の立脚地を固むるが得策である」と述べ、三沙湾漁港の移転と基隆（八尺門）漁港築港の必要性が強調されている。(25)

だが、一九二〇年代中頃になると、三沙湾漁港移転はこれまでとは異なる次元で語られていくことになる。第一に「一朝烈風の日にそのうちの一隻が火を失することでもあったら、逃路のない多数の漁船は共々煩擾《はんじょう》の憂目を見ないとも限らぬ」こと。第二に「コレラでも出したら、百数十隻の漁船は係留したまま交通を遮断せねばならぬ羽目に陥る」こと。第三に「発動機船がウヨウヨしている有様は偉観」だが「局外者から見れば港の美観を損するばかりでなく、半裸体の漁夫連が不遠慮に振舞うことは風紀上褒めたもの」ではないこと。第四として「市街に接続した魚市場の位置も衛生上考慮すべき」だが「せめて漁船の溜場は初めから漁港として理想的に修築された八尺門に限定し、行詰った三沙湾漁村の窮状を緩和する必要がある」こと。最後に「内地密航、他州廻船の漁船は続々増加し」「漁船と漁船、小蒸気と漁船との大小衝突が頻繁」に発生しており「商船出入の障害となっている」こと。[26]そして「斯くの各種の憂患は眼前に近づきつつあるから、漁業ばかりでなく、港勢発展、市街膨張の梗塞状態の緩和策としても三沙湾漁村の八尺門移転は焦眉の急に迫られている」と結論づける。[27]

以上のことから、火災事故・コレラ発生の懸念・港の美観・三沙湾漁村の窮状緩和・基隆港の機能回復といった新たな移転理由を伴いながら、三沙湾漁村やそこに暮らす漁民が新たな問題として議論の俎上に載せられていることが分かる。さらに、三沙湾をめぐる諸問題が「港勢発展、市街膨張」に関わる焦眉の課題として位置づけられていることからも、三沙湾が基隆という都市全体に関わる問題として捉えられていたことが窺える。

移転理由が変化した背景には、コレラの流行と三沙湾漁村の生活環境が関係していた。

三沙湾漁港の移転が本格的に議論され始めた一九一〇年代後半、台湾ではコレラが猛威を振るっている。それは一九一九～一九二〇年に立て続けに起きたコレラの流行であり「日本統治以来最も深刻な感染」[28]だと位置づけられている。

一九一九年のコレラ菌は、①「北部系伝染源」、②「南部系伝染源」、③澎湖島を経由して台湾に侵入している。[29]①に関して言えば、福州から基隆に入港した「湖北丸号」でコレラ菌が持ち込まれ、基隆から台北を経て台湾北部に大きな打撃を与えた。[30]一九一九年のコレラ患者数：三、八三六名、死亡者数：二、六九三名、死亡率：七〇・二〇％であり、一九二〇年では患者数：二、六七〇名、死亡者数：一、六七五名、死亡率：六二・七三％となっている。[31]

もう一つの移転理由である三沙湾漁村には、日本内地からの出稼ぎ漁民が暮らしていた。三沙湾出稼ぎ漁民は「約四六〇家族三六〇〇人、独身者一四〇〇人」で「六畳一間に二～三家族が折り重なって起臥し、独身者の多くは船泊りをしている有様」だった。[32]「家賃も一畳一円七、八〇銭につき、生活難はもとより、雑居の為、風紀

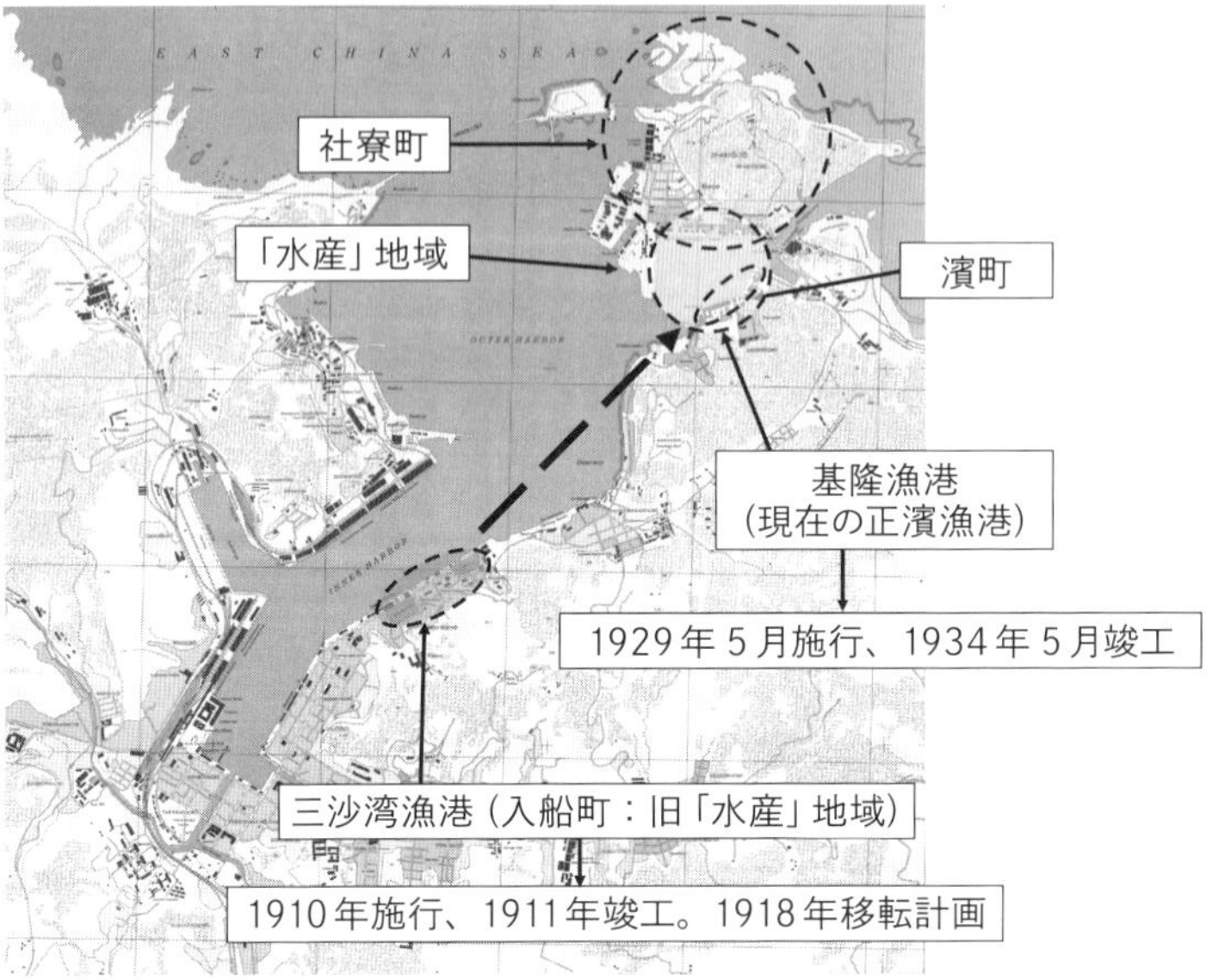

【図3-2】

三沙湾漁港の移転と基隆漁港築港までの流れ（出典：University of Texas Libraries, Formosa City Plans U.S.Army Map Service, 1944–1945（http://www.lib.utexas.edu/maps/taiwan.html, 2012年11月1日閲覧）より筆者作成）。

を乱す等、人道上から言っても黙視し難き窮境にある」と報じられている。[33]

三沙湾漁村が窮状に陥った原因として次の二点が指摘されている。

第一に「延縄船の強敵、手繰網の活躍」[34]や「旗魚船の根拠地が蘇澳に移転」[35]したこと。第二に、三沙湾出稼ぎ漁民は「漁期廻れば帰郷する等、これを第二の故郷として愛□執着する念が乏しい」こと。換言すれば、出稼ぎという移動性の高さ故に「愛着心と協同心」が欠如していたため「混乱不統一」な状況を招いていた。[36]

三沙湾漁港の移転問題は、漁船係留能力の拡充といった当初の理由と、火災の発生・コレラへの恐怖・港の美観・漁村の窮状緩和・基隆港の機能回復という新たな理由とが相互に関連し合う状況のなかで選択された。これら諸般の懸念を引き起こしたのは三沙湾漁港の狭隘であり、三沙湾漁村の生活環境だった。そして、移転をめぐる動きが「港勢発展、市街膨張」に関わる問題として位置づけられるとき、三沙湾は基隆という都市空間のなかで異質で特殊な場として差異化されていく。以上のような三沙湾をめぐる言説の積み重ねによって基隆漁港築港や「水産」地域の形成が正当化され、それを実現する実践的な力の行使が引き出されていくのである【図3－2】。

第四節　「水産」地域の両義的側面――「基隆市営漁民住宅」設置の理由から

三沙湾漁港の移転は、三沙湾漁村を解体し、出稼ぎ漁民を基隆港内から一掃する狙いもあった。それは出稼ぎ漁民の救済・保護と表裏の関係にある。

一九二五年九月二七日、基隆公会堂で台湾水産協会主催の「全島水産懇談会」が開かれている。「懇談会」では台湾水産業が抱える様々な問題が議論されているが、その中の一つが「内地水産業者移住に対する援助の件」だった。

九、内地水産業者移住に対する援助の件
要旨　内地人漁夫島内各地に散在せる生活状態は寧ろ悲惨を極めつつあり。これが救済上地域を限定して居住の安定を得しめ、この業に全力を発揮せしめんとせばすべからく相当設備を要すべし。元来漁民招来に関しては、官庁におかれても相当考慮せられつつあり。この際一層御援助あらんことを要望す（以下省略）(37)

「懇談会」では台湾全島に散在していた「内地人漁夫」の生活状況が報告されている。「内地人漁夫」とは、主に出稼ぎなどで台湾に渡ってきた「自由漁業移民」[38]を指す。その「自由漁業移民」の窮状を打開するために「居住の安定を得しめ」ることが「懇親会」の場で提起されているのである。それは満場一致で可決され、当時の台湾総督であった伊沢多喜男に提出された。

基隆市は「三沙湾漁村のような内地の出稼ぎ漁村」[39]を抱えていた。そこで「基隆市営漁民住宅」（以下、「漁民住宅」）を設置し「居住の安定」を図る政策を打ち出していく。それは、三沙湾出稼ぎ漁民を「文明の恩沢に浴せしめ、且つ、健実《ママ》なる生活を送らしめ、ひいて漁業界の発展に資せんと企図」[40]された計画だった。

一九三二年八月四日、基隆市は「漁民住宅」建設用地を確保するため、台北州を通じて「基隆漁港漁民住宅其他背面施設経営理由」を台湾総督府に提出している。その「理由書」には、基隆漁港完成の折りには市内の漁船を全て新設漁港に係留することが明記されるとともに、基隆漁港築港によって生じる次の問題点も指摘されている。

> 船舶はいずれも新漁港に係船□得るべきも、その都度約一里を隔たる自宅□往復は仮合乗自動車、舢板（サンパン）等便ありとするも、貧困なる漁民の能く負担に堪え得るべきところに非すと思惟す[41]

ここでは、基隆市街地と基隆漁港を連絡する「仮合乗自動車」や「舢板」といった交通手段はあるものの、「貧困なる漁民」がそれを利用することは負担が大きいと懸念されている。その上で「水産」地域に「漁民住宅」を設置する必要性が強調された。

> 故に此の理想的漁港工事の完成と同時に、社寮島及八尺門地域にこれら漁民を移転せしむべき住宅の□設は、輓近数

　年の漁業界不況に□□に困憊に陥れる漁業細民の生活安定に資せんが為めにも最も重要な事業なりと信ず[42]

ここでも「漁民住宅」が「漁民細民の生活安定」の「最も重要な事業」だと位置づけられている。「懇談会」と同様、移動性の高い出稼ぎ漁民を「漁民住宅」に住まわせ台湾に定住化させることが「生活安定」に繋がると考えられていた。

基隆市が台湾総督府に要請した「漁民住宅用地」は「漁港の利用及漁民の衛生保健施設並びに漁民強制移住補償施設の為必要」[43]だと位置づけられている。「生活安定」と「強制移住補償施設」という両義的な側面を持つ「漁民住宅」の設置は、「水産」地域が三沙湾出稼ぎ漁民の強制移住地であったことを物語っている【写真3－3】。

【写真 3-3】

旧濱町（中正路 656 巷）に設置された「漁民住宅」。2012 年 9 月に取り壊されている。戦後になって「漁民住宅」に暮らした在台コリアンによれば、「漁民住宅」は玄関を入るとまず右手に台所、土間から一段あがったところに茶の間、その奥が寝室になっており、茶の間と寝室は襖で仕切られていた。茶の間、寝室はいずれも畳で、裏口には便所や風呂があった（2012 年 9 月 16 日、筆者撮影）。

「漁民住宅」は「国庫地三、〇一四・七五坪の無償貸下を受け、更に若干の民有地を買収し、総計三、二〇〇余坪及濱町台湾水産株式会社所有土地二、七二〇余坪を買収」して建設された[44]。その「漁民住宅」の概要を【表3－1～3】から確認しておきたい。

「漁民住宅」は甲・乙の二種類で、どちらも木造平屋の瓦屋根だった。甲種住宅は一〇畳、乙種住宅は八畳の間取りになっている。一ヶ月の住宅使用料は甲種が八・五円、乙種が六円だった。「漁民住宅」には個数差があり、社寮町に設置された「漁民住宅」のほうが濱町より

【表 3-1】社寮町漁業者住宅の概要

種類	棟数	個数	敷地坪数	建坪数	一戸当建築費	一坪当建築費	住宅使用料	備考
甲住宅	4 戸建 30 棟	120	16.38	8.75	661.85	75.4	8.5	1 戸 2 間とし 6 畳、4 畳とす
乙住宅	4 戸建 9 棟	44	15.13	7	541.15	77.3	6	1 戸 2 間畳 6 畳、板敷 1 坪
	3 戸建 4 棟							
計	43 棟	164						

【表 3-2】濱町漁業者住宅の概要

種類	棟数	個数	敷地坪数	建坪数	一戸当建築費	一坪当建築費	住宅使用料	備考
甲住宅	4 戸建 7 棟	30	24.58	8.75	673.57	77.13	8.5	社寮町に同じ
	2 戸建 1 棟							
乙住宅	4 戸建 1 棟	6	22.5	7	569.89	81.41	6	同
	2 戸建 1 棟							
計	10 棟（注 3）	36						

出典）【表 3-1･2】ともに井上治三郎「基隆市営漁民住宅に就て」（『台湾水産雑誌』第 251 号、1936 年 2 月、p. 6）に掲載されている表を本書用に筆者が作成し直した。
注 1）敷地坪数・建坪数は全て「1 戸当」。
注 2）建築費及び住宅使用料の単位は円。
注 3）原典には記載されていない。
注 4）濱町漁民住宅は現在の「中正路 656 巷」及び「武昌街 104 街」の二箇所に設置された。

【表 3-3】漁業者住宅使用状況

種別	業主		被傭者		計	
	戸数	家族数	戸数	家族数	戸数	家族数
内地人	17	69	70	195	87	264
朝鮮人			29	76	29	76
本島人			2	4	2	4
計	17	69	101	275	118	344

出典）井上治三郎、前掲「基隆市営漁民住宅に就て」（pp. 6-7）。本書用に筆者作成。
注 1）「種別」は原文のまま。

【表 3-4】「水産」地域の漁業従事者とその業種

	従業員	船別	魚
遠洋漁業	日本人・朝鮮人	大型漁船	鯛など
近海漁業	沖縄人・台湾人	中型・小型漁船	カジキ、サメなど
沿岸漁業	台湾人	小型漁船（動力なし） 突船	イカなど

も四倍ほど多く設置されていた。

次に「漁民住宅」の入居者に目を向けてみたい。【表3－3】からは、内地人の入居者が圧倒的多数を占めていたことが分かる。本島人（台湾出身者）も確認出来るが、戸数・家族数から言えば朝鮮人が多く入居していた。また、本島人・朝鮮人は全て「被傭者」であり、大部分の内地人も「被傭者」だった。しかし【表3－3】だけでは濱町・社寮町の「漁民住宅」に内地人・朝鮮人・本島人が何人・何家族暮らしていたのかを知ることは出来ない。

余によれば、社寮町側の「漁民住宅」には沖縄人・日本人が暮らし、濱町側の「漁民住宅」には朝鮮人・日本人が入居していたと述べており、入居者は各自が所属する水産業関連会社で働いていたと言う[45]。入居者に「被傭者」が多かったことを考えれば、「水産」地域への移住に伴って三沙湾出稼ぎ漁民が水産業関連会社の契約移民に転じた可能性が浮かび上がる。また、余は濱町・社寮町の漁業従事者とその業種を【表3－4】のように区分している。

一九二八年に与那国島で生まれた佐久川（旧姓吉元）芳子は、植民地時代の基隆を過ごした一人である。芳子は社寮町を訪れたときの情景を以下のように語っている。

ここに与那国の人がいっぱいいたんですよ、社寮町に。港に。与那国人がほとんど。この辺に行ったら、与那国の方言が聞こえてくるわけ。もう少し

行ったら、宮古の方言が聞こえるわけ。そこに、長屋ですか。長屋がいっぱいあって。(46)

芳子は与那国国民学校を卒業した後、一九四二年に台湾に渡り「乗り合いバスの車掌」になった。仕事の関係で「基隆をくまなく回ることになった」芳子は「乗務していると、与那国など沖縄の人たちに出会う」ことがあった。芳子が社寮町で目にした「長屋」は、その「いっぱいあった」という特徴からも社寮島の「漁民住宅」だと考えてよいだろう。芳子の語りは社寮町側「漁民住宅」に与那国島や宮古島の人びとが暮らしていたことを伝えている。

【表3－1～3】を比較してみると、濱町と社寮町を併せて二〇〇戸設置された「漁民住宅」に空き部屋があったことが分かる。「漁民住宅」への入居が進んでいなかった背景には、基隆橋の未完成や移転反対の動きが関係している。

台湾本島（濱町）と社寮町は海で隔てられていたために、両地域を行き来する際には当時、渡し船が使われていた【写真3－4】。渡し船は荷物の上げ下げや天候に左右されるという難点を抱えているため、利便性の高い基隆橋が必要とされた。

しかし「漁民住宅」が設置された当時、基隆橋は架橋されていなかった。そのため「通学関係あるものは直ちに移転困難」という事態を招いた。(47) 基隆橋は「架橋の完成と共に住宅使用者も逐次増加し、繁栄を来す事と思われる」(48) と言われたように「漁民住宅」の使用状況を大きく左右する重要なインフラ設備だった。

一九三三年、基隆橋は「同地方に移住する漁民の利便の為」(49) に着工された。「大体二万円程度の予算、長さ一二〇米、幅九尺半、永久的鉄線橋で小型発動機が自由に橋下を航行し得る様にするはずである」(50) という計画のもとで工事は進められた。「水中コンクリート法に築港所独特の創案を加味せられ、架橋技術上一大特色を誇りえる」[51]と言われた基隆橋は、一九三六年五月に竣工し、一五日に落成式が挙行されている[52]。
基隆橋の完成は「孤島的な社寮島を市に接近せしむるにおいて、極めて重要[53]」だった。例えば、基隆橋竣工直後には基隆市内を走るバスの終着点を変更する動きがあった。

　流水バスは当然、濱町の終点から社寮町水産試験場まで延長すべく目下認可申請中であるが、同方面の人々は大喜びで、停留所の如き町民で立ててやってもいいから早く延長してくれとまちこがれている[54]

先に紹介した芳子は「乗り合いバスの車掌」として社寮町を訪れていた。芳子が「基隆をくまなく回ることになった」背景には、基隆橋の完成によってバスの路線が社寮町まで延長されていたことが関係していた。基隆橋はわずか一二〇メートルほどの小さな橋だが、それによって社寮島と台湾本島の実質的・心理的な距離は縮まり、社寮島の隔絶性は除去されていった。

他方で、基隆橋が完成した後も渡し船は残り続けた。渡し船は天候に左右されるとは言え、直線距離で考えれば基隆橋を利用するよりも早く台湾本島と社寮島を行き来することができる。渡し船は現在すでに使われていないが、菊は戦後「水産」地域で渡し船を利用したと述べており、渡し船乗り場の痕跡は今でも確認することが出来る【写真3－5】。「水産」地域の形成によって急激に変わっていく側面がある一方で、そこに残り続けた人びとの生活がある。

「漁民住宅」の入居が進まなかったもう一つの理由は「一部漁民の反対[55]」があったからである。「水産」地域への移転に反対したのは、三沙湾出稼ぎ漁民ではなく「中流漁業者」であり、船長や機関長といった役職の人びとだった。移転反対の理由は「（基隆漁港）設備の不完全による避難時の際の危険[56]」であったが、その具体的な内容は言及されていない。

基隆漁港築港以降、基隆市は移転に反対する「中流漁業者」に対して一年の移転延期を許可している。二年目の延期期限が差し迫った一九三七年三月、移転事業が遅延している焦燥感は次のように報じられた。「入船町に残る移転反対の中流漁業者は八十戸二百名」[57]で「市区整理の急を要する昨今船溜りの存在は一つの癌とさえされて」おり「いつなったら船溜りをぶっこわす事が出来るのか」[58]。一九一〇年代後半から移転が検討されてきた三沙湾漁港は、基隆漁港築港以後も市区整備を遅らせる根深い悪弊だと位置づけられていた。

濱町と社寮町に建設された「漁民住宅」は、移動性の高い三沙湾出稼ぎ漁民を安住させるために設置された。そこには出稼ぎ漁民を三沙湾から強制的に移住させたいという基隆市の狙いがあった。「水産」地域は、三沙湾出稼ぎ漁民を保護・救済する受け皿であると共に強制移住地としての性格を併せ持っていた。濱町と社寮町に設置された「漁民住宅」は、保護・救済／強制移住地という「水産」地域の両義的側面を伝えている。

【写真 3-4】

渡し船を利用する人びと（撮影年月日不詳、潘江衛提供）。

【写真 3-5】

渡し船乗り場。菊によれば手前の階段を降りて船に乗り、対岸の和平島を行き来したという（2018 年 3 月 7 日、筆者撮影）。

第五節　内地と外地を繋ぐ「水産」地域

一九三四年六月三〇日、「台北基隆の主たる官吏、実業家等約三〇〇名を算した[59]」式典が開かれた。基隆魚市場の落成式である。この日、式辞を述べた台北州知事・野口敏治は、魚市場の完成を祝うと共に基隆漁港が将来担うべき役割について次のように述べた。

本漁港は、本島近海は勿論、南西諸島、支那東海より遠く、比律賓、安南もしくは南洋諸島にわたる広漠なる漁場を対象とする大小各種漁業の根拠地をなし、将来の発達に伴う当港の使命とその利用繁栄とはいよいよ大なるものあるべく（以下省略[60]）

野口はフィリピン、ベトナム、南洋諸島に至る広大な漁場を想定した台湾水産業の発展と、その拠点となるべき基隆漁港の重要性について述べている。

基隆漁港の周辺には水産業関連施設が林立された。台北州の施設である水産館、魚市場、漁業無線局、珊瑚市場、漁箱置場、売店、給水所、共同便所、そして、基隆市が管理する「漁民住宅」である。さらに「社寮島に総督府水産試験場、濱町水産館内に（台北）州水産試験場」が設置され「漁港設置と共に一大水産街を現出した[61]」と述べられている【図3－3】。

台北から「水産講習所」に赴任して来た葉矢志生という人物は「ここ基隆濱町は近代的メカニズムや、キャピタリズムの騒音地なのだ[62]」と述べた上で、当時の「水産」地域を次のように描写している。

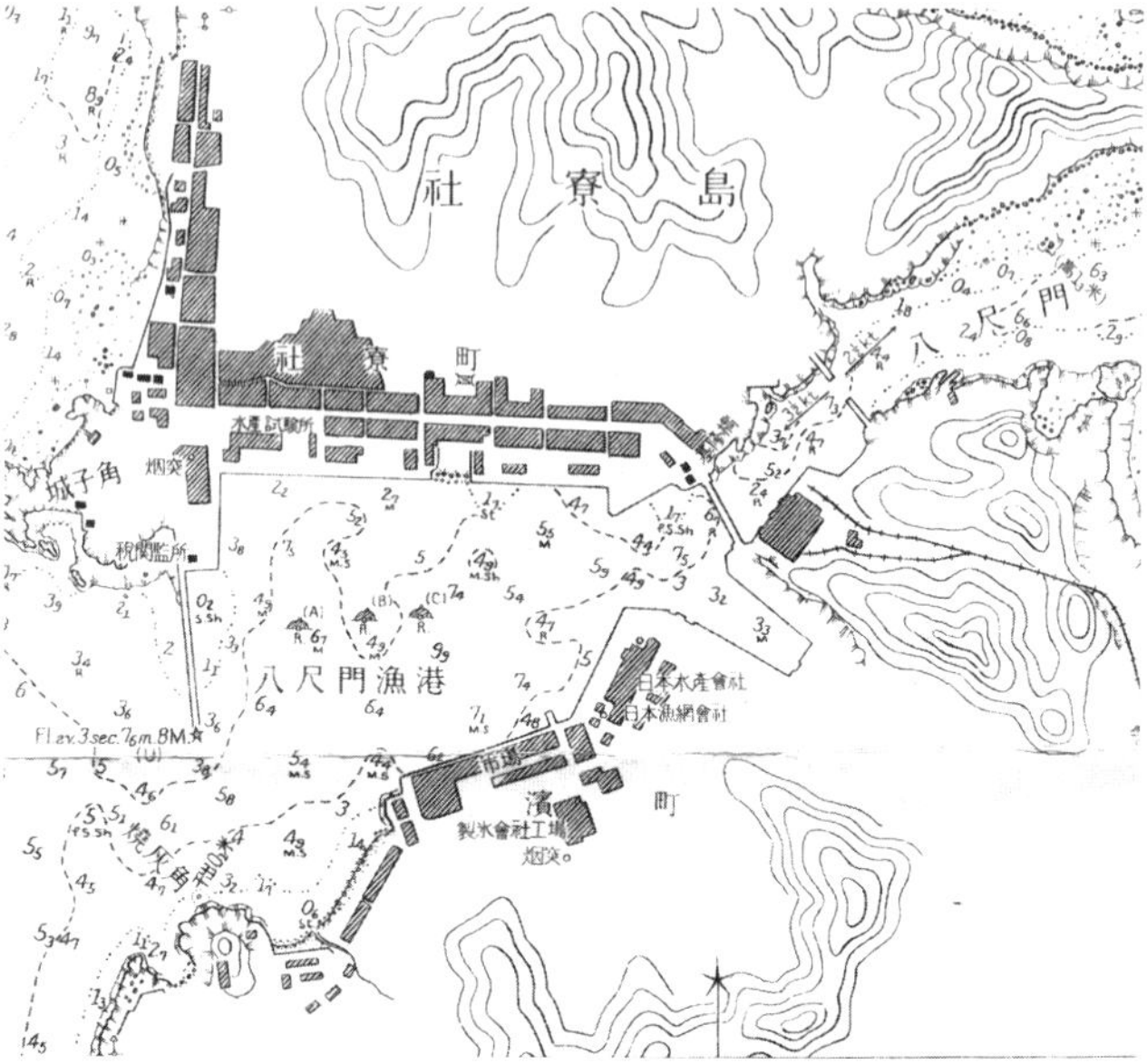

【図 3-3】

濱町には「日本水産会社」「日本漁網会社」「市場」などの水産業関連施設が確認できる。基隆橋の袂（濱町側）には「鉱石積場」があり、そこから「水八鉄道」（後述）の線路が伸びている。基隆橋を渡っての四角い網掛けが「基隆市営漁民住宅」である（日本海軍「基隆港」（1937 年）より筆者作成）。

濱町、優にやさしいこの名前も、四年前は埋立てたばかりの建物もほんのまばらであったこの町が、近代的建築を誇る鉄筋コンクリ二階の水産館ビルディングを初めとして、魚市場、漁業無電、共同漁業、林兼、日石、日食、日本魚網或は珊瑚市場等、今や漁業関係の諸会社の集団地となっている。(63)

葉矢がまず着目しているのが「近代的建築を誇る鉄筋コンクリ二階の水産館ビルディング」（以下、「水産館」）である【写真3－6】。「水産館」は一九三四年に完成し、戦後になると中華民国政府に接収され一九六四年まで海軍の施設として利用された。(64)「水産館」は現在でも「漁会正濱大楼」として取り壊されずに残っている。

余は「水産館」を「漁業行政センター」と呼ぶ。植民地時代の「水産館」には、漁業組合、郵便局、銀行、サンゴ市場、標本展覧室、大型講堂（集会用）、銭湯、床屋、食堂（岸食堂）があったと記憶しており、「漁民住宅」

には風呂場がなかったために入居者は「水産館」の銭湯に通っていたという[65]。

葉矢が列挙している「共同漁業、林兼、日石、日食、日本魚網」はいずれも水産業関連会社である。そのなかでも特に注目したいのが共同漁業である。

共同漁業は一九一一年三月に田村市郎（一八六六－一九五一）が下関市に創業した田村汽船漁業部に始まる[66]。田村汽船漁業部は日本近代漁業を牽引してきた企業で、一九一九年五月に日本トロール株式会社に改称、共同漁業や山神組を相次いで吸収合併し共同漁業株式会社（以下、共同漁業）へと社名を変更している。

共同漁業が「水産」地域に進出したのは、蓬莱水産株式会社（以下、蓬莱水産）を買収したことに始まる。蓬莱水産は一九二七年に基隆と高雄に設立され「本島漁業の重鎮」と言われた。創業以来「堅実なる営業振りを示し本島漁業界に貢献する所亦少なからざるものがあった[67]」と称されるほど、台湾の水産業と密接な関係にあった。

蓬莱水産は一九三四年五月、基隆漁港の完成と同時に濱町に事務所を構えている。それから五ヶ月後の同年一〇月、蓬莱水産が共同漁業に買収されたことを受け「従来の蓬莱水産会社の看板は共同漁業株式会社台湾営業所と改められ[68]」た。共同漁業はその後、一九三七年に日本食糧株式会社を合併し、日本水産株式会社（以下、日本水産）[69]に

【写真 3-6】

「水産ビルディング」(2009 年 4 月 26 日、筆者撮影)。現在、基隆市文化局が中心になって「水産」地域の歴史や文化を見直す活動が行われている。2015 年 10 月 17 日には「再現正濱撮影工作営」が開催された。これは地元の小学生との交流を図るイベントで「水産館」をカメラで自由に撮影しながら当該地域の歴史や産業をより深く認識することが目的として掲げられた。

改称している。

余によれば、日本水産は「水産」地域で圧倒的な存在感を放つ企業だった。製氷・冷凍・冷蔵・加工を全て自分たちで行い、陸揚げされた魚は「水産」地域から台湾全土へと搬出された。また、日本水産は「社員寮」はもちろんのこと、それとは別に「拓南寮」という「予備船員」の宿舎を有していた。「南洋開拓」を意味する「拓南寮」は、現在の「中正区里民堂」に位置し、食堂、武道館、テニスコートなどの設備を備えていたという[70]。

当時の日本水産は日産コンツェルンという新興財閥の傘下企業だった。日本水産が日産コンツェルンに合併されたのは一九三四年七月、蓬莱水産を買収する直前のことである。

日産コンツェルンは一九二八年に鮎川義介（一八八〇－一九六七）によって創設された。日産コンツェルン創設に至る経緯には、田村市郎や鮎川義介に関わる人的関係の基盤が関係している。その関係性は「水産」地域を多角的に考える上でも重要になるため、ここで大まかな人物関係を俯瞰しておきたい。

田村市郎は久原庄三郎の次男として萩に生まれ、母方の実家である田村家の養子になっている。庄三郎の長男である幾太は斉藤家の養子になり、三男の房之助は末子家督相続に従っている。そして、幾太は農業、市郎は漁業、房之助は鉱業の道に進んだ。

一方の鮎川義介は、山口藩士・鮎川弥八と、明治政界の元老・井上馨の姪であった仲子の長男として生まれた。鮎川が生まれた当時「鮎川家の姿は長州〝貧乏士族〟の典型」「素寒貧であった」[71]。鮎川には三人の妹がいたが、二女キヨが房之助に嫁いだことによって田村市郎、鮎川義介、久原房之助は義兄弟の関係となる。

日産コンツェルンは、鮎川が房之助の事業を譲り受けたことに始まる。

久原房之助は一八九一年に藤田組（現・DOWAホールディングス株式会社）に入社している。藤田組を創設したのは久原庄三郎の実弟・藤田伝三郎（一八四一－一九一二）である。藤田は大阪で兵部省用達業や土木建築などに従事し、一八八一年に藤田組を創設した。帝国日本が台湾を植民地にした翌年には「水産」地域から一二キロほど離れた瑞芳鉱山（現・新北市瑞芳区）の採掘権を取得している。

瑞芳は「水産」地域の南東に位置する鉱山である。その瑞芳鉱山と並んで名を馳せたのが金瓜石鉱山であり、その採掘権は田中長兵衛の田中組が取得している。

藤田組は一九一八年に瑞芳鉱山の採掘権を顔雲年（一八七四－一九二三）に譲渡している。顔は一九二〇年に台陽鉱業株式会社を設立し、現在では台湾五大財閥の一つに数えられるほどの財力を築いた。一方、田中組の採掘権は後宮信太郎が一九二五年に買収し、金瓜石鉱山株式会社を設立したが、一九三三年四月に日本鉱業株式会社に買収されている。

日本鉱業株式会社は久原房之助に起源を持つ。一九〇三年に藤田組を退職した房之助は、赤沢（日立）鉱山を買収し久原鉱業（現・JX金属）を設立する。第一次世界大戦で巨万の富を築き、日立製作所などを自らの傘下におさめ久原財閥を形成したが、一九二八年に房之助が逓信大臣に就任し政界入りをすると、鮎川が久原財閥の諸事業を引き継いだ。

久原財閥は第一次世界大戦の戦後恐慌の煽りを受けて経営破綻寸前だった。そこで鮎川は「（1）久原鉱業を持株会社とする、（2）持株会社自体の株式を公開する、（3）社名を日本産業に改称する、という三案を骨子とする再建策を断行し」「久原家の雑多な事業経営を整理統合して、日本産業を持株会社とするコンツェルン体制を確立」する。[72]

一九二八年三月、鮎川は自らが一九〇七年に設立した戸畑鋳物株式会社と久原財閥を合併することで日産コンツェルンを立ち上げた。日産コンツェルンは、その後「子会社となるものは、鉱山、工業、保険、海運などで一七社、水産関係は合同工船、共同漁業、食料工業、日本捕鯨、（旧）日本水産など五社で、これらの孫会社を入れる無数のピラミッドを形成した」と言われている[73]。

日産コンツェルン創設の翌年、鮎川は鉱業部門を分離独立させ日本鉱業株式会社（以下、日本鉱業）を設立している。つまり金瓜石鉱山株式会社を買収した日本鉱業は当時、すでに日産コンツェルンと強い関係にある企業だったことになる。そして、日本鉱業は「同社所属の金瓜石鉱山並びに本島内の日本鉱業株式会社所属鉱区全部を総合して、更に一大飛躍をなすべく、金瓜石鉱山株式会社の社名を台湾鉱業株式会社と改定[74]」し、日本鉱業の子会社（日産コンツェルンの孫会社）とした。

金瓜石鉱山を手中に収めた日本鉱業は「水湳洞に青化製錬所、浮遊選鉱場を設置し、金銅の増産体制を整備した[75]」。そして「日本鉱業が操業を行っていた昭和一〇（一九三五）年には、日本の産金の六分の一を金瓜石が占めるようになり、金瓜石の人口は一五四〇〇人（その内、鉱山従業員は八三〇〇名）に達し、名実ともに東洋一の金山として名を馳せ[76]」たと言われた。

金瓜石鉱山株式会社の買収によって日本鉱業が金瓜石鉱山を経営し、藤田組直系の台陽鉱業が瑞芳鉱山を経営することになった。それは、台湾有数の規模を誇った瑞芳・金瓜石鉱山の経営主体が久原家の流れに統一化されたことを意味している。

久原正三郎を父に持つ田村市郎と久原房之助は、漁業・鉱業の分野でそれぞれに事業を展開した後、鮎川義介の日産コンツェルンに統合された。その過程を図式的に整理すると、①日産コンツェルン設立（一九二八年三月）、②日本鉱業株式会社設立（一九二九年）、③日本鉱業による金瓜石鉱山株式会社の買収（一九三三年四月）、④基隆漁港築港（一九三四年五月）、⑤日産コンツェルンによる共同漁業株式会社の合併（一九三四年七月）、⑥共同漁業による蓬莱水産株式会社の買収（一九三四年一〇月）、⑦共同漁業が日本水産株式会社に改名（一九三七年三月）という流れになる。①〜⑦の動きを見ると、共同漁業と日本鉱業は基隆漁港築港と足並みを揃えるかのようにして台湾に進出していることが分かる。

それでは、日産コンツェルンの傘下にあった共同漁業と日本鉱業はいかなる事業を台湾で展開したのか。それを知る具体的な手掛かりが一九三六年に作られた鉱石積場である。

> 橋より一寸先を見れば、我国有数の金鉱地、金瓜石鉱山から採掘した鉱石を九州佐賀の関へ運ぶために設けられた特殊装置の鉱石積場、工場の如く長き建物、三棟、白き屋根を並べて、その偉容を示している。(77)

「鉱石積場」は、瑞芳・金瓜石鉱山で採掘された鉱石を佐賀関製錬所(78)に搬出するために設置された。その鉱石積場と瑞芳・金瓜石は『鉱山専用軽便鉄道』で繋がれていた。

> 鉱山地内水南《ママ》洞より海岸に沿って基隆港八尺門に至る約一二キロの間には、鉱山専用軽便鉄道の設ありて、鉱石の搬出並びに物資の運搬に供せらる。(79)

水湳洞から「水産」地域（八尺門）までの「軽便鉄道」は日本鉱業が先導する形で敷設された。これは金瓜石線と呼ばれ、水湳洞と八尺門を繋いでいたことから俗に「水八鉄道」と呼ばれていた(80)【写真3－7】。

金瓜石鉱山株式会社は一九三一年、水湳洞から焿子寮までの二・二キロを敷設している。その後、日本鉱業は一九三三年九月に「水南《ママ》洞より焿子寮港まで鉱石運搬用の小型鉄道敷設を計画し当局に許可出願」を出しているが、その後「（焿子寮港から）基隆八尺門まで延長する事となり」再度出願を行っている(81)。そして「これが実現を見れば鉱山への物資及び内地送りの鉱石は全部基隆港において積降ろしできる訳である」と報じられている(82)。

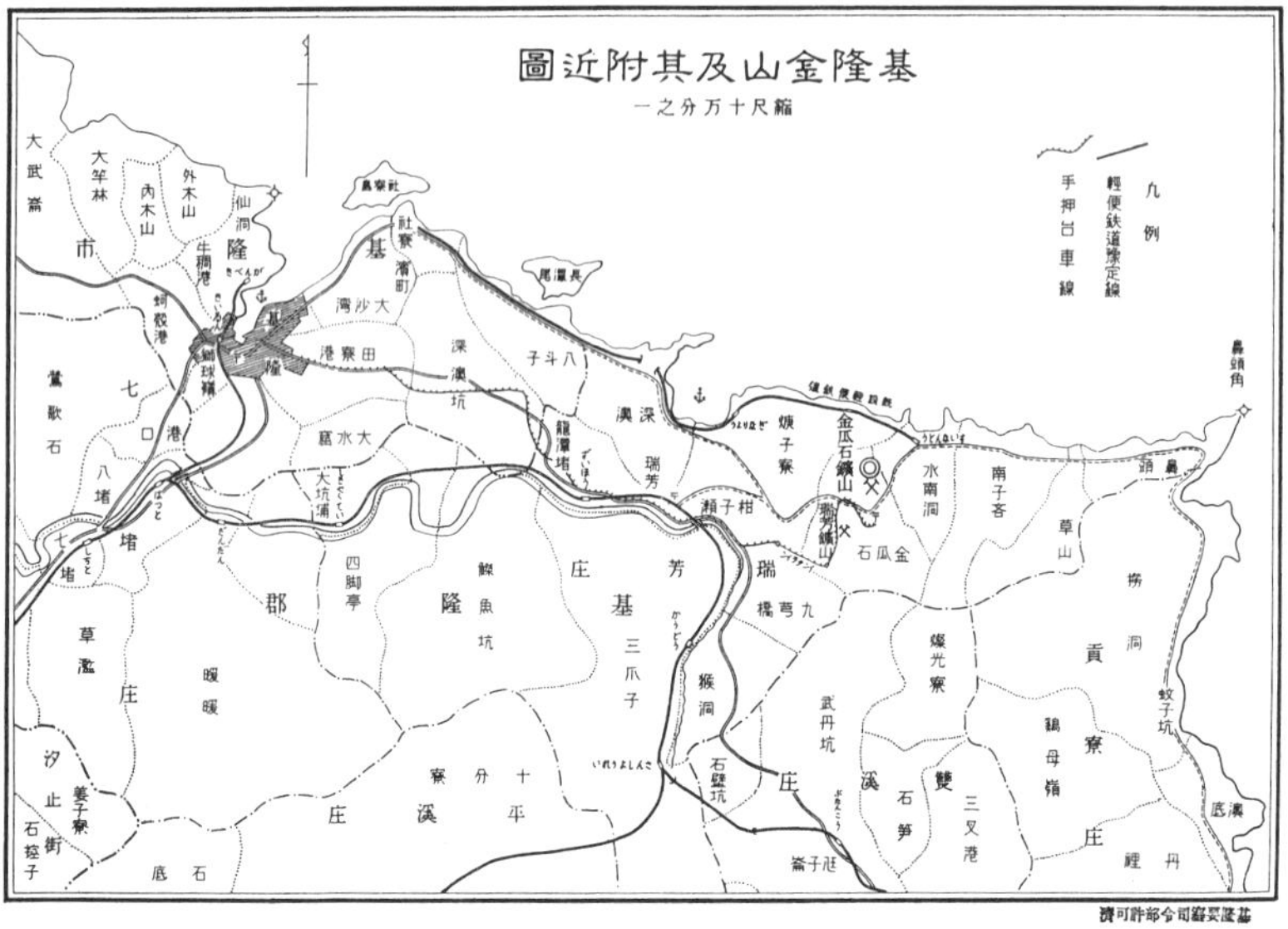

日據時期基隆金山及其附近圖

【写真 3-7】

唐羽『台湾採金七百年』(台北市錦綿助学基金会、1985 年) から転載。水湳洞から焿子寮を経由して「社寮島、濱町」まで「軽便鉄道予定線」が伸びており、海岸に沿って「水八鉄道」は敷設されたことがわかる。

日本鉱業による「水八鉄道」の敷設は一九三五年に始まった。竣工の時期は「(同年)一一月末の予定である」と報じられている。鉄道施設に際し「日本鉱業金瓜石鉱山の焿子寮から基隆市八尺門に通ずる鉄道八キロ四四〇メートル」を五つの区間に分け、それぞれを「台北伊藤組、菊地《ママ》組、高田組、田村組、基隆許金財」が請け負っている。[83]この「水八鉄道」によって「水産」地域は瑞芳・金瓜石とを連絡し、基隆漁港は鉱石を日本内地に移出する積出港としての役割も担うことになる。また「水八鉄道」は「旅客輸送」も行っていた。[84]それに加えて、基隆漁港で陸揚げされた水産物を鉱山に輸送していたと考えられる。

日本水産は当時、福岡県戸畑市を拠点に事業を展開していた。そして、九州北部の工業地帯や筑豊炭鉱で働く労働者に新鮮な魚を届け、労働者の労働力を向上させることが帝国日本の発展に繋がると考えていた（コラム③参照）。この考えが植民地台湾にそのまま導入されたのかどうかは判然としないが、当時の事業展開を念頭に置けば、基隆漁港で陸揚げされた魚が「水八鉄道」で瑞芳・金瓜石に運搬されていた可能性も十分に考えられる。

「水産」地域は基隆漁港築港によって「キャピタリズムの騒音地」と称されるほどの発展を遂げた。漁港周辺には水産業関連施設が凝集されたが、そのなかでも強い存在感を放っていた日本水産は、田村市郎に起源を持つ企業だった。その実弟である久原房之助や義兄弟の鮎川義介との人的関係性に着目してみると、「水産」地域と瑞芳・金瓜石の関係性が前景化される。田村・久原・鮎川がそれぞれに展開した事業、三者の近親関係、日産コンツェルンへの統合、植民地台湾への進出。その一連の流れからは、台湾の海と山を繋ぎ、植民地台湾と日本内地を中継する「水産」地域が浮かび上がる。

第六節　国際港湾都市・基隆と「水産」地域

三沙湾漁港移転から「水産」地域の形成に至る事業は、国際港湾都市・基隆の面目に関わる問題だった。基隆漁港が築港される前年、基隆漁港が担うべき役割とその期待は次のように述べられている。

先ず大きく言えば国際港湾都市として、南支南洋方面主要貿易の足溜り港として、同上唯一の給炭港として、今後幾年かの後、実現期に達する諸計画は某方面で新に立案された。国□三千万円、年数三十四の久しきにわたって漸く現在の所に到達した基隆築港は将来更に三千万円を投じて外港の修築を完成し国際港としての完全なる機能を発揚しようという大計画である（以下省略）(85)

ここでは基隆漁港がどのような理想で計画されたのかが如実に語られている。それは「国際港湾都市として、南支南洋方面主要貿易の足溜り港として、同上唯一の給炭港として」の役割を発揚させていくことであり「国際港としての完全なる機能を発揚しようという大計画」だった。だからこそ三沙湾の漁港・漁村・出稼ぎ漁民を基隆港内から一掃する必要があったのである。基隆漁港は三沙湾をめぐる実態的な状況と国際港湾都市・基隆の発揚という認識的な状況のなかで築港された。そして、国際港湾都市という空間的な意味を基隆に付与していく動きのなかで「水産」地域は形成された。しかし国際港湾都市を創出する過程で取り壊されたのは三沙湾漁村だけではなかった。

（「漁民住宅」の）総工費は六万九千円の予定で内五万円は市債とし、その他は総督府及州の補助に仰ぐ事となる見込であって、一切の手続完了の上、着工を見るのは大体来月中下旬頃となるべく。尚それと共に従来雑□で非衛生的とされた濱町、入船町方面の漁民部落は完全に整理せられ面目を一新する事となった。[86]

入船町にあった「漁民部落」は三沙湾出稼ぎ漁村を指していると思われるが、濱町の「漁民部落」にはどのような人びとが暮らしていたのだろうか。

洪英聖『基隆市地名探索』に所収されている「基隆港「外港三島嶼」簡略図」を見ると「中正路中正里一帯はかつて原住民部落区だった」と記されている。[87]「中正里」は一九四六年に行われた行政区画の再編によって誕生したが、この時の区画再編によって濱町は「正濱」「中正」「中濱」という三つの「里」に分割されている。[88]その結果、水産館や「漁民住宅」が位置していた区域は「中正里」に編入された。つまり、洪の見解によれば濱町はかつて「原住民部落区」だったことになる。

現在の台湾で「原住民」といえば、オーストロネシア語族に属する複数の先住民を指して使われる。原住民という呼称は一九八〇年代から九〇年代の権利獲得運動のなかで「もともと台湾に住んでいた民族」という意味で自らをそのように名乗ったことに由来しているが、基隆という場に即して言えば、洪が述べる「原住民」とは漢化が進んだ先住民、すなわち「平埔族」を指している。[89]

台湾北部には、台北盆地を中心に、北は基隆から南は桃園までケタガランと呼ばれる「平埔族」の人びとが暮らしていた。[90] そのうちの一つが社寮島の「大雞籠社」だった。

「大雞籠社」について報告した著作がある。それが一八七二年から一八七五年の三年間、明治政府の外国人顧問を務めたチャールズ・ルチャンドル（Charles William Le Gendre、中文名：李仙得）の『台湾紀行』（*Notes of Travel in Formosa, 1875*）である。ルチャンドルはそのなかで、一八七四年当時、社寮島に暮らしていたケタガランについて以下のように伝えている。

フォルモサ（台湾）の漢人は社寮島に居住する人びとを「バサイ人」と呼ぶ。（中略）彼らは漢人の服飾を身に纏い、頭を剃り、弁髪である。そして、熟練した狩人と漁夫である。彼らが暮らす家は漢人様式で建てられている。（省略）私が見るに、バサイ人は、一七世紀にかつて基隆を占領した統治者たちが目にした、この土地の土着の人びとである。彼らは疑う余地無く、その占領者たちとの混血である。仮にその混淆した血液から系統や特質を遡ろうとするなら、それは全く不可能なことである。[91]

ルチャンドルは混血の問題を指摘しているが、その背景には、外来勢力に翻弄されてきた台湾の歴史が関係している。

台湾が外来勢力に翻弄され始めるのは大航海時代に入ってからである。台湾に戦略的価値を見出したオランダ東インド会社が台南にゼーランジャ城（一六二四年）を建造すると、それに続いてスペインが社寮島にサン・サルバドル城（一六二六年）を築いている。「一七世紀にかつて基隆を占領した統治者たち」とはまずスペインのことを指している。

また、ルチャンドルによれば、「大雞籠社」の人びとは狩猟や漁業を生業とし、服装や家屋はすでに漢化されていた。

基隆を占領していたスペインは、一六四二年にオランダによって台湾から駆逐されている。そのオランダも一六六二年に鄭成功によって台湾から追い出されている。鄭成功は「反清復明」(92)の拠点として台湾を位置づけ、台湾を開墾するために多くの漢人を必要としたが、鄭氏政権はその後清朝によって滅ぼされている。

多くの漢人が渡台したのは鄭氏政権時代から清朝統治時代にかけてのことである。特に福建省南部から渡ってきた閩南系、広東東北部や福建省西部から来た客家系の人びとが多かった。一七世紀に始まったスペインの占領や漢人の大移動によって、社寮島に暮らしていたケタガランの人びとは「血液から系統や特質」を特定することが困難なほど混血が進んでいた。さらに、このケタガランに関して、台北帝国大学で教鞭を振るった人類学者・移川子之蔵《うつしかわねのぞう》(93)は次のように述べている。

大正九年一〇月の調査によれば、基隆街の中、基隆、仙洞、牛稠港、石硬港、田寮港、社寮、八斗子、蚵殼港、外木山等を通じて一七一の平埔族人が居る事になっていが、散在し、他と雑居していて、これが全部ケタガラン族であるものか、今なおそれ《ママ》位居るものか明瞭ではない(94)

移川が列挙する地名のなかで「田寮港、社寮」[95]が濱町・社寮町に該当する。移川は「散在」と「雑居」という観点から濱町・社寮町のケタガランについて述べ、ルチャンドルは「大雞籠社」における混血や漢化を指摘していた。つまり、濱町方面に点在していた「漁民部落」には、漢化や「混血」が進んだケタガランの人びとが暮らしていたと推測することが出来る。ただし「雑居」という指摘を念頭に置くとき、「漁民部落」の人びとを安易にケタガランだと特定することは出来ない。むしろ「水産」地域が形成される以前から、濱町「漁民部落」には多様な出自と文化を背負った人びとが「雑居」していたと考えるのが妥当であろう。

三沙湾漁港移転に端を発した「水産」地域の形成において「濱町、入船町方面」に点在していた「漁民部落」は「完全に整理」された。それは基隆漁港の築港や「水産」地域の形成が基隆全体の市区整備と密接に関わっていたことを意味している。こうした一連の大事業を根底で支えていたのが国際港湾都市・基隆としての面目だった。

「水産」地域は基隆に散在していた「漁民部落」に暮らしていた人びとの生活の上に形成された。その「水産」地域には三沙湾出稼ぎ漁民が移り住み、台湾、沖縄、朝鮮(韓国)、日本に出自を持つ人びとの生活と経験が新たに折り重なっていく。そして、菊と用錫もまた、その「水産」地域に自らの生活と経験を刻んでいくことになる。

注

（1）平塚均「施政四〇周年記念台湾博覧会水産関係展示概要」『台湾水産雑誌』二五四号、一九三六年五月、四九頁。
（2）葉矢志生「台北から基隆へ」『台湾水産雑誌』第二五七号、一九三六年八月、五一頁。
（3）「基隆漁港の移転問題」『台湾水産雑誌』第二二八号、一九三四年三月、六七頁。
（4）黄志誠編『基隆市史巻一土地志地理編』基隆市政府、二〇〇一年、七頁。
（5）基隆韓国教会「週報」、二〇一八年三月一一日。
（6）葉矢、前掲「台北から基隆へ」、五〇頁。
（7）「可惜！美國隊長拍片造船廠拆了 業者將改建遊艇碼頭」『中国電子報』二〇一六年二月一六日（http://www.chinatimes.com/newspapers/20160216000461-260102、二〇一六年二月一七日閲覧）。
（8）洪連成『基隆八尺門 天徳宮』基隆市天徳宮管理委員会、二〇〇五年、三頁、非売品。尚、「天徳宮」建立の動機について以下のように説明されている。「台湾はすでに光復した。国民の心理的な束縛は解除され、経済も日に日に繁盛し、生活は安定してきた。言葉では言い表せない神への感謝の気持ちから、この地区内に廟を建てようという議論が起こり始めた」（二―三頁）。
（9）洪連成『基隆市志巻尾』基隆市政府、二〇〇三年、六頁。
（10）同上、七頁。
（11）同上。
（12）同上、許財利「序」参照。
（13）洪連成『基隆市志巻二住民志宗教編』基隆市政府、二〇〇三年、四七頁。尚、韓僑とは戦後台湾に暮らした朝鮮半島出身者を指している。それに対して、沖縄出身者は琉僑、日本出身者は日僑と呼ばれた。
（14）山口守人「日本統治下の台湾における自由移民としての日本人漁民の生活様式に関する地理学的研究」（研究種目：基盤研究（C）、研究期間：二〇〇六～二〇〇九、課題番号：18520615、https://kaken.nii.ac.jp/d/p/18520615.ja.html、二〇一五年七月一五日、最終閲覧）。

(15) 後述するように、基隆は一六二六年から一六四二年にかけてスペインに占領されていた。三沙湾という地名はスペイン語の San salvador に由来すると言われている(台湾省文献委員会口述歴史専案小組編『基隆史郷土史料――基隆史耆老口述歴史座談会記録』台湾省文献委員会、一九九二年、四〇頁)。

(16) 『台湾日日新報』は台湾総督府の支援で発行され、植民地下の台湾において最大規模を誇った新聞である。本章では『台湾日日新報』を参照としながら基隆漁港築港の経緯を検討する。

(17) 『台湾水産雑誌』は一九一六年に組織された「台湾水産協会」によって創刊された。その「台湾水産協会」は台湾水産業の改良と発達を目的に設立された。本雑誌はその後、台湾総督府殖産局内に設置された「台湾水産会」によって一九二八年一〇月号から一九四三年一二月号(本号をもって休刊)まで出版された。本雑誌には、植民地台湾における水産業界の動向や漢人や先住民に関する民俗学的な記述も多く散見される。

(18) 松田京子『帝国の視線――博覧会と異文化表象』吉川弘文館、二〇〇三年、一九頁。

(19) 同上。

(20) 同上、三四―三五頁。

(21) 王俊昌『日治時期台湾水産業之研究』国立中正大学歴史研究所博士論文、二〇〇六年、一一三頁。

(22) 余振棟への聞き取り、二〇一四年九月一〇日、於:基隆市中正区正濱里老人クラブ会館。余は祖父母の代から濱町に暮らし農業を生業としてきたが、当時濱町にあった「東鰹節工場」に勤務し、戦後は中正区の区長を務めている。筆者が余と出会ったのは二〇一四年九月だった。当時、余は老人クラブ会館の会長を務め、毎朝七時に会館を開けていた。二〇一四年九月一〇～一一日の二日にわたり、自作の地図や表を用いながら「水産」地域の歴史や産業について話を聞かせてくれた。その後も「水産」地域で挨拶を交わすことはあったが、二〇一四年九月以降、余と深く関わりを持つことはなかった。二〇一八年三月、久しぶりに余の自宅を訪ねたが二〇一七年四月五日に永眠していたことを知った。

(23) 「三沙湾の入江には漁船が寿司詰め　風紀上衛生上から寒心すべき事が多い＝漁港は八尺門への移転が急務」『台湾日日新報』一九二四年九月二九日。

(24) 同上。

(25) 本記事に登場する「八尺門」とは俗称の地名であり、台湾本島と社寮島を隔てている水道の幅が「八尺ほどしかない」と形容されたことに由来する。水道の出入り口が門の字に似ていることから八尺門と呼ばれるようになった。

(26) 前掲「三沙湾の入江には漁船が寿司詰め」、一九二四年九月二九日。
(27) 同上。
(28) 魏嘉弘『日治時期台湾「亜洲型霍乱」研究　一八九五－一九四五』政大出版社、二〇一七年、一八八頁。
(29) 同上、一九一頁。
(30) 同上。
(31) 張秀蓉編『日治台湾医療公衛五十年』国立台湾大学出版中心、二〇一二年、一五五頁。
(32) 「社寮島埋立地に漁民住宅を建設　基隆市が工費五十万円で計画」『台湾日日新報』、一九三一年九月五日。
(33) 同上。
(34) 「基隆漁村の不景気」『台湾水産雑誌』第一一九号、一九二五年一二月、六二頁。
(35) 同上。
(36) この点に関していえば、「組合」を組織することで三沙湾出稼ぎ漁民に「愛着心と協同心」を植え付ける必要があるという提言がなされている（「基隆漁港の振興策　先決問題は先ず漁業組合の設立に在り」『台湾日日新報』、一九二六年一月一日）。
(37) 「台湾水産界の諸問題」『台湾水産雑誌』第一一七号、一九二五年一〇月、四頁。
(38) 山口、前掲「日本統治下の台湾における自由移民としての日本人漁民の生活様式に関する地理学的研究」。山口は「自由漁業移民には、官営・私営漁業移民のように、「移民」に際しての組織的な対応機構がな」く「事前にその集合体である自由漁業移民集落の存立位置すら把握することが困難である」と述べている。つまり「官営・私営漁業移民」に対して「自由漁業移民」は、その実態を把握することが困難な存在であった。
(39) 前掲「基隆漁村の不景気」、六三頁。
(40) 前掲「社寮島埋立地に漁民住宅を建設　基隆市が工費五十万円で計画」、一九三一年九月五日。
(41) 台湾総督府文書「基隆漁港漁民住宅其他背面施設経営計画書」（10518/014）、一九三二年。
(42) 同上。
(43) 同上、二八一頁。
(44) 井上治三郎「基隆市営漁民住宅に就て」『台湾水産雑誌』第二五一号、一九三六年、五頁。
(45) 余振棟への聞き取り、二〇一四年九月一一日、於:基隆市中正区正濱里老人クラブ会館。また、社寮島で幼少期を過ごした青山惠昭（一九四三－）も、社寮島には朝鮮人が暮らしていたと母親の美江から伝え聞いている（二〇一五年九月一四日、於：沖縄県浦添市）。尚、惠昭の父親である惠先は二・二八事件に巻き込まれた受難者の一人である。惠昭が原告となった二・二八事件訴訟についてはコラム⑥を参照。
（47）松田良孝『与那国台湾往来記――「国境」に暮らす人々』南山舎、二〇一三年、一七九頁。以下、佐久川芳子の経歴は同書（一七二－一七九頁）に依拠している。
（48）井上、前掲「基隆市営漁民住宅に就て」、七頁。
（49）同上。
（50）「社寮島へ橋が架る　来年度には実現か」『台湾日日新報』、一九三三年一一月八日。
（51）同上。
（52）「社寮島への架橋進捗　天候不良にも拘らず」『台湾日日新報』、一九三六年三月一三日。
（53）「基隆橋の落成式　来る一五日挙行」『台湾日日新報』、一九三六年五月九日。
（54）「基隆八尺門架橋に関する一般の要望」『台湾水産雑誌』二二五号、一九三三年一一月、三四頁。
（55）「基隆橋竣功　一五日落成式を挙行」『台湾日日新報』、一九三六年五月一三日。
（56）「入船町の船溜移転今年も延期さる　基隆市区整理の癌とさえ謂はれ　延期する事既に三年」『台湾日日新聞』、一九三七年三月二一日。
（57）同上。
（58）同上。
（59）同上。
（60）「基隆魚市場新築落成式」『台湾水産雑誌』第二三二号、一九三四年七月、三二頁。
（61）同上、三三頁。
（62）平塚、前掲「施政四〇周年記念台湾博覧会水産関係展示概要」、四九頁。
（63）葉矢、前掲「台北から基隆へ」、五〇－五一頁。
（64）同上、五〇頁。
（65）台湾省文献委員会編『台湾地名辞書一七巻基隆市』、一九九六年、五一頁。
（66）余振棟への聞き取り、二〇一四年九月一〇日、於：基隆市中正区正濱里老人クラブ会館。

(66) 以下、日本水産の沿革については主に日本水産株式会社『日本水産の五〇年』(一九六一年)、『日本水産の七〇年』(一九八一年)、『日本水産一〇〇年史』(デジタル版、二〇一一年)、日本水産株式会社HPを参考にした。

(67) 「共同漁業株式会社台湾営業所新築成る」『台湾水産雑誌』第二三五号、一九三四年一〇月、四六頁。

(68) 同上。また、日本水産は濱町の「営業所」とは別に、日新町に「基隆出張所」を構えていた。

(69) ニッスイの通称で知られる日本水産は現在、水産・物流・食品・ファインケミカル・海洋関連エンジニアリングといった五つの事業を展開している。

(70) 余振棟への聞き取り、二〇一四年九月一一日、於：基隆市中正区正濱里老人クラブ会館。

(71) 日本経済新聞社編『私の履歴書　経済人9』日本経済新聞社、一九八〇年、一二頁。

(72) 宇田川勝「鮎川義介と日産コンツェルン」、同上書、月報、一頁。

(73) 岡本信男『水産人物百年史』水産社、一九六九年、一一〇頁。

(74) 島田利吉「金瓜石鉱山の概況」『科学の台湾』、一九三六年一二月、一頁。

(75) 島根県教育庁文化財課政界遺産室「台湾金瓜石・瑞芳鉱山と黄金博物館展――石見銀山と台湾の鉱山の知らせざる接点」二〇一二年一〇月、五頁。

(76) 同上。

(77) 葉矢、前掲「台北から基隆へ」、五〇頁。

(78) 佐賀関製錬所は一九一六年に久原鉱業が開設している(JX金属HP、http://www.nmm.jx-group.co.jp/、二〇一八年二月一七日最終閲覧)。

(79) 島田、前掲「金瓜石鉱山の概況」、二頁。

(80) 鍾温情主編『瑞芳鎮誌交通編』台北県瑞芳鎮公所、二〇〇二年、二九頁。

(81) 「八尺門までの延長を出願　金瓜石鉱山の鉱石運搬鉄道」『台湾日日新報』、一九三二年九月二九日。

(82) 同上。他方で「(基隆)漁港内での荷役」に対し「漁港は漁業者の漁港であるとの理由で反対運動さえ起らんとする状態となっている」とも報じられている(「八尺門への鉄道敷設に反対　漁港で荷役をされてはたまらぬとの理由から」『台湾日日新報』、一九三三年一二月七日)。

(83) 「煉子寮八尺門間の鉄道工事着手」『台湾日日新報』、一九三五年六月一三日。

(84) 高成鳳『植民地の鉄道』日本経済評論者、二〇〇六年、一五頁。

(85) 「港湾都市としての基隆市百年の大計　五十三万坪の新生地を得て面目を一新する諸施設」『台湾日日新報』、一九三三年一月一日。

(86) 「基隆漁民住宅の補助金下付決裁成る　家賃九円のものを二百戸」『台湾日日新報』、一九三三年四月二日。

(87) 洪英聖『基隆市地名探索――情帰故郷4』時報文化出版、二〇〇四年、五一頁。

(88) 台湾や中国で使われる行政区分の一つ。市の下部に区が置かれ、その下に里が置かれる。

(89) 台湾先住民社会を中心にエスノアーケオロジー調査を行う野林厚志は「民族とは決して一枚岩ではなく、地域差や歴史的な系統の違いによる相違が存在する」と述べたうえで「漢族化という説明原理だけでは平埔族のエスニシティがつくりあげられていった過程を理解するうえで十分とは言えない」と言う。例えば「オランダやスペインの支配がおよんだ地域において、平埔族はキリスト教の影響を少なからず受けていった」のであり「漢族系住人や原住民族の人々とは明らかに異なる社会的、文化的環境に平埔族の人々がおかれていたことは事実」だと述べている（「平埔族の物質文化の境界線――国立民族学博物館の収蔵資料を事例として」日本順益台湾原住民研究会編集・発行『台湾原住民研究の射程――接合される過去と現在』、二〇一四年、三四二頁）。

(90) 潘英編著『台湾平埔族史』南天書局有限公司、一九九六年、四六頁。ケタガランを漢字で表記すると「凱達格蘭」である。植民地時代に温泉観光地として開発された北投には現在「凱達格蘭文化館」があり、台湾総統府（旧台湾総督府）の前には「凱達格蘭大道」と呼ばれる道路が伸びている。

(91) 李仙得（羅效德／Douglas L.Fix 訳）『台湾紀行』国立歴史博物館、二〇一三年、三〇－三一頁。

(92) オランダが台湾を統治していた一六四四年、中国大陸では明朝から清朝へと王朝の交代が起きていた。鄭成功は清朝に反対し明朝を復活（反清復明）させるために台湾に渡っている。

(93) 森口恒一によれば「移川」は「うつしかわ」「うつしがわ」と読むのが一般的だが、ハーヴァード大学留学時代の記録は全て「Utsurikawa」と記載されているという（森口恒一「移川子之蔵とハーヴァード大学」日本順益台湾原住民研究会編集・発行、前掲『台湾原住民研究の射程』、二〇八－二一一頁）。

(94) 移川子之蔵「ケタガラン族の大雞籠社」『科学の台湾』、一九三四年、九頁。

(95) 「田寮港」は田寮澳に位置していたが、基隆漁港築港によって埋め立てられ、魚市場や水産館が建てられた（台湾文献委員会編『台湾地名辞書　巻一七　基隆市』、二〇〇一年三月、七四頁）。

コラム③　国司浩助と戸畑港

菊と出会って「水産」地域のことを知った。菊が半世紀近く暮らしてきた「水産」地域はどのように作られたのか。その歴史を調べるなかで戸畑港に行きついた。

戸畑港は日本水産が一九二九年に築港した漁港である。日本水産はそれまで下関を拠点として事業を展開していたが、下関漁港が狭隘で事業拡大の障壁になることから拠点を戸畑に移している。

日本水産の戸畑移転を中心で担っていたのが国司浩助（一八八九－一九三八）である。

国司浩助は山口県士族の三男として神戸に生まれた。一九〇三年に山口県士族である国司助十の養嗣子となった国司は、国司家の親戚だった鮎川義介の家に暮らしながら山口中学に通った。中学を終えた後、国司は水産講習所漁労科に入学するが、その後押ししたのが鮎川だった。

国司は同科を修了した後、遠洋漁労科に入り直しトロール漁業の研究に専念する。一九〇八年には農商務省の派遣でイギリスに留学、トロール漁業の研究に磨きをかけた。一九〇九年にイギリスから帰国した国司は、田村市郎と共に田村汽船漁業部を立ち上げる。田村汽船漁業部は共同漁業、日本水産へと事業を拡大したが、国司は常にその中心にいた。

国司は近代日本漁業の合理化を強く提唱していた。短い時間でどれだけ多くの魚を捕獲し、いかに効率よく消費することができるのか。国司は生産と消費の向上を求めた。

大量の魚を捕獲するには日本水産のお家芸であるトロール漁業がある。トロール漁業は一九世紀のイギリスで発達したといわれており、船一隻ないしは二隻で袋状の網を引き、海底や中層の魚を捕獲する漁法だ。では、捕獲した魚をどのように消費するのか。国司はこれまで分散していた各工程を一ヶ所に集め消費効率をあげようと考えた。

戸畑港は国司が目指した水産業合理化を見事に体現した。『台湾水産雑誌』（一九三一年）は「戸畑港の水産設備完成近付く」と題した一文で次のように述べた。

共同漁業や戸畑冷蔵會社、魚市場など水産関連施設は二五社、トロール漁船や機船底曳網漁船は数百隻が出入りし、また、塩干魚の加工、缶詰やかまぼこ、竹輪などを大量に生産する諸設備、他にも水産食堂、共同浴場、理髪場、娯楽場などが完成間近だった（四六頁）。

戸畑港は陸上・水上の面積を合わせると六万五千平方メートル。漁港の周辺には製氷・冷凍工場、荷揚げ場、魚市場、漁糧工場、日本魚網株式会社などが凝集され「日本水産業の縮図」と称された。

国司はなぜ戸畑に新しい港を作ろうと考えたのか。戸畑が位置する北九州には八幡製鉄所や筑豊炭鉱がある。『国司浩助論叢』（日本水産株式会社、一九三九年）を見ると、国司が北九州を「市場として極めて重要」として位置づけ、炭鉱や工場で働く労働者を強く意識していたことが分かる。

> これらの人びとに対して、可及的新鮮にして、やすくてうまい水産食料品を提供することは、まことに我らの任務であり、これらの人びとの活動力を旺盛にすることは取りも直さず、我が国の事業発展を助成する所以となる訳であるから、国家のためからいっても極めて必要なことである（二二七頁）。

また「戸畑漁港をもって海軍軍需食料品の根拠地たらしめたい」とも述べている（四三四頁）。戸畑港は水産業・労働者・帝国日本が一つに重なる漁港だったのである。

戸畑港は基隆漁港を彷彿させる。そして戸畑も「水産」地域も、漁港を中心に水産業を展開し鉱業や炭鉱労働者との関係も密接だった。国司の提言が「水産」地域の形成と発展にどれだけ反映されていたのかは定かではないが、炭鉱労働者に魚を提供し帝国日本に寄与する考え方は戸畑や「水産」地域を考える上で瞠目に値する。

多くの点で戸畑港と類似する「水産」地域は、基隆漁港の築港を呼び水として多様な人びとが暮らす場へと発展した。だが、多民族集住という特徴は「水産」地域にだけ見られるわけではない。次章では、植民地台湾における「もう一つの「水産」地域」について考えてみたい。

第四章　『無言の丘』の歴史叙述——経験・場・東アジア

第一節　台湾ニューシネマと『無言の丘』

「水産」地域は基隆漁港築港を契機に形成され、水産業を呼び水としながら沖縄、朝鮮（韓国）、日本、台湾に出自を持つ人びとが集まった。しかし当時の台湾において「水産」地域だけが多民族で構成されていたわけではない。第三章で言及した金瓜石《きんかせき》や九份《きゅうふん》もまた多民族集住地域の様相を呈していた。本章で取り上げる『無言の丘』は、その金瓜石・九份が位置する瑞芳《ずいほう》を舞台にした映画である【写真4－1】。

『無言の丘』は、一九九二年一二月に台湾で公開された。監督は王童《ワントン》（一九四二－）、脚本は呉念真《ウニエンゼン》（一九五二－）である。この映画は、若手の台湾映画関係者を中心にした台湾ニューシネマ（台湾ニューウェーブ、以下、ニューシネマ）の流れを汲んでいる。ニューシネマは一九八〇年代初頭に始まる映画運動であり、一九七〇年代における台湾郷土写実文学の勃興、台湾映画産業の危機、香港映画ニューウェーブなどの影響を受けて誕生した。

映画評論家の黄建業は、ニューシネマの特徴を次のように述べている。第一に、ニューシネマの嚆矢とされる『光陰的故事』（一九八二年）[1]が一九五〇年代から八〇年代の各世代（児童、青少年、大学生や社会人を含む）の人

【写真 4-1】

『無言の丘』の主人公である阿助（左）と阿贬（中影股份有限公司提供）。

生経験を細やかに表現し、歴史と時代を映像に反映させたことで、映像を通して台湾の歴史を描こうとする作品群が多く登場した[2]。第二に、民衆のアイデンティティや階級的類別がニューシネマの主題として徐々に自覚的に鮮明化され、特定のエスニック・グループの生々しい人間像が表現された[3]。第三に、その表現方法が写実的で美学的傾向が強かったことから「反商業的」「創作者の自己陶酔」だと批判されることもあった[4]。

ニューシネマは一九八九年にヴェネチア国際映画祭で金獅子賞を受賞した『悲情城市』で一つの到達点を迎える。それ以降は台湾映画産業の衰退に歯止めがかからず「艱難辛苦を力ずくで突破しようとする時期」[5]に突入する。映画産業の後ろ盾がないなかで八〇年代からの大きな変化を期待されていた九〇年代のニューシネマは、台湾の歴史を描いてはいるものの「歴史叙述に生活感情への細かい描写がなく、青春の成長という命題がだんだんと埋もれてしまい、暗澹たる凋落ぶりが世紀末の銀幕に影を落としていた」と評された。

そうしたニューシネマのかげりのなかでも「一貫して厳粛な創作態度を堅持した」のが王童だった。王童は中国安徽省に生まれ、一九四九年に国民党軍の将軍だった父親とその家族と共に台湾に渡っている。その代表作として『假如我是真的』（一九八一年）、『苦恋』（一九八二年）、『海を見つめる日（看海的日子）』（一九八三年）、『村と爆弾（稲草人）』（一九八七年）、『バナナ・パラダイス（香蕉天堂）』（一九八九年）、『赤い柿（紅柿子）』（一九九七年）があるが、そのなかでも『村と爆弾』『バナナ・パラダイス』『無言の丘』は「台湾三部作」として知られている。その作風は「「稲草人」、「香蕉天堂」はすでに八〇年代にかなりの安定し成熟したスタイルを確立していたので、九〇年代に至ると「無言的山丘（無言の丘）」、「紅柿子（赤い柿）」にさらに大きなモチベーションと歴史的叙述の風格が現れた」と述べられている。[6]

ニューシネマを考える上で映画製作に関わったスタッフも重要になる。その中心にいたのが呉念真だった。呉念真は瑞芳に位置する侯硐《ほうどう》（猴硐）という炭鉱町で生まれ育った。大学在学中から執筆活動を始め、『香火』（一九七九年）で脚本家としてデビュー。一九八〇年に中央電影公司に入社した後、『同班同学』（一九八一年）で第一八回金馬獎最優秀脚本賞を受賞している。その後も『悲情城市』や『無言の丘』を始めとする多くの脚本を手掛け、植民地時代に日本の教育を受けた自分の父親をモデルにした『多桑／父さん』（一九九四年）では監督・脚本の両方を担当している。

その呉念真は「ニューウェーブ誕生以前、台湾映画には真に社会の写実と結びついているものは一本もなく、（省略）現実の問題から逃避していた」そして「個人の成長の経験を通して当時の歴史背景を表現するべき」だと述べている。[7] また自身の製作活動については「映画を用いて台湾にない歴史を描き、その創作と実生活を持って台湾が失った歴史を取り戻すこと」「台湾にもうすぐなくなろうとしているものや既になくなった情感を探している」と語っている。[8]

『無言の丘』は、中国に出自を持つ王童が監督を、台湾で生まれ育った呉念真が脚本を担当した。『無言の丘』の「歴史的叙述の風格」を考える上で、王童と呉念真が台湾の歴史といかに向き合っていたのかが重要な論点の一つとなる。

第二節　『無言の丘』の登場人物——経験の未決定性

『無言の丘』の主人公は、台湾人兄弟の阿助《アジョウ》と阿屘《アバン》である【写真4－1】。二人は「金蟾蜍《ジンジュージー》」物語[9]に魅了されて、地主との契約を破り瑞芳にやってきた小作農だった。映画の冒頭では、阿助と阿屘が、菜の花が美しく咲き誇る「無縁の丘」で琉球民謡を口ずさむ沖縄出身の富美子を遠くから眺めているシーンが映し出される【写真4－2】。その後のストーリー展開において、兄の阿助は夜中に鉱山に忍び込み金を採ろうと企てるが不慮の鉱山事故で帰らぬ人となる。他方の阿屘は、富美子に思いを寄せながらも「出会い損ね」を繰り返す。

富美子は沖縄から台湾に売られ「万里香」という妓楼で雑用をしている。後述するように、富美子は予期せぬ展開に巻き込まれ娼婦として働かされることになり、多くの客を取らされた挙句に体調を崩してしまう。『無言の丘』は「出会い損ね」を重ねてきた阿屘と富美子が結ばれるところで幕を閉じる。

阿助と阿屘の仕事仲間である成仔は、揉め事があれば仲裁に入り文字の読み書きが出来ることから鉱夫の信望を集めるリーダー的な存在である。阿助や阿屘と共に働く憨溪《ホッケイ》は、福州に妻子を残して台湾に出稼ぎに来た労働者だった。

彼らが働く鉱山を経営しているのが藤田組である。第三章でも述べたように、藤田組は藤田伝三郎によって創設され、一八九六年に「瑞芳鉱山（台北州基隆支庁管内基隆堡、金——台湾鉱業権第一号——）」[10]の採掘許可を得ている。そして一九一四年に「瑞芳鉱山の直営廃止」、一九一八年には「瑞芳鉱山を売却」[11]している。以上のように一九二〇年代を背景とする『無言の丘』は「厳密に史実にそくしているわけではない」[12]。しかし「藤田組という主体を示す映像を随所に挿入することで、この映画は、単なるフィクションではなく、植民地支配の歴史的記憶にかかわるドラマであることを明確に示している」[13]のである。

その藤田組に新しく赴任してくるのが日本人鉱山長である。潔癖で洋楽を好む鉱山長は絶対的な権力者として描かれている。また、登場シーンは僅かだが、福祉課の「金城さん」という男性職員も登場する。

藤田組や瑞芳鉱山と対を為しているのが「万里香」である。

「万里香」の経営者は日本語を流暢に話す台湾人夫婦である。その「万里香」には富美子の他にも、日本と台湾の混血児である紅目仔《アンバヤ》が下働きをしながら暮らしている。また、韓服姿の女性が娼妓として働いている。

藤田組や「万里香」に加えて重要な場が台湾人女性・阿柔《アジュウ》の家である。阿柔の家は、彼女とその四人の子どもが暮らす生活の場であると共に、阿助と阿屘のように外から働きに来た労働者に間貸しされる場でもある。また、阿柔が私娼を行う場としても描かれており、そこが多義的な空間であることが分かる。

【写真 4–2】

「無縁の丘」で琉球民謡を口ずさむ富美子（中影股份有限公司提供）。

『無言の丘』は、藤田組・鉱山・「万里香」・阿柔の家を中心に多様な人びとを配置することで、歴史の波頭に顔を覗かせることのない民衆の姿を描いている。そこには、植民者／被植民者というピラミッド型の構造が前提とされながらも、それを攪乱させていく軸が幾重にも重ねられている。

例えば、リテラシーの観点で言えば、同じ台湾人鉱夫であっても成仔は文字の読み書きが出来た。また、ジェンダーの視点から見れば、被植民者の間には台湾人鉱夫／「万里香」の女性といった職業的階層の違いが看取される。

紅目仔の存在は血統をめぐるポリティクスの問題を照らし出している。紅目仔は父親が日本人であることを理由に、自分は「日本人」であると優越感を感じている。しかし日本人鉱山長は紅目仔を「日本人」とは認めず、台湾人鉱夫は彼を「雑種」とみなしている。

紅目仔を兄と慕う富美子は「日本人の女」として性的眼差しに曝される。先述したように富美子は「万里香」の雑用として台湾に売られたが、金を隠し持っているという冤罪にかけられ、体の隅々まで調べられた挙句に処女を失い「万里香」で娼婦として働かされることになる。その富美子を、台湾人鉱夫たちは「皮膚は柔らかく、肌は白くて、優しい」「日本人の女」として眼差す。

映像評論家の四方田犬彦によれば、王童の映画に登場する人物の共通点は「未決定の状況にある」[14]ことだという。雑用だった富美子が娼婦にさせられていくように、『無言の丘』の登場人物たちは常に「未決定な状況」に置かれていた。

以上のように『無言の丘』は「決して一筋縄ではいかない物語構造」[15]を持つ。植民者／被植民者の構造を前提としながらも、それを予め決められた人間関係として固定化するのではなく、教育程度の差異、ジェンダーの視点、血統をめぐるポリティックス、階層的相違といった多様な軸を幾重にも錯綜させることで経験の未決定性を確保し、摩擦や軋轢、葛藤を内包する緊張した交流の様相を流動的に描いている。こうした内容を持つ『無言の丘』について四方田は次のように述べている。

『無言的山丘』はこれまでの王童の作品のなかでもっとも壮大な規模をもったものであり、歴史の悲惨と残虐を民衆の喜劇的世界観のもとに、達観した立場から解釈し直そうとする彼（王童）の試みが、もっとも成功した例であるということができる。[16]

四方田によれば、『無言の丘』は「歴史の悲惨と残虐を民衆の喜劇的世界観のもとに、達観した立場」から捉えた映画だという。しかし『無言の丘』を考える上でより重要なのは、王童が「達観した立場」から捉えようとした「民衆の喜劇的世界観」である。

この『無言の丘』の世界観には「舞台裏の担い手」[17]――呉念真による「無縁」の解釈が深く関係している。「無縁」という言葉は、映画の登場人物が「未決定の状況」に置かれていたことと無関係ではなく、呉念真の家族史とも密接に関わっている。つまり『無言の丘』は、呉念真の存在を抜きには考えることの出来ない映画なのである。呉念真は「無縁」という言葉をいかに解釈していたのか。また、四方田が指摘した「解釈し直そうとする試み」とは具体的に何を意味しているのか。『無言の丘』の歴史叙述はこれらの点に関わっている。

第三節　呉念真にとっての「無縁」

『無言の丘』の脚本は呉念真である。呉念真によれば、彼が子どもの頃に聞いた「無縁の墓」の物語が映画のモチーフになっているという。[18]

呉念真は瑞芳に位置する侯硐という炭鉱町で生まれ育った。彼はその侯硐で「無縁の墓」の物語を聞いているが、これは瑞芳の九份に伝わる物語である。

帝国日本が台湾を領有してからまだ間もない一九〇〇年代の初頭。ある二人の日本人が大粗坑《だいそこう》と基隆河が交わる地点で砂金を発見した。二人は大粗坑渓の上流に鉱脈があると考え、冬の風雨に曝されながら鉱脈を目指すが、その道中で一人の日本人が病気に罹ってしまう。

もう一人の日本人は、病に倒れた友人のために食料を探しに出かける。その折に偶然鉱脈を発見するのだが、病気だった友人は息絶えてしまう。一人残された日本人は、鉱脈の位置を九份の住民に告げて、少しの金と火葬した友人の遺骨を抱いて日本内地に帰っていく。

ちょうどその頃、遺骨を抱いた日本人とすれ違うようにして、病死した日本人の妻が夫の安否を確認するために台湾に向かっていた。九份に到着した妻は、自分の夫がこの世を去り、遺骨もすでに台湾にないことを知る。これにいたく悲しんだ彼女は病気になり九份で息絶えてしまう。彼女を哀れに思った九份の人びとは金を寄せ集め、牡《ぼ》丹坑《たんこう》と大粗坑の境にある小さな丘に彼女を埋葬し「無縁の墓」と刻んだ碑を立てた。[19]

呉念真によれば、当時の人びとが「無縁の墓」という文字を刻んだ理由は、この日本人夫婦が再会を果たせなかったことに由来しているという。[20] そして「この伝説はもしかすると嘘かもしれないが「無縁の墓」は確かに存在する」「金の鉱脈が発見され、さまざまな地域から人びとが集まってきたことによって自分の故郷が形成されたこともまた事実である」と述べている。[21]

『無言の丘』の登場人物たちは、金鉱開発を呼び水に瑞芳へやって来た人びとである。そこには富美子や紅目仔、阿柔といった鉱夫ではない人びとも含まれているが、「万里香」や間貸しを成り立たせているのは金鉱を中心とした瑞芳の開発である。そして呉念真の外祖父とその兄弟もまた、黄金への夢を抱き台湾東部の宜蘭から幾つもの山を越えて瑞芳を目指した人びとだった。その道中で「無縁の墓」を目にした外祖父は、呉念真に次のように語ったという。

この墓碑は土地公の「箴言」のようなもので、この土地が運命的に人と無縁であることを告げている。[22]

外祖父の言葉は『無言の丘』の登場人物が迎える結末を彷彿とさせる。一攫千金を夢見て鉱夫となった阿助と阿屘は財産を築くことなくこの世を去った。赴任してきた日本人鉱山長は紅目仔に殺され、その紅目仔は殺人の罪で銃殺刑に処された。富美子は体調を崩し沖縄に帰ることなく死去し、憨溪と阿柔は瑞芳に根を下ろすことなく故郷に帰っていく。登場人物が迎えた結末は、瑞芳という場が彼・彼女たちと「無縁」であったことを物語っている。そして、呉念真にとって「無縁」は、鉱夫と土地の関係を理解するうえで重要な言葉だった。

私にとって「無縁」とは鉱夫と土地の関係に似ている。鉱夫たちは通常外からやってきた人びとであり、自分の青春と体力をこの地に埋葬する。彼らが得たものと言えば、子ども以外には疾病と絶望だけである。[23]

呉念真による「無縁」の解釈には、彼の家族が歩んだ歴史が関わっている。

呉念真の父親は台湾本島中部に位置する嘉義に生まれ、外祖父と同様に黄金を夢見て瑞芳にやって来た外来者である。鉱山夫として一生を過ごした父親は一九九〇年の夏に六二歳という若さで死去している。死因は塵肺だった。

呉念真の父親が歩んだ人生は阿助と阿屘を彷彿させる。阿助と阿屘がそうであったように、呉念真の父親もまた「自分の青春や体力」を鉱山に捧げた。呉念真にとって「無縁」とは、父親の死去と切っても切り離せない具体的な実感を伴った言葉として彼の中に刻み込まれている。

父親の死を目の当たりにした呉念真は、『無言の丘』の脚本が執筆出来ずにいた。父親の死去は、自分が生まれ育った瑞芳やそこで暮らした人びととの向き合い方を呉念真に問いかけた。そして、呉念真は自分の首に掛けていた小さな金――僅か五グラムのスイス製の金板――を父親の手に握らせた時の気持ちから脚本を執筆しようと決意する。

一九九一年一一月、私はついに決心した。黄金の夢を一生抱き続けた人の手に、小さな金板を握らせた時の気持ちから脚本を執筆しようと。(24)

呉念真は「無縁の墓」をモチーフとし、家族の歩みを捉え返すなかで脚本を執筆した。呉念真にとって自分の家族と向き合うことは「無縁」の意味を模索する過程でもあった。「無縁」は、『無言の丘』の登場人物と瑞芳の関係性を表現すると同時に呉念真の家族史でもあり、映画の世界観を形作る言葉でもあった。

呉念真は「無縁の墓」と父親の死去を重ねて次のように述べている。「九〇年前、冬の風雨の中で、山々は何も言わずに最初の夢想家の死を見ていた。九〇年後、夏の風雨の中、もう一人の夢想家がこの世を去る時、山々は依然として何も語らなかった」。(25)一九九二年に初稿を書き上げた呉念真は、それに「無言の丘」というタイトルを付けた。(26)

第四節　『無言の丘』が開く歴史――もう一つの「水産」地域として

実は『無言の丘』の脚本には、もう一つ別の物語が織り交ぜられている。それが『梅与桜（梅と桜）』である。『梅と桜』は、呉念真がかつて王童の替わりに執筆した映画の概要である。日本植民地下の瑞芳を舞台とし、日本人・沖縄人娼妓・台湾人鉱夫が登場することからも『無言の丘』を彷彿とさせる内容である。

呉念真の父親が死去した翌年、王童は『梅と桜』を携えて呉念真を訪ねている。王童はこの時、呉念真に『梅と桜』の映画化を持ちかけているが、呉念真は王童の訪問と父親の死去が重なったことを次のように回想している。

王童は時代及びその背景に拘ったが、私は物語に関してはっきりと彼に告げた。父の死という暗影が私の心にまだわだかまっており、あの時代、あの場所、あの人びとの視点といかに向き合うのか、実は決められないし、掴むことも出来ない。私には時間が必要だ。[27]

呉念真の回想は『無言の丘』を考える上で示唆的である。第一に、王童は時代背景に拘っていたこと。第二に、呉念真は瑞芳という場所・時代・人びとの視点を大切にしていたことである。換言すれば『無言の丘』は、時代や社会の動きを意識した王童の巨視的視野と、「無縁」の意味を家族史から解釈し、瑞芳という個別具体的な場・時代・人びとの視点から脚本を書いた呉念真の微視的視野とが重なり合った映像だと言える。そうした二つの視野を併せ持つ『無言の丘』が開く歴史を考える上で、四方田が指摘した「解釈し直おそうとする試み」が何を意味しているのかが重要になる。

四方田によれば、王童の別の作品である『稲草人（村と爆弾）』が描いた「台湾人と支配者としての日本人の対立の問題」が、『無言の丘』では「新しく沖縄人である少女が登場することによって、より複雑で多元的なものと化している」という。[28] 換言すれば『村と爆弾』に見られた植民者／被植民者という構図が、『無言の丘』では「沖縄人である少女」――富美子の登場によって多元化されたことを意味している。しかし『無言の丘』が多元的な人間関係を描き出すことになったのは、富美子（沖縄）の登場よりもむしろ瑞芳という場が深く関係している。

富美子に着目したのは四犬田だけではなく、映像評論家の仲里効もまた彼女の存在に着目している。仲里は『無言の丘』を「〈出沖縄〉の軌跡と琉球（人）の台湾体験を描いた残酷なまでに美しい映像」だと評し「地を這う民衆のひりひりするような接触と領有の植民地人間ジオラマ」[29]だと述べる。そして戒厳令が解除された一九八七年以降、ニューシネマの担い手たちによって「日本植民地時代や「光復」後の「二・二八事件」などの記憶を掘り起こし再審／再定義する試みが精力的になされた」と位置づけ、『無言の丘』も「そうした試みに属するものと見てよい」[30]と述べている。以上の点を踏まえた上で仲里は、その先に東アジアを見据えている。

> だが、ここで目を凝らさなければならないのは、台湾ニューシネマの想像力／創造力によって琉球（人）の記憶と体験が分有されたことの意味である。台湾ニューシネマの応答する力が、琉球・沖縄を介在させ、東アジアにおける記憶をめぐるタタカイの新たな位相を浮かび上がらせたのだ。[31]

仲里によれば、『無言の丘』は「琉球・沖縄を介在させ、東アジアにおける記憶をめぐるタタカイの新たな位相」を照らし出したという。しかし『無言の丘』には沖縄出身者だけではなく、朝鮮、中国、日本に出自を持つ人びとが登場する。つまり『無言の丘』が捉えたのは「沖縄・琉球」だけではない。

『無言の丘』の登場人物の多様性と歴史叙述の問題を繋げて考察したのが、日本近代文学や映像文化論を専門とする蕭幸君《シャオシンジュン》である。蕭は「台湾映画といえば、侯孝賢《ホウシャオシェン》やエドワード・ヤンなどの名がかならず挙げられる」が、『悲情城市』『兒子的大玩偶（坊やの人形）』などの脚本を担当した呉念真に光を当てている。[32]

蕭によれば、呉念真は「七〇以上の脚本を書き、ただひたすら〈不在〉だった台湾を探し続けていた」[33]という。「〈不在〉の台湾」とは、戒厳令下において「台湾にいながら、〈台湾〉を語ることが出来ないはがゆさ」のことである。[34] それはまた、日本語教育を受けた親の世代と、戦後台湾で中国大陸中心の教育を受けてきた呉念真との世代間ギャップでもあった。「矛盾と衝突に満ちている」「〈はがゆい世代〉」に生まれた呉念真は「〈台湾〉の欠落」に気づき、それを小説や映画で表現してきた。[35]

蕭は、呉念真が脚本・監督を務めた代表的な作品を取り上げ、彼が探し続けてきた〈台湾〉について検討している。『悲情城市』[36]『多桑／父さん』とともに『無言の丘』に言及した蕭は、「台湾の内部から周囲へと視野を広げていった」映画として『無言の丘』を位置づけ、次のように述べている。

〈台湾〉を語ることとは、沖縄を語ることであり、韓国を、中国を、そしてもちろん日本を語ることでもある。いくら〈台湾〉のことを語っても、これらの国々のことを語っていなければ、空白が埋まる日は決してやってこない。同じ空間に並置した形でなければ、見えてこない問題点があるのだ。[37]

蕭によれば〈台湾〉を語ることは沖縄・韓国・中国・日本を語ることであった。翻って言えば、沖縄・韓国・中国・日本と合わせ鏡の関係にあるのが〈台湾〉なのである。そうだとすれば『無言の丘』は、大きな歴史の流れや社会構造に制約され生きてきた人びとの経験や交流を流動的に描くことで台湾を語り、沖縄・韓国・中国・日本を語ったことになる。その試みは、経験の未決定性を確保しながら従来の一国史的な枠組みでは捉えることの出来ない歴史叙述の可能性を感じさせる。

例えば、富美子は「皮膚は柔らかく、肌は白くて、優しい」「日本人の女」として台湾人鉱夫たちから眼差されていた。他方で、日本人鉱山長が紅目仔に語った以下の発言からは、鉱夫とは異なる文脈で富美子が眼差されていたことを物語っている。

たとえあの娘が琉球の人間だとしても、お前のようなやつがあの娘を嫁にする資格はない。

この発言は、琉球（人）は日本（人）であるという鉱山長の認識が伺える一方で、琉球（人）を蔑んでいる鉱山長の潜在的な意識が露呈されている。台湾人鉱夫や日本人鉱山長の言動は、富美子が異なる文脈のなかで「日本人」として位置づけられていたことを照らし出しており、富美子が「さまざまな関係の網の目」[38]を生きていたことを物語っている。

富美子は沖縄に出自を持ちながらも植民地台湾では「日本人」として眼差された。その富美子の歩みを「台湾の歴史」「沖縄の歴史」「日本の歴史」として捉えるのならば、富美子の軌跡を台湾、沖縄、日本という国や地域に閉じ込め分節化することに繋がるだろう。だからといって「台湾と沖縄と日本…」のように国家や地域をただ単に付け足していく国家・地域加算式枠組みでは混血児・紅目仔の存在が抜け落ちしてしまう。つまり『無言の丘』は「〇〇の歴史」（一国史的枠組み）や「〇〇と〇〇と…」（国家・地域加算式枠組み）では切り取ることの出来ない人びとの姿や生活を描き、それをさらに東アジアへと越境させていく歴史叙述を試みようとしている。その試みを根底で支えているのが瑞芳という場なのである。

九份には「朝鮮楼」と呼ばれる妓楼があり、客と女性たちが毎晩太鼓を叩いてアリランを唄っていた。[39]小説家の船戸与一もまた「瑞芳霧雨情話」という作品のなかで「この飲茶館の向かいに建つ茶芸館は日本統治時代は朝鮮人売春婦だけを集めた鉱山労働者相手の娼館だった。経営者も朝鮮人でそれなりに流行っていたらしい」と書いている。[40]さらに、瑞芳にやってきた中国人労働者と台湾人労働者が些細な事で頻繁に衝突していたという記録も残されている。[41]

「水産」地域は、水産業によって多民族集住地域を形成したが、瑞芳は金鉱開発を呼び水として多様な人びとが集まる場を形成していた。「水産」地域や瑞芳が形成された過程や時代は異なるが、多民族集住地域という意味において瑞芳もまた関係性の場であり「もう一つの「水産」地域」なのである。

『無言の丘』は、多民族集住地域である瑞芳を舞台としているからこそ、そこに集まった沖縄・朝鮮（韓国）・中国・日本の人びとの姿を捉え、彼・彼女たちの経験や交流の諸相を流動的に描くことで、一国史的な枠組みや国家・地域加算的枠組みに回収することの出来ない歴史を自ずと照らし出した。『無言の丘』は、富美子（沖縄）によって多元化されたのではなく、瑞芳という関係性の場に依拠しているからこそ「○○の歴史」や「○○と○○と…」といった枠組みでは捉えきれない多元的な人間関係を描き出すことになったのである。

第五節　韓服女性と「無縁の墓」

先に引用した蕭の文章のなかに「同じ空間に並置した形でなければ、見えてこない問題点があるのだ」という行がある。『無言の丘』は確かに瑞芳という空間に多様な人物を配置しているが、その細部に目を凝らしてみれば一人ひとりの描かれ方には差異が見られる。それを端的に示しているのが韓服女性である。

『無言の丘』は一七五分の長編映画である。[42] その中で韓服女性が登場するのは僅か五分程度であり、そのシーンも妓楼、「万里香」、入山検問所に限定されている【表4－1】。②〜⑧では赤と青の韓服を身にまとった女性が登場し、全て同一の女性が演じている【写真4－3】。そして①〜⑧の女性たちには名前や台詞はない。

①は韓服を身にまとった複数の女性が客寄せをしているシーンである【写真4－4】。③は、鉱夫から得た金を換金しに街に出かけ、そこで購入した布を机に広げて互いに見せ合いながら会話をしている場面である【写真4－5】。韓服女性は、ある台湾人女性と会話をしているが、両手の人差し指で「十」を作りながらコミュニケー

ションをとっている。台湾人女性もそれに合わせるように手振りで答えており、韓服女性が日本語や閩南語を解さない存在であることを示唆している。

韓服女性は男性からどのように見られていたのか。富美子との対比で考察してみたい。

先述したように、富美子は「万里香」で娼婦として働かされることになる。「日本人の女」として性的欲望の

【表 4-1】韓服女性の登場時間と登場シーン

	時間	シーン
①	29：27 － 29：33	妓楼
②	1：02：58 － 1：04：18	検問所
③	1：11：00 － 1：11：35	万里香
④	1：43：07 － 1：43：40	検問所
⑤	1：44：28 － 1：45：36	万里香
⑥	1：57：20 － 1：57：36	万里香
⑦	2：16：47 － 2：16：53	万里香
⑧	2：21：14 － 2：21：54	万里香

出典）筆者作成

【写真 4-3】

シーン②。検問所を通って下山する場面。雨傘をさして赤と青の韓服を着ている女性が映し出されている（写真一番左）。①以外のシーンはすべてこの女性が演じている。

対象とされた富美子は、連日多くの客を取らされ体調を崩してしまう。富美子を目当てに並んでいたある台湾人の男性客は、自分の番がようやく回ってきたにも関わらず富美子が体調不良であることを知り怒り狂う。「万里香」の経営者が他の娼妓を勧めても「他の客にくれてやる」と強引に妓楼に入っていこうとする。

注目したいのはこの男性客の次に並んでいた客の行動である。「他の客にくれてやる」という言葉を聞いたそ

【写真 4–4】

シーン①。韓服を着た複数の女性（写真左側）が客寄せをしている場面。

【写真 4–5】

シーン③。服や布を見せ合う「万里香」の女性たち。韓服女性（右から二番目）は手振り身振りでコミュニケーションを取っている。

の男性客は、韓服女性の肩を抱き部屋に入っていくのである。それが⑧のシーンである。

在台朝鮮人に関する先駆的研究者・金奈英は「台湾のお客に朝鮮という異民族に対する好奇心」があったことを指摘し、朝鮮人女性を台湾に引き付けるプル要因なっていたと述べている。[43]また、朝鮮に対する「好奇心」に乗じて「朝鮮人娼妓の存在を「売り物」として営業していた」妓楼があったことを指摘している。[44]男性客が韓服女性を連れ出した理由の一つには植民地台湾における朝鮮へのエキゾチズムが関係していたと推測出来る。

蕭は〈台湾〉を語ることは沖縄・朝鮮・中国・日本を語ることだと述べていた。これを裏づけるかのようにして、『無言の丘』では、阿助・阿匹・成仔（台湾）、富美子（沖縄）、憨溪（中国）、新鉱山長（日本）、紅目仔（日本／台湾）は詳細に描写されている。他方で、韓服女性には台詞がなく、なぜ台湾にやってきたのか、どのような結末を迎えたのかという物語は一切語られていない。言わば、韓服女性は映画の背景として描かれており、その存在は台湾と朝鮮（韓国）の歴史的関係の空白や断絶の表象だと考えることができよう。

しかし、韓服女性は声を奪われながらも確かに描かれている。この逆接的な事態は、在台朝鮮人の存在を認識しながらも、それについて語る言葉を持たない台湾側のジレンマである。『無言の丘』が試みた歴史叙述の対極には語られなかった韓服女性の経験があった。

仲里は「台湾ニューシネマの想像力／創造力によって琉球（人）の記憶と体験が分有されたことの意味」を指摘し、「琉球・沖縄を介在させ」たことで「東アジアにおける記憶をめぐるタタカイの新たな位相を浮かび上がらせた」と述べていた。だとすれば、そこに存在しながらも沈黙する韓服女性の「記憶と体験」はいかに「分有」することができるのだろうか。更なる「新たな位相」において「東アジアにおける記憶をめぐるタタカイ」を呼び起こす契機が『無言の丘』には幾重にも仕掛けられている。

「記憶と体験」の「分有」に関連する問題として『無言の丘』に登場する二つの石碑——「藤田組殉職職員記念

碑」と「無縁の墓」――について言及し、本章を閉じたい。
「藤田組殉職職員記念碑」は、鉱山事故で殉職した藤田組の職員を慰霊する石碑である。他方の「無縁の墓」は、映画の終盤で富美子と阿屘が日本語と閩南語で会話をするシーンに登場する【写真4―6】。

富美子はこのシーンで、自分が台湾に売られてきた時のこと、「無縁の墓」が建つこの場所が「無縁の丘」と呼ばれていること、この丘に菜の花を植えているのは自分であることを語る。そして「無縁の墓」には「人が二人埋葬されている」ことが明らかにされる。

【写真4-6】

富美子と阿屘が日本語と閩南語で会話をする場面。「出会い損ね」を重ねてきた二人が「無縁の丘」で出会い直すシーン（中影股份有限公司提供）。

富美子と阿屘の会話は「異言語」である。その会話が通じるはずはない。しかし、仲里は「二人には通じ合っている」[45]と述べた上で、その会話と映画の冒頭――富美子を遠くから眺める阿助と阿屘【写真4―1】――の繋がりに着目し次のように述べている。

> 王童はこのシークエンスをリアリズムを踏み破ったトポロジックな場として設営し、植民地台湾における民衆間の対話の不可能性と可能性の極みを描き上げようとする[46]

富美子と阿屘は、映画の終盤に至るまで「出会い損ね」を重ねてきた。阿屘は富美子に一方的に思いを寄せ、客として「万里香」を訪ねているが、富美子と関係を持つことはなかった。その二人が出会い直すのが「無縁の丘」なのである。そして仲里は、その「異言語」による「民衆間の対話の不可能性と可能性の極み」によって「無縁の丘」は「有縁の丘」へと転位していくのだと述べる。

「無言の丘」は「無縁の丘」であるが、「無縁の丘」はまた「有縁の丘」ともなる。この〈転位の転位〉は、だから寓意によってのみ超えられるものだ。そして〈無縁〉を〈有縁〉に変えるのは、地を這うような民衆の〈無言〉を分かち合うパルタージュの思想であると言えよう。(47)

仲里は富美子と阿匥の会話を、沖縄と台湾の「記憶と体験」をめぐる「パルタージュの思想」を具体的に描いた場面だと位置づけている。別の言い方をすれば、この終盤のシーンはそれまで無縁だった二人が有縁的な関係性へと展開していく場面でもある。その意味において『無言の丘』は、富美子と阿匥の出会いをめぐる経験のゆくえを描いた映画なのである。

「無縁の墓」に関する情報は「人が二人埋葬されている」こと以外に語られていない。「無縁の墓」の詳細は依然不明のままであり、富美子と阿匥の出会いとは対極的な位置づけにある。その一方で「無縁の墓」が建つ「無言の丘」で二人が出会い直したことの意味は象徴的である。誤解を恐れずに言えば「無縁の墓」は、それまで無縁だった人びとが予期せぬ形で出会い直す可能性を示唆するメルクマールとして存在している。

しかし「無縁の墓」は、生存する人びとの有縁性だけを体現しているわけではない。それが墓であるが故に、誰にも弔われずに無縁化された死者たちをいかに想起し、出会い直すことで、有縁的な存在として向き合うことができるのかと問いかけているようにも見える。『無言の丘』が試みた歴史叙述のように、出自、民族、国家、地域といった既存の枠組みに回収せず、瑞芳という関係性の場にうごめく「地を這うような民衆の〈無言〉」をどのように聞き取ることが出来るのだろうか。それは韓服女性の「〈無言〉」を東アジアの位相でいかに捉えることが出来るのかという問いでもある。「無縁の墓」が「有縁の墓」へと転位していく契機は、この問いのなかにある。

注

(1)『光陰的故事』は四話構成のオムニバスであり、当時新人だった陶徳晨、陽徳昌、柯一正、張毅の四名が監督を務めている。

(2) 黄建業（牧野格子訳）「一九八〇年代・九〇年代台湾映画の新潮流」小山三郎・井上欣儒他編『新編台湾映画——社会変貌を告げる（台湾ニューシネマからの）三〇年』晃洋書房、二〇一四年、二八-二九頁。

(3) 同上、二九頁。

(4) 同上、三〇頁。

(5) 同上、三三頁。

(6) 同上、三六頁。

(7) 佐藤忠男監修『台湾映画祭——資料集・台湾映画の昨日・今日・明日』財団法人現代演劇協会、一九九七年、九七-九八頁。

(8) 同上。

(9)「金蟾蜍」という「金の蛙」が一岳の山となり、太陽が沈むときに金色の光を発するという物語である。この物語は、人びとを一攫千金の夢へと駆り立て金瓜石・九份に人びとを引き寄せる求心力を持ったストーリーとして語られている。

(10) 同和鉱業株式会社事業史編纂委員会『七〇年の回顧』同和鉱業株式会社、一九五五年、三五頁。
(11) 同上、二五七－二五九頁。
(12) 駒込武「台湾と沖縄のあいだ」『前夜』第Ⅰ期五号、二〇〇五年、二三二頁。
(13) 同上。
(14) 四方田犬彦『電影風雲』白水社、一九九三年、二二一頁。
(15) 仲里効『眼は巡歴する――沖縄とまなざしのポリティーク』未来社、二〇一五年、一七八頁。
(16) 四方田、前掲『電影風雲』、二三一頁。
(17) 蕭幸君「〈知〉を隠蔽されし者のまなざし――台湾映画の担い手、呉念真が投げかけた問題」『総合文化研究』第七号、二〇〇四年、一四九頁。
(18) 呉念真『台湾念真情之尋找台湾角落』麥田出版、一九九七年、二六頁。尚、呉念真は一九八〇年代の初めに「無縁の墓」を題材にした長編小説を執筆している。「無縁の墓」が映画のモチーフになっていることを考えれば、映画の脚本と密接な関係にあると言えよう（呉念真「群山無語」『中国時報』、一九九二年一二月八日）。
(19) 呉、前掲『台湾念真情之尋找台湾角落』、二五－二六頁。尚、実物ではないが『無言の丘』の終盤では「無縁の墓」と刻まれた石碑が映し出される。映画に登場する「無縁の墓」に関する筆者の見解は本章の最後に言及する。
(20) 呉、前掲「群山無語」、一九九二年一二月八日。
(21) 同上。
(22) 同上。
(23) 呉、前掲『台湾念真情之尋找台湾角落』、二六－二七頁。また、呉念真が侯硐を離れる時、車には一三柱の位牌が載せられていたという。それらは全て親族の位牌だった。死因は定かではないが、呉念真の外祖父や父親が鉱山労働者だったことを念頭におけば、鉱山事故や塵肺で死去したと考えることが出来よう（作者不詳「刪丘之後，緊湊了多」『中国時報』、一九九二年一二月二日）。
(24) 呉、前掲「群山無語」、一九九二年一二月八日。
(25) 同上。
(26) 同上。尚、四方田が呉念真に行ったインタビューによれば、呉念真は「無縁仏」に着想を得て『無縁的丘』という題名を考えていたという。一方の王童は『梅と桜』をタイトルにしようと考えていた（四方田、前掲『電影風雲』、二三二頁)。『梅と桜』については第四節を参照。
(27) 同上。
(28) 四方田、前掲『電影風雲』、二三一頁。
(29) 仲里、前掲『眼は巡歴する』、一七八頁。
(30) 同上、一八〇頁。
(31) 同上。
(32) 蕭、前掲「〈知〉を隠蔽されし者のまなざし――台湾映画の担い手、呉念真が投げかけた問題」、一四九頁。
(33) 同上。
(34) 同上。
(35) 同上。
(36) 同上、一五二頁。
(37) 同上、一五二―一五三頁。
(38) エドワード・W・サイード/大橋洋一訳『文化と帝国主義 1』みすず書房、一九九八年、三四四頁。
(39) 陳玫瑧・林佳穎他『羊皮上的藏寶圖:瑞芳尋影秘笈』台北縣瑞芳鎮公所、二〇〇七年、六一頁。
(40) 船戸与一『金門島流離譚』新潮社、二〇〇七年、三八六頁。
(41) 蕭景文『黄金之島:福爾摩薩追金記』玉山出版社、二〇〇六年、一一六頁。
(42) 本章が依拠しているのは台湾で市販されている中央電影公司製作のDVD(一七五分)である。そのエンドロールには日本語と並んで韓国語とフランス語の指導者の名前が登場する。しかしDVD版では韓国語・フランス語が使用されているシーンは登場しない。前掲記事「冊丘之後,緊湊了多」によれば『無言の丘』は本来三時間三八分(二一八分)だったが、それに欠点が見つかったために二時間五〇分(一七〇分)に編集されているという。現時点で確証することは出来ないが、二一八分版で韓国語・フランス語が使用されるシーンが登場する可能性は否めない。どのような編集作業が行われたかは今後の課題であるが、本章では一七五分版に依拠しながら論を展開する。
(43) 金奈英「日本統治下に移動した在台湾朝鮮人の研究」『現代中国事情』第一四号、二〇〇七年、五六頁。
(44) 同上。
(45) 仲里、前掲『眼は巡歴する』、一七九頁。

（46）同上。

（47）同上。尚「パルタージュ（partagé）」は「分割された」「共有された」という意味を持つフランス語である。

コラム④　菊さんの歴史は、どこの歴史だろう？

筆者が留学していた台湾の東海大学には「越境文化論」というクラスがあった。それを担当していた古川ちかし先生の計らいで菊をクラスに招き、話をしてもらったことがあった【写真 コラム④-1】。

二〇〇九年三月二四日、講演会の当日、私は菊を「水産」地域に迎えにいった。菊は講演会を忘れて昼ご飯の準備に精を出していたが、事情をもう一度説明して大学まで来てもらうことができた。

講演会は私が菊に質問する形で進行した。その時の記録が「阿川亭」というHPにアップされている。まずは講演会に参加したクラスメイトの声を紹介したい（一部、省略・訂正・補足している箇所あり）。

（事前に配布した）プリントで菊さんの昔話を読んで、菊さんにクラスにわざわざ来てもらえて、元気な菊さんに会って、なんか感動してきます。菊さんはみんなの質問に対して、詳しく答えてくれて、いろんな知らなかったことが勉強になりました。その時代の実感をしみじみと感じられた。さらにかわいい菊さんは歌ってくれて、本当に親切で、隣のおばあちゃんみたいと思います。菊さんのおかげで、楽しい二時間を過ごした。ありがとう♪

菊さんにとっては、何の気持ちを持って、台湾に来るの？　お金のせいで家族と離れて、他の国まで売られたことは、菊さんが父母に対して恨みがあるの？　多分ないだろう。菊さんはそれが自分の運命だなぁという感じである。彼女の顔や話の感じは運命だから、誰のせいではないという感じがある。

菊さんは歴史の河から自分の特別な人生を暮らしている女性です。今の菊さん、（一九九三年に）沖縄に帰ったことがある。しかし、今の沖縄と彼女の知っている沖縄はもう全然違うになった。ちょっと悲しい菊さんは、今まで自分の故郷を愛しているけれど、息子と孫がいる台湾で続けて住んでいる。台湾で自分の物語を続けている。

わずか二時間の講演だったが、菊の話から時代の雰囲気を感じとり、台湾に売られた菊の気持ちを想像し、菊は今でも自分の物語を刻んでいるのだと、それぞれがそ

【写真　コラム④-1】

「越境文化論」で話をする菊（2009 年 3 月 24 日、古川ちかし撮影）

れぞれの形で菊の話を受けとめていた。

講演会の翌週、菊の話を振り返る場が設けられた。授業が終わりに差し掛かった頃、古川先生が問いかけた。

「菊さんの歴史は、どこの歴史だろう？」

私は少し考えて「台湾の歴史」だと答えた。

菊は台湾に売られ、用錫と出会い、戦後「水産」地域で半世紀近く過ごしてきた。その菊の歩みを改めて振り返ってみると、菊の歩みを「〇〇の歴史」と括ってしまったことに違和感を覚える。その釈然としない感覚に気が付いたのはずいぶん後になってからのことだった。

『無言の丘』を観ていると富美子の姿を菊に重ねてしまう自分がいる。富美子がそうであったように、菊もまた「さまざまな関係の網の目」を生きながら予期せぬ運命に巻き込まれた。その菊の歩みを「台湾の歴史」と括ってしまうことは、菊を自ずと台湾に閉じ込め、その経験を分節化することになるのではないか。個人の経験やその歩みを国家や地域で腑分けするのではなく、その個別具体的な経験からどのような歴史が開かれるのか。そこに目を凝らすことの意味を考えるようになっていった。

先のクラスメイトの声に続けて、古川先生は次のように書いた。

> 個人の経験してきた歴史を、その背景にある〝大きな歴史の流れ〟の中においてみると、何か、違った歴史の見方ができるのだろうか？　単に「へえ、そういう人もいたんだ」という驚きを越えて、何か、〝重要な〟発見があるのだろうか？

一〇年越しの問いである。本書がこの問いかけに上手く答えることが出来ているのかどうか分からない。それでも「越境文化論」で菊が話をしてくれたこと、それに対するクラスメイトの声、古川先生の問いかけがその後の研究や本書の執筆に繋がっている。

第五章　顕現する東アジア——経験のゆくえと生存のかたち3

第一節　「鄭菊（정국）」

帝国日本崩壊後、台湾は蔣介石を代表とする中華民国政府の統治下に置かれた。そうした時代の転換を受けて、菊と用錫は沖縄・朝鮮半島・日本のいずれかに引き揚げる計画を立てていた。そのことは『韓人の帰還と政策』に所収されている「台湾韓僑登記名冊」（一九四七年、以下「登録名簿」）[1]でも確認することが出来る。「登録名簿」の冒頭には「台湾韓僑統計表」が付されている【表5−1】。それに続いて「基隆市」「台北市」「高雄市」を始めとする一四の県別市及び「去向不明者（行方不明者）」の「姓名」「性別」「年齢」「関係」「職業」「原籍」「現住址（現住所）」「来華年月（来台年月日）」「備考」が記載されている。菊と用錫は基隆市在住の韓僑として登録されており「備考」欄には「自願回国（帰国志願）」と記されている。

しかし菊と用錫はこの時すでに「外僑居留証」を取得していた。「登録名簿」が作成された約一ヶ月前、「台湾韓僑協会」は「発給居留証名冊抄本」（一九四七年、以下「発給名簿」）[2]を作成している。そこには二人が「外僑居留証」を受け取っていたことが記録されており、菊と用錫が「外僑居留証」を申請した上で帰還する時期を見計

【表 5-1】台湾韓僑統計表

県別市	総数	戸数	男女別		自願回国	応行遣送
			男	女		
基隆市	197	82	113	84	6	1
台北市	43	22	26	17	5	6
高雄市	24	13	10	14		
新竹市	16	8	8	8		3
台中市	4	4	0	4		2
嘉義市	2	2	1	1	1	
屏東市	0	0	0	0		
花蓮市	0	0	0	0		
台北県	28	18	17	11	4	1
高雄県	11	10	2	9		4
花蓮県	5	3	2	3		
新竹県	5	2	2	3		
台中県	3	3	1	2		1
台南県	3	3	0	3		
台東県	1	1	1	0		
去向不明者	9	9	3	6		
彰化県	0	0	0	0		
澎湖県	0	0	0	0		
計	358	187	186	172		

出典）国民大学韓国学研究所編『韓人の帰還と政策』第 10 巻、2006 年、pp. 35。

注 1）「応行遣送」とは「帰還予定者」の意。

らっていたことが窺える。

「登録名簿」及び「発給名簿」に記載されている菊の名前は「鄭菊（정국）」という韓国式姓名になっている【写真5－1】。また「登録名簿」の「原籍」「来華年月」には「同」という文字が宛がわれている。これは用錫の「原籍」「来華年月」と同様であることを意味している。

「登録名簿」をさらに見ていくと、菊の他にも朝鮮出身男性と婚姻関係にあった日本・沖縄出身者が確認出来る。ここでは「基隆市」に限定し、可能な範囲で日本・沖縄出身女性を抜き出してみたい。

まず「原籍」「来華年月」が「全羅南道」「一三年六月」と記載されている「任龍」。彼女の本名は「前田龍《たつ》」、愛知県の出身である。「仕龍」の夫である任斗旭[3]は「台湾韓僑協会」の初代会長を務めた人物である。「現住所」は「義重町」となっているが、龍も菊と同様に戦後「水産」地域に暮らした一人である。菊は龍を「阿母阿《アブア》」（閩南語で「お母さん」）と呼び、二人は親しい関係にあった【写真5－2】。

次に金貴洞と婚姻関係にあった「金鶴子」[4]。彼女は琉僑として戦後台湾に残った沖縄出身者だったが、金貴洞との婚姻によって韓国籍者になっていた。彼女の場合も「原籍」「来華年月」は金の「慶尚南道」「三二年五月」となっている。鶴子はその後、金と離婚をし、沖縄出身の大城栄彦と再婚をしている。そのため、鶴子は韓国籍から琉球籍に復籍し「大城鶴子」と改名している[5]。また、金と鶴子の間には「金和江」という娘が一人いたが、彼女も「大城和枝」と改名している[6]。

「原籍」「来華年月」が「同」になっているのは朝鮮出身女性も同様である。つまり朝鮮出身男性と結婚した女性たちは、その出身の如何を問わず、夫と同じ「原籍」「来華年月」が記載されているのである。その一方で菊・龍・鶴子のような「非朝鮮出身女性」にだけ見られる特徴がある。それが韓国式姓名である。

【写真 5-1】

菊がかつて使っていた聖書。その腹には「정국（鄭菊）」、地には「キク」と書かれていた（2015 年 10 月 20 日、筆者撮影）。

先述した通り「登録名簿」に記載されていた菊・龍・鶴子

【写真 5–2】

向かって右が前田龍。二人の子どもは龍の娘と息子。菊と龍は「非朝鮮半島出身女性」の「韓国籍者」として戦後台湾を歩み始めた。

の姓はそれぞれ「鄭」「任」「金」だった。朝鮮出身女性の場合、慣例である夫婦別姓に基づき名前が表記されているが、「非朝鮮出身女性」には夫婦同姓が用いられているのである。「非朝鮮出身女性」だけに見られる夫婦同姓は、日本植民地時代の慣例を踏襲した結果だと考えられる。また「台湾韓僑協会」が韓僑の団結を図る組織であったことを念頭に置けば、夫婦同姓はある種の同化圧力だったとも考えられるだろう。それは男性中心主義への包摂であると同時に、大韓民国籍を所持することで福利や便益を得られるというパラドックスでもある。実際に菊・龍・鶴子は韓国籍者として「外僑居留証」を所有し台湾に滞在していた。

「登録名簿」の「姓名」「原籍」「来華年月」は、書類を作成するために設けられた項目だが、こうした一つひとつが個人の存在を伝える重要な情報になる。しかし、菊・龍・鶴子のような「非朝鮮出身女性」の場合、原籍はどこで、いつ台湾にやって来たのかという情報はおろか、名前さえも韓国式であるため、「登録名簿」だけを手がかりに彼女たちの存在に気付くことは難しい。朝鮮出身男性と婚姻関係にあった「非朝鮮出身女性」は、史料に内在するエスニシティやジェンダーのバイアスによって不可視化された存在だと言えよう。

無機質な史料にかき消されてしまった個人の存在を照らし出すためには一人ひとりの歴史物語が重要になる。金鶴子がそうであったように、『韓僑処理事項案』といった他の史料を重ね合わせ検討することで、その存在を照らし出すことが出来る。また、個人の語りが重要な手がかりになることもある。菊が自分自身について語っていなければ「鄭菊」が「宮城菊」という沖縄出身者であることを知るのは困難であり、「任龍」が誰なのかも分からなかったであろう。「登録名簿」に見られる「非朝鮮出身女性」の不可視化は、一人ひとりが積み上げてきた歴史物語の意味と、彼女たちの存在を照らし出す語りの重要性を教えてくれる。

第二節 「水産」地域の戦後空間

「外僑居留証」を受領した一九四七年当時、二人は北川産業工員宿舎内に暮らしていた。[7] しかし菊は〈「軍事基地に外国人はおったらだめ、どっか行きなさい」という理由で（真砂町を）追い出された〉と述べている。

第二章で確認したように、北川産業があった真砂町は日本軍と観光が同居する町だった。帝国日本が崩壊すると、中華民国政府は基隆要塞司令部を始めとする軍事施設や建物を接収し、その一部を眷村《けんそん》とした。中国大陸で国共内戦に敗れた国民党は一九四九年末、中華民国政府を率いて台湾に逃げ込んでいるが、この時、政府官僚、軍人、公務員とその家族らも台湾に渡っている。眷村とは、国民党の撤退に伴い台湾に渡ってきた漢民族（外省人）が居住する地区の名称であり、真砂町は、その軍事的色彩を保ちながら外省人が集住する地域へと変化していった。

菊と用錫は新しい時代の到来と新たな人の移動が折り重なるなかで真砂町を追い出された。真砂町を離れた二人は、社寮島に一旦身を寄せた後に〈韓国の人がたくさんおったから〉という理由で濱町に生活の場を移している。

菊と用錫は戦後「水産」地域をいかに生きたのか。この問題に分け入っていく前に、次の三つの視点から戦後「水産」地域の特徴を照らし出してみたい。それは、（1）基隆市人口統計資料、（2）密貿易と二・二八事件、（3）

〈死んだ琉球人〉という言葉である。

（１）地区再編と政治的教化

一九四六年、基隆市の行政区域再編が行われた。[8] それによって濱町・社寮町は「中正区」に組み込まれた。その「中正区」は「基隆市の政治の中心」であり「もし基隆が宝島（台湾）の北部の門戸だとすれば、中正区は基隆の咽喉である（中略）明言せずとも、人と物資を吐き出すこの港湾は宝島全体の経済に莫大な功績を有する」と言われた。[9] また「漁業は中正区の真髄であり、これはすでに各方面の人びとに公認されている」とも記されている。[10]

濱町は「正濱」「中正」「中濱」という三つに「里」に分割された。[11] 他方の社寮町は「社寮里」「平寮里」「和寮里」として再編されている【図5－1】。[12] そして「水産」地域の形成・発展の契機となった基隆漁港は「正濱漁港」と改称された。

この時の再編によって、基隆市の「区」や「里」に「中正」という名称が用いられるようになった。「中正」とは蔣介石の本名（介石は字）である。また、「正濱」という名称は「中正」と「濱町」からそれぞれ一文字を取って付けられた。[13]

二〇一八年現在、台湾には台北、新北、桃園、台中、台南、高雄、基隆、新竹、嘉義の市区があるが、このうち「中正区」を有しているのは台北市と基隆市だけである。台北市の中正区は一九九〇年に城中区と古亭区を合併して誕生し、台湾総統府（かつての台湾総督府）、中正記念堂、国家図書館、台北駅などが位置している。一方の基隆市では一九四六年から「中正」という名称が用いられ、その後も変更されずに現在に至っている。帝国日本崩壊後のまだ間もない時期に、基隆市の行政区域に「中正」という名称が付けられた理由として、当該地域の「政治

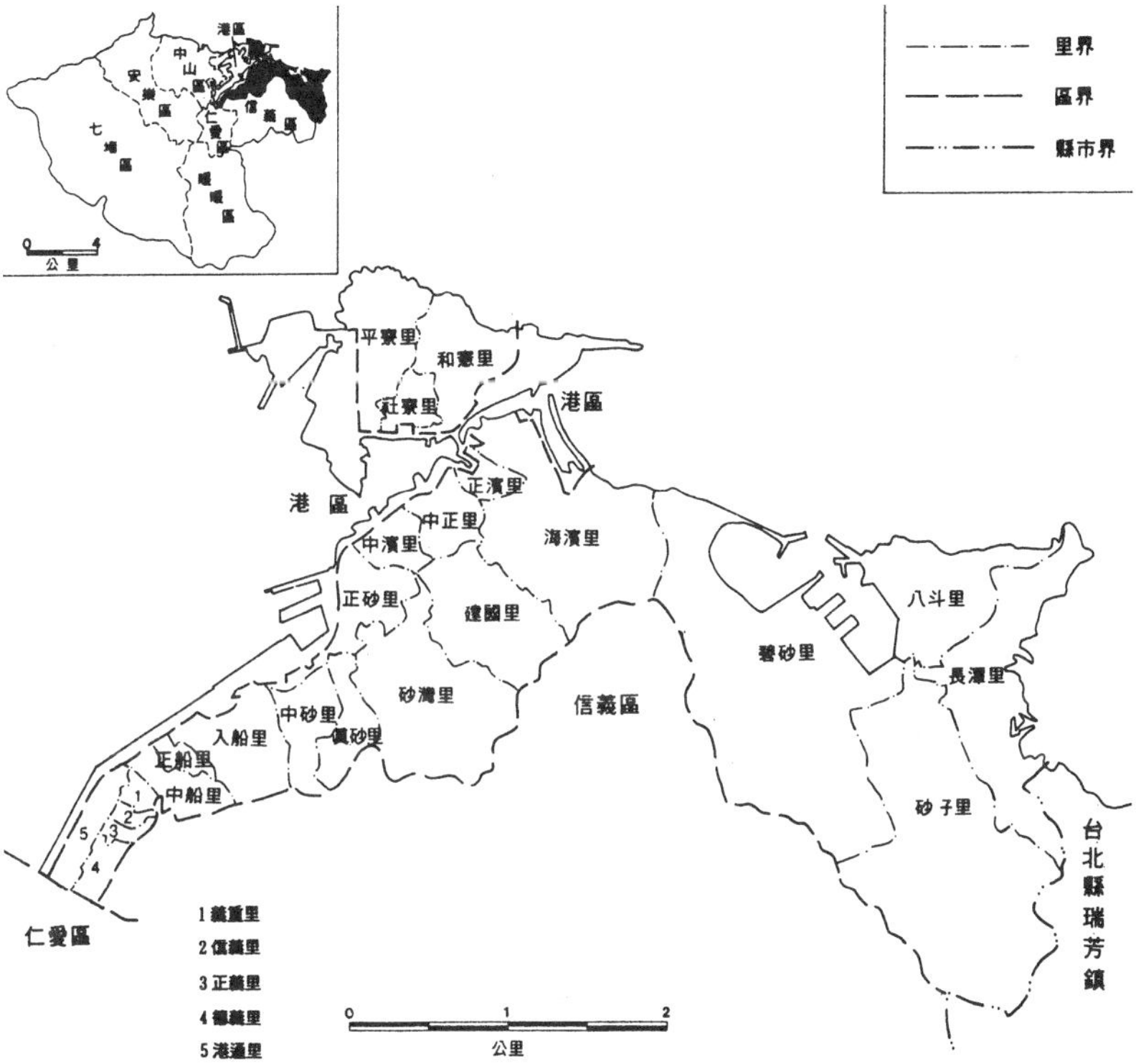

【図 5–1】

基隆市中正区区画図（台湾省文献委員会編『台湾地名辞書 17 巻基隆市』、1996 年、p. 56）から転載。

的教化が目的だった」と説明されている[14]。その「政治的教化」が必要だと見做された「中正区」「中正里」にはどのような人びとが暮らしていたのか。基隆市政府主計室編『基隆市統計年鑑』（一九五〇年）に所収されている「人口統計史料」から当時の人口構成を確認しておきたい【表5－2】。

【表5－2】でまず着目したいのが外僑の人口変動である。それが顕著な時期は以下の三つに大別することが出来る。

第一期は一九四五年八月一五日から一二月である。八月一五日の時点で九、三七〇人

【表 5-2】光復後における基隆市の人口変動概況

年月別		総計		本国人		外僑	
		戸数	人口数	戸数	人口数	戸数	人口数
1945	8 月 15 日	10,259	40,454	7,138	31,034	3,121	9,370
	12 月	16,136	76,620	12,422	62,532	3,714	14,088
1946	1 月	16,291	77,317	12,539	63,068	3,752	14,249
	2 月	16,555	78,443	12,762	64,024	3,793	14,419
	3 月	15,209	71,935	13,469	66,489	1,740	5,446
	4 月	14,423	69,751	13,474	66,577	949	3,174
	5 月	14,492	69,708	13,573	66,664	919	3,044
	6 月	14,006	69,956	13,142	66,953	864	3,003
	7 月	13,696	67,955	13,015	65,405	681	2,550
	8 月	13,731	67,962	13,048	65,398	683	2,564
	9 月	13,793	68,102	13,107	65,530	686	2,572
	10 月	13,945	68,574	13,245	65,961	700	2,613
	11 月	13,212	65,513	12,914	64,504	298	1,009
	12 月	13,453	66,171	13,358	65,877	95	294
1947	1 月	16,636	84,006	16,526	83,682	110	324
	2 月	17,366	87,484	17,225	87,090	141	394
	3 月	18,176	91,249	18,032	90,900	144	349
	4 月	19,473	96,652	19,370	96,354	103	298
	5 月	21,112	98,527	21,009	98,224	103	303
	6 月	21,163	99,139	21,056	98,835	107	304
	7 月	21,414	99,623	21,304	99,317	110	306
	8 月	21,640	100,394	21,532	100,034	108	310
	9 月	21,737	100,705	21,628	100,405	109	300
	10 月	21,876	101,205	21,767	100,893	109	312
	11 月	21,940	101,205	21,835	100,894	105	311
	12 月	21,501	99,468	21,408	99,172	93	296
1948	1 月	21,583	99,612	21,490	99,316	93	296
	2 月	21,631	99,844	21,536	99,546	95	298
	3 月	21,853	100,747	21,753	100,438	100	309
	4 月	22,197	101,958	22,096	101,649	101	309
	5 月	22,649	103,569	22,548	103,250	101	309
	6 月	23,294	105,579	23,193	105,266	101	313
	7 月	23,611	106,709	23,512	106,398	99	311
	8 月	23,720	107,077	23,619	106,764	101	313
	9 月	23,796	107,392	23,692	107,060	104	332
	10 月	24,100	108,462	23,996	108,133	104	329
	11 月	24,703	110,118	24,588	109,778	115	340
	12 月	25,759	112,129	25,633	111,796	126	333
1949	1 月	26,254	113,476	26,126	113,141	128	335
	2 月	27,363	115,587	27,235	115,250	128	337
	3 月	27,594	118,289	27,466	117,946	128	343
	4 月	29,896	123,972	29,765	123,623	131	349
	5 月	30,331	125,501	30,197	125,147	134	354
	6 月	30,995	127,691	30,860	127,334	135	357
	7 月	31,988	131,302	31,852	130,943	136	359
	8 月	33,120	135,017	32,994	134,691	126	326
	9 月	33,408	136,640	33,282	136,314	126	326
	10 月	33,030	136,517	32,904	136,191	126	326
	11 月	33,551	138,237	33,428	137,917	123	320
	12 月	34,207	140,141	34,084	139,820	123	321

出典）基隆市政府主計室編『民国 38 年度基隆市統計年鑑』、1950 年、pp. 20–21。

注 1）1945 年は 8 月 15 日及び 12 月の統計のみ記載されている。

注 2）各月の統計は全て月末日の統計である。

だった外僑は一二月には一四、〇八八人に達し、約一・五倍の増加を見せている。同時期の本国人もまた三一、〇三四人から六二、五三二人へと膨れあがっており、戸数も約一・五倍の増加を見せている。

第一期に見られる外僑及び本国人の増加には、帝国日本崩壊に伴う内地・外地への引揚げと、内地・外地からの帰還が関係していると考えられる。ただし、当該期に見られる人口変動の要因が引揚げ・帰還だけに帰するとは言い難い。とりわけ、戸数の増加が顕著だった本国人には他の要因があった。『基隆市統計年鑑』によれば、一九四三年の基隆市総人口は一〇余万人だった[15]。しかし一九四六年の時点で人口が六万六千余人に減少した理由として空襲避難者が指摘されている[16]。この空襲避難者の存在を念頭に置けば、第一期に見られた本国人の人口並びに戸数の増加には、空襲避難者の帰郷という台湾内の移動が含まれていたと考えられる。

第二期は一九四六年二月から四月である。この時期の外僑の人口に目を向けると一四、四一九人から五、四四六人へと約九、〇〇〇人の減少が確認できる（二月〜三月）。さらに四月になると二、一七四人に減少している。この三ヶ月間に見られた約一万人の減少は、第一期の増加率とは対照的な動きを見せている。第二期における本国人の人口がほぼ変動していないことを考えると、外僑の急激な人口減少には段階的に行われた引揚げが関係していると思われる[17]。

第三期は一九四六年一〇月から一二月である。一〇月の時点において二、六一三人だった外僑は、その一ヶ月後には一、〇〇九人、その翌月には二九四人にまで減少している。その後、多少の増減を繰り返してはいるが、さほど大きな変動は見られない。一九四六年一〇月以降は外僑の人口変動の安定期として位置づけられる。

次に【表5－3】から基隆市に暮らしていた外僑の人口構成を確認したい。同表は日本・韓国・琉球・スペインごとに統計がまとめられているが、韓僑が突出して多い。その【表5－3】を円グラフにしたものが【表5－

【表 5-3】基隆市在住の外僑人口（1947〜49 年）

	合計			日本			韓国			琉球			スペイン		
	計	男	女	計	男	女	計	男	女	計	男	女	計	男	女
1947	296	180	116	26	9	17	210	125	84	56	42	14	4	3	1
1948	333	199	134	17	4	13	250	148	102	62	44	18	4	3	1
1949	321	197	124	17	7	10	260	155	105	41	33	8	3	2	1

出典）基隆市政府主計室編『民国 38 年度基隆市統計年鑑』、p. 22。
注 1）各年の合計人口には【表 4-2】における 12 月の統計が用いられている。

【表 5-4】基隆市在住の外僑人口（1949 年）

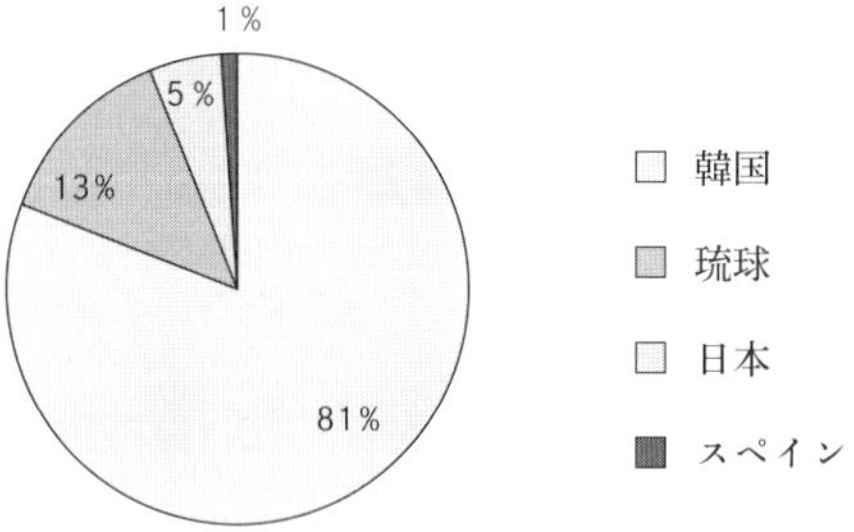

出典）基隆市政府主計室編、前掲『民国 38 年度基隆市統計年鑑』（p. 22）から筆者作成。

【表 5-5】基隆市市区別の外僑人口（1949 年）

	合計			日本			韓国			琉球			スペイン		
	計	男	女	計	男	女	計	男	女	計	男	女	計	男	女
中正区	305	191	114	8	4	4	256	154	102	41	33	8	—	—	—
信義区	1	—	1	1	—	—	—	—	—	—	—	—	—	—	—
仁愛区	9	4	6	5	1	4	3	1	2	—	—	—	1	1	—
安楽区	—	—	—	—	—	—	—	—	—	—	—	—	—	—	—
中山区	3	1	2	—	—	—	1	—	1	—	—	—	2	1	1
七堵区	3	2	1	3	2	1	—	—	—	—	—	—	—	—	—
暖暖区	—	—	—	—	—	—	—	—	—	—	—	—	—	—	—

出典）基隆市政府主計室編、前掲『民国 38 年度基隆市統計年鑑』（p. 22）から筆者作成。

4】である。それを見ると、韓僑が全体の八割を占め、琉僑と日僑で約二割という構成になっており、基隆に在住していた外僑の大部分は韓僑だったことが分かる。

【表5－4】によれば、琉僑は全体の一割弱である。しかし一九四九年七月一〇～一一日に行われた「基隆市琉僑戸口総検査」[18]によると「留用琉僑及眷属」（留用琉僑及びその家族）[19]が「本右《ママ》太郎等四二人」、「雇用琉僑及眷属」（雇用琉僑及びその家族）が「濱川太郎等二〇六人」と報告されており、琉僑の人口にその後変動があったと考えられる。

さらに【表5－5】を見ると、基隆市に暮らしていた琉・韓僑のほぼ全てが「中正区」に居住していたことが分かる。しかし、【表5－5】だけでは、これ以上細部に分け入ることが出来ず、琉・韓僑がどの「里」に暮らしていたのかは分からない。だが、一九四八年に「台湾省琉球人民協会」「台湾韓僑協会」、一九四九年には「基隆韓国教会」が「中正里」に設立されていることからも、琉・韓僑は「中正区」、なかでも「中正里」一帯に暮らしていたと考えてよいだろう【図5－2】。

(2) 密貿易と二・二八事件

次に基隆市人口統計史料には表れない人の移動に着目したい。それが密貿易に伴う人の移動である。密貿易は台湾と与那国島との間で始まったと言われる。与那国島は基隆から東に約一二〇キロに位置する日本最西端の島である。その与那国島の目と鼻の先に位置する台湾は、戦前から与那国島に暮らす人びとの生活圏だった。日本の敗戦によって台湾と与那国島は別々の統治機構の管理下に置かれたが、与那国島の漁民たちは敗戦後の生活難を生き抜くために戦前と同様に台湾を行き来した。

日本敗戦後の間もない時期に、戦前から連綿と続く生活のサイクルに促されるようにして始まった台湾と与那

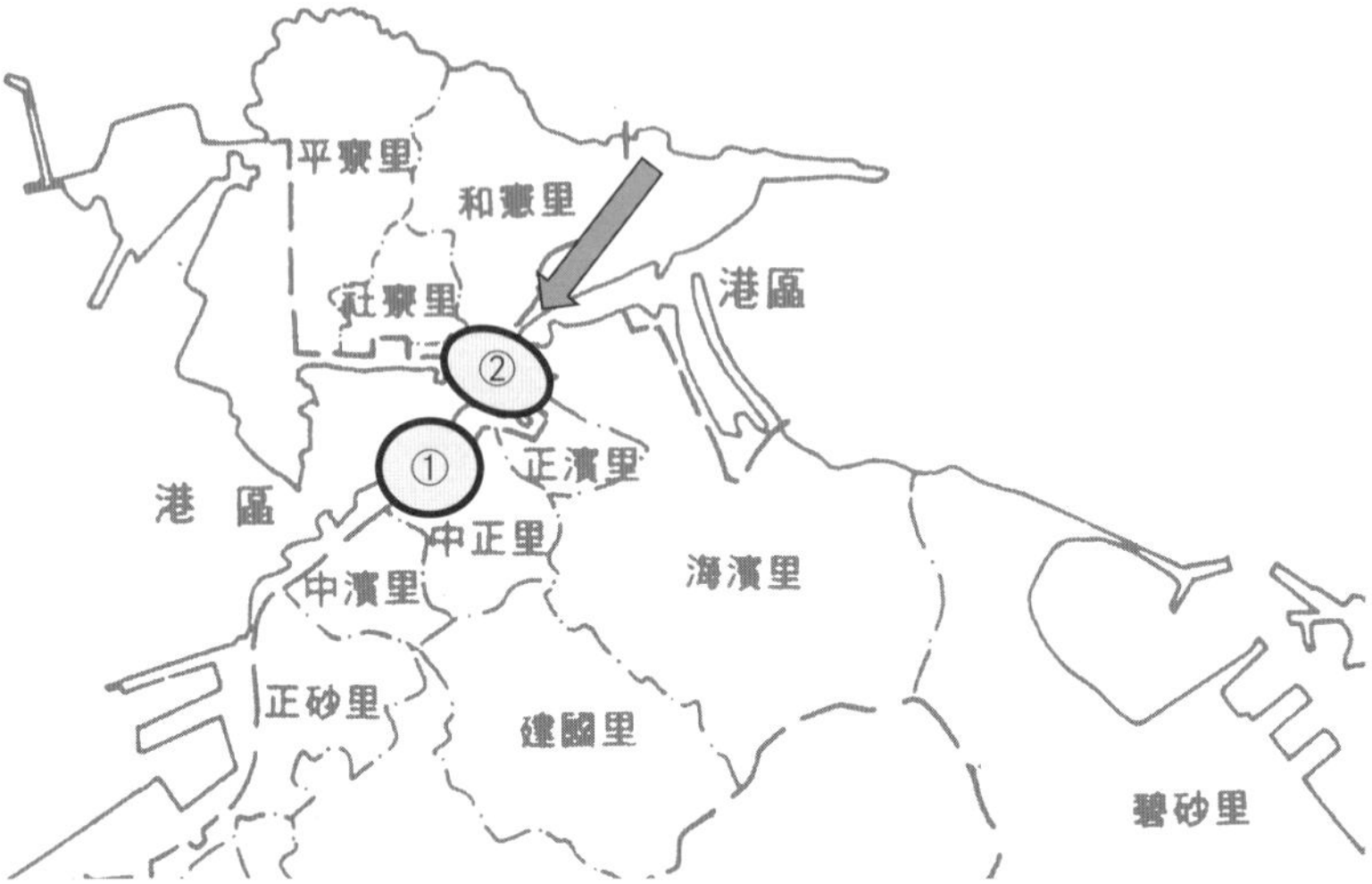

【図 5-2】

前掲【図 5-1】を加工したもの。図中の矢印は【写真 5-3～4】が撮影された地点を示している。①が【写真 5-3】、②が【写真 5-4】に対応している。

国島との交易は、人と物資が行き交うことによって沖縄本島、香港、マカオ、上海、日本本土にその範囲を広げていった。しかし、東アジアにおける政治的緊張の高まりや冷戦体制構築の動き、台湾社会の情勢によって、台湾と与那国間の交易は非公式的な取引として見做され、許可書を有さない船は中華民国政府によって厳格な取り締まりを受けた。密貿易の先駆的研究者である石原昌家は「占領期初期沖縄の一九四五年から一九五二年までを民衆生活の視点から「密貿易の時代」ととらえ「密貿易社会」と規定している」と述べている。[20]

　密貿易は与那国を要所とし、東アジア各所の「密貿易ミニ中継基地」[21]を経由することで東アジアを股に掛けた広範なネットワークを形成した。その中継地点の一つが戦後「水産」地域だった。

　密貿易に携わった当事者の証言を見てみると、往々にして濱町・社寮町が登場する。石原は「基隆の町と浜町は沖縄人になじみの深い町で、漁師町である」[22]と述べており、また、植民地下の基隆

【写真 5–3】

1965 年に撮影された中正里（旧濱町）。写真中央部に住宅や建物が密集している。「琉球人民協会」「台湾韓僑協会」は同地区内にあった（写真：潘江衛提供）。

【写真 5–4】

1965 年撮影。写真中央に和平橋（旧基隆橋）が見える。和平橋の袂に見えるコの字型の建造物（写真左側）がかつての「鉱石積場」である（写真：潘江衛提供）。

に沖縄出身者が多く暮らしていたことを考えれば、密貿易に関する証言に濱町や社寮町が登場することは何ら不思議ではないだろう。重要な点は、その濱町や社寮町がどのような場として語られているのかである。

　密貿易のネットワーク構造の分析から地域的共同体間の連携モデルを模索した小池康仁は、その自著のなかで密貿易に携わった当事者の証言を紹介している。[23]その中の一人、長浜一男は戦後「水産」地域（濱町）に関わる次のような証言を残している。

　長浜一男は一九四六・四七年～一九五一年頃にかけて密貿易に携わった。[24]与那国島と基隆港を密貿易船で往来していた長浜は「基隆の「浜町」には国府軍の警備隊が多かった」[25]「守備隊は常時警戒していたため、撃たれる危険があった。実際、沖縄からの私貿易人で撃たれて死んだ人もいた」[26]「国府軍の兵士達は、海岸で鉄条網を張り、銃を向けながら立哨していた」[27]と語っている。また、松田良孝『与那国台湾往来記』（南山舎、二〇一三年）には「戦後、一男は久部良で代用教員などをしたあと、一九四七（昭和二二）年二月に起きた二・二八事件のあとに台湾へ渡った」と記されている。[28]

一九四七年二月に起きた二・二八事件の発端は闇タバコの取り締まりだと言われている。同年二月二七日、台湾省専売局台北分局の職員が台北市太平町（現在の延平北路）で闇タバコを販売していた中年女性を取り押さえ、怪我を負わせる事件が起きた。この時、それを見ていた通行人と衝突が起き一人が死亡している。

その翌日の二八日、これに抗議した人びとはまず台北分局に押し寄せた後、行政長官公署の前に集結した。しかし、公署の屋上にいた憲兵の機銃掃射によって数十人が死傷、台北全市が混乱状態に陥り、その余波は台湾全土へと波及していった。そして一九四七年三月八日、中国から国民党軍二一師団が台湾に派遣され、台湾各地の反抗行動を武力で制圧していった。その二一師団は基隆と高雄から上陸している。

張炎憲編『基隆雨港二二八』（二〇一一年）は、基隆で起きた二・二八に関する事件（以下「基隆二・二八事件」）に関わる三〇篇のオーラル・ヒストリーを収録している。[29]

張炎憲によれば「基隆二・二八事件」に関するオーラル・ヒストリーから読み取れる特徴の一つは「虐殺時間は全て（一九四七年）三月八日以後であり、五月二七日に至ってもなお虐殺が行われていた」ことだと述べている。[30]そして「基隆は、二・二八事件において、全台湾人民の殉難の中で最も悲惨な地域の一つであり、国民党軍上陸後に行われた民衆虐殺の起点である」と位置づけている。[31]つまり三月八日から本格化する民衆虐殺の先鋒に立たされたのが基隆であり、武力行動は基隆から台湾全土へと拡大されていったことになる。

「基隆二・二八事件」の主要な現場は、基隆港埠頭、基隆駅、港務局、田寮港運河、博愛市場といった基隆市街地に加えて、クールベー浜や基隆要塞司令部付近の海岸である【写真5－5】。[32]そのなかでも社寮島付近で起きた民衆虐殺は「社寮島事件」[33]として記録されている。

長浜の他にも、二・二八事件以降における「水産」地域の状況を目の当たりにした沖縄出身者が存在する。例えば、石原昌家『空白の沖縄社会史』（晩聲社、二〇〇〇年）に登場する伊盛時雄もその一人である。

伊盛は国民党軍に二度狙撃されている。伊盛たちは二度目に狙撃された際に「基隆から社寮町の間の橋をくぐって逃げようとした」が「橋の上に兵隊が待ちかまえていて、再び狙い撃ちされた」[34]。また『基隆雨港二二八』に登場する劉楊阿茶は、夫である劉新富が八尺門で連行された際に、一人の沖縄出身者も連行されたと語っている[35]。

近年、二・二八事件による沖縄出身犠牲者の名誉回復の動きが見られる。この動きについてはコラム⑥で改めて言及するが、二〇一六年二月、二・二八事件で父親を亡くした青山恵昭の勝訴が確定している。これは二・二八事件で外国人への賠償が認められた初めての訴訟であり画期的な判決だった。そして二・二八事件で犠牲になったのは台湾・沖縄出身者だけではない。基隆に暮らしていた朴順宗という朝鮮出身者が一九四七年三月一一日に魚を買いに行ったまま失踪していることも報告されている[36]。

【写真 5-5】

日本植民地期から基隆防衛の中枢を担う基隆要塞司令部(2008 年3月1日、筆者撮影)。

以上で見てきたように、密貿易の証言から浮かび上がるのは、戦後「水産」地域と国民党軍の関係性である。戦後「水産」地域は、基隆市人口統計資料では見えてこない流動的な人の移動（密貿易）と、それを取り締まる国民党軍がせめぎ合う場だった。

二・二八事件から二年後の一九四九年五月二〇日、台湾省主席の陳誠が台湾全土に戒厳令を発令、同年六月には「懲治反乱条例」と「粛清匪諜条例」を実施し、共産主義やスパイの粛清

【写真 5-6】

「故金九先生追悼会記念撮影」。檀君紀元「4282」を西暦にすると 1949 年であり、同年 6 月に金九は暗殺されている。1876 年に黄海道に生まれた金九は、1948 年 3 月に行われた南朝鮮の単独選挙に反対した人物の一人として知られる。その金九の追悼会が基隆で開かれていたことは、戦後台湾に暮らした朝鮮半島出身者全てが韓国を支持していたわけではないことを物語っていよう。しかし「台湾韓僑協会」「基隆韓国教会」は韓国との繋がりが強い。また 1953 年 11 月には李承晩が台湾を訪問している。盧によれば、南北分断後の台湾、しかも白色テロの時代において、北朝鮮を支持することは生活の基盤を失うことであり、そのような人はいなかったと述べている。だが、金九の追悼会が物語っているように、戦後台湾において朝鮮半島の情勢をめぐる政治的立場は一枚岩ではなかったのではないか。戦後台湾に暮らした朝鮮半島出身者の暮らしと祖国の情勢がどのように絡まり合っているのかは今後考究されるべき課題の一つであろう。

を名目に白色テロを拡大していった。白色テロが吹き荒れた戦後台湾を琉・韓僑がどのように生きたのかは今後の課題だが、それに関わるいくつかの証言を紹介しておきたい。

戦後になって公務員を務めた余は「関わると面倒になると思い詳しくは知らないが」と断った上で、戦後「水産」地域には「調査局」(現・海員調査站)が設置され、朝鮮半島が南北に分断された後は「水産」地域に暮らす韓僑を監視していたと述べている。[37] また、韓僑の生活支援や「台湾韓僑協会」の立て直しに尽力してきた盧京根(一九二六―二〇一七)[38]は、韓僑の多くは植民地時代から船乗りで教育水準があまり高くなかったため、民主主義と共産主義の判断がつかなかったと述べている。[39] さらに台湾人が共産主義を主張すれば生活の基盤を失った時代に、

【写真 5-7】

菊と用錫が戦後「水産」地域に引っ越して最初に迎えた正月に撮影された一枚（1948 年撮影）。向かって右から用錫と菊。写真に写るもう一人の女性は沖縄出身者ののぶ子。一番左の男性はのぶ子の旦那で姓は謝である。その謝とのぶ子に抱えられているのがセイゲン（左）とセイジ。中央の少年はまさお。のぶ子と先夫の子どもである。

ただでさえ苦しい生活を強いられていた韓僑が共産主義を支持することはなかったとも語っている。しかし、共産主義であるかどうかの判断が難しかったからこそ、何の根拠もなく、思いがけない形で連行された韓僑がいたとも考えられるのではないだろうか。

その一方で菊は〈沖縄の人も韓国の人も日本人と間違えられて（省略）日本語使ったら片っ端から引っ張られる〉と語っている。菊の証言は、日本語を理由に連行された琉・韓僑がいたことを示唆すると同時に、たとえ時代が移り変わったとしても、帝国日本による植民地支配の痕跡が容易に消え去るものではなかったことを伝えている。この「植民地後の帝国日本」については第三節で改めて言及したい。

（3）〈死んだ琉球人〉

基隆市人口統計資料と密貿易の証言は、言わば外側から見た戦後「水産」地域である。そこで、戦後「水産」地域で使われていた〈死んだ琉球人〉という言葉から当該地域の特徴を照らし出してみたい。

〈死んだ琉球人〉は、菊が戦後「水産」地域で耳にした言葉である。この言葉には、帝国日本崩壊後の沖縄・

台湾・朝鮮半島をめぐる独立／祖国復帰の問題が関わっている。

戦後東アジア地域再編の過程において、沖縄と朝鮮半島は当初「国際連合の信託統治下に置かれることが予定されていた」(40)。しかし一九四八年の単独選挙によって大韓民国が樹立され、一方の沖縄は「太平洋の要石」としてアメリカの統治下に置かれた。他方、台湾はすでに「光復」（祖国復帰）を迎えていた。〈死んだ琉球人〉とは、こうした東アジアの戦後再編を受けて生まれた言葉であり、それは、帝国日本から独立／祖国復帰を果たした台湾・韓国の人びとが、戦後になっても独立することが出来ない沖縄出身者を蔑むために使われた。

〈死んだ琉球人〉という言葉には、戦後再編された東アジアの政治情勢が凝縮されている。重要な点は、戦後「水産」地域に暮らす人びとの生活レベルにおいて戦後東アジア地域再編の動きが具体的な言葉として浮上していたことである。翻って言えば、沖縄・台湾・朝鮮（韓国）が歩んできた近現代史が〈死んだ琉球人〉という極めて具体的な形で照らし出される場が戦後「水産」地域だった。

沖縄と朝鮮（韓国）をめぐる政治状況は戦後台湾でどのように受け止められていたのか。『大琉球青年同志会申請成立核示案』という文書を参照にしながら〈死んだ琉球人〉をより広い文脈で考えてみたい(41)。

『大琉球青年同志会申請成立核示案』は赤嶺親助という沖縄出身者が当時の民政処長に宛てた文書である。これは、赤嶺自身が代表を務めた「大琉球青年同志会」の認可を求める内容だが、本文書が提出された時にはすでに「大琉球青年同志会」は結成されていたため、事後的に正式な認可を求める記述になっている。ここで着目したいのは「大琉球青年同志会」の結成理由である。それについて赤嶺親助は次のように述べている。

「我等琉球」は「日本侵略主義発展以前は中国の擁護下に一琉球王国を成し」ていたが「日本侵略主義の毒牙に伏し、今日の貧困とは《ママ》成り果て候」と述べた上で「表面上は日本人の待遇受け候も、事実は朝鮮人と共に特殊な圧迫に呻吟しながらも日僑の域に編入され居りたり」そして「今度の民族解放戦争に於いて、朝鮮は既に独立を許されたるも琉球人は未だなんらの指示なく、事実は日僑あらざるも日僑の取り扱いを■地に於いて受け居る状況に候」とし「日本圧迫政府の為めに苦渋を嘗め、困窮し居る琉球同胞難民の苦痛を多少なりとも除かん」ために「大琉球青年同志会結成せり」。

赤嶺の核心は次の点にある。それは、近代以降、帝国日本の版図に組み込まれた沖縄と朝鮮をめぐる独立と非独立の問題である。つまり、戦後に独立を許された朝鮮（韓国）との比較において、未だ独立することが出来ない沖縄の状況を念頭に置きながら、未だ「日僑」と同じ扱いを受けている「琉球同胞難民」を救うために「大琉球青年同志会」の結成を求めているのである。[42]

以上の陳述からも「大琉球青年同志会」が結成された背景には、〈死んだ琉球人〉と同様、沖縄・台湾・朝鮮（韓国）をめぐる近現代史が影を落としている。それは琉僑にとって国家とは何かという問題と密接に繋がっている。例えば、次章で論じる喜友名嗣正は「台湾省琉球人民協会」結成の経緯について「戦後、全く何らの保護もなく、棄民的状況におかれていた在台の琉民（僑）を糾合し、（以下省略）」[43]と述べており、自分たちの国家が樹立されなかったために琉僑は、戦後台湾において「棄民的状況」に置かれていたことが分かる。[44]

本節では、（1）基隆市人口統計資料、（2）密貿易と二・二八事件、（3）〈死んだ琉球人〉という三つの異なる切り口から戦後「水産」地域について考察してきた。その過程で浮かび上がってきた戦後「水産」地域の特徴は以下の三点である。

第一に、琉・韓僑が集住する地域だったこと。第二に、密貿易を介した流動的な人の移動と国民党軍がせめぎ合う場であったこと。第三に、沖縄・台湾・朝鮮（韓国）をめぐる戦後再編の動きが生活レベルにおいて浮上してくる場であったこと。特に〈死んだ琉球人〉という言葉は、「水産」地域に刻まれた東アジアの時代的特徴をよく表している。

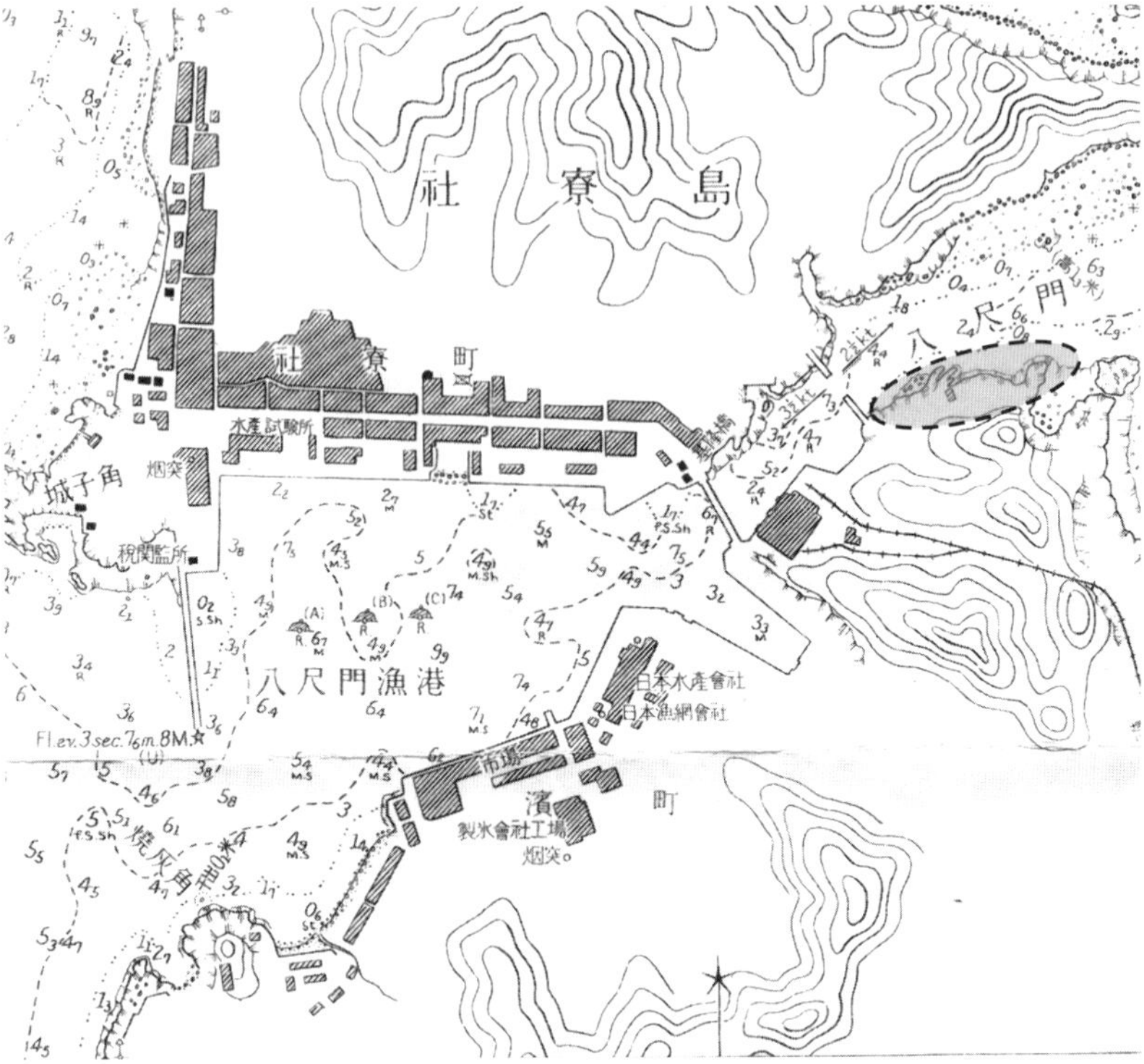

【図 5–3】

1950 年代に始まったアミの人びとの移住は 60～70 年代に本格化する。連玉龍によれば、彼らは移住当初、要らなくなった船の廃材で家を建て 1968 年頃から自分たちの部落を形成していったという（図中点線で示した場所）。戦後「水産」地域にやってきたアミの人びとの生活を、写真と文章で紹介したのが關曉榮『八尺門——再現 2% 的希望與奮鬥』（南方家園出版社、2013 年）である。關曉榮がここを訪れたのは底辺労働者の民族的差異を感じていたからである。1983～84 年にかけて炭鉱事故が連続的に発生しその死傷者の過半数以上がアミの人びとだった。こうした不条理に突き動かされるようにして、1984～85 年にかけて八尺門のアミの人びとを撮影し『中国時報』や『人間雑誌』に文章を発表してきた（日本海軍「基隆港」（1937 年）から筆者作成）。

しかし戦後「水産」地域で生活をしていたのは琉・韓僑だけではない。前田龍のような日本出身者、国民党と共に台湾にやってきた外省人、台湾系漢民族、一九五〇年代になって移住してきた台湾先住民も「水産」地域に暮らしていた【図5－3】。

在台コリアン二世の金妙蓮が「国際部落」と呼んだように、戦後「水産」地域は様々な出自や境遇を背負った人びとが対面・接触・交流する場を形成した。重要な点は、戦後「水産」地域における接触や交流が東アジアの時代変遷といかに関係しているのかである。次節では、菊と用錫の出会いが戦後「水産」地域という場でどのように意味合いを変え、そこにはどのような時代的特徴が絡まりあっているのかを見ていきたい。

第三節　出会いのゆくえ――戦後「水産」地域の帝国日本

〈死んだ琉球人〉には戦後東アジアの地域再編をめぐる時代的特徴が刻み込まれていた。しかし、その前提にあるのは、帝国日本による沖縄・台湾・朝鮮（韓国）への植民地支配である。〈死んだ琉球人〉という言葉は、統治者や時代が移り変わったとしても帝国日本の痕跡が容易に消え去るものではないことを物語っている。この点に関連して、一九九〇年代以降の日本におけるポストコロニアル研究を総括した戸邉秀明は次のように述べている。

独立後／帝国崩壊後もなお存在する植民地主義、しかもそれは植民地後／帝国後を生きる人々のうちに深く内面化され、（残滓ではなく）常に再生産されて更新し続ける。ゆえにその克服には、制度的な脱植民地化／脱帝国化にとどまらず（あるいはそれを徹底させるためにこそ）、精神の脱植民地化／脱帝国化まで展望しなければならない。(45)

戸邊によれば、制度的な植民地主義を克服するためには、精神的な「脱植民地化／脱帝国化」をも見据えなければならないと言う。そして、この問題は一九六〇年代末頃から世界各地や日本で繰り返し主張されてきたが「学術的に検証すべき課題として定置できるようになったのはごく最近、日本植民地研究ではおそらくここ十数年のことだろう」と位置づけている。[46]しかし帝国日本の植民地主義が「人々のうちに」どのように「深く内面化」され、それが如何なる状況において「再生産されて更新し続け」ているのかを具体的に検討した歴史研究は未だ充分とは言えない。この点に留意しながら、菊と用錫の出会いのゆくえから「植民地後の帝国日本」を照らし出したい。

真砂町を追い出された菊と用錫は、当初、台湾本島と社寮島を繋ぐ和平橋の袂に住居を構えていたが、その後「中正里」に引っ越しをしている。一九五五年には息子・鄭良錫にも恵まれた。

前述のように「中正里」には主に韓僑が暮らしていた。盧によれば、「水産」地域の韓国人男性は「日本時代に大東亜戦争で南方に（略）軍需品を送る船員」として「強制的に連れられてきた人」が多数を占めていた。彼らは戦中「船しか乗ったことがな」く「船から降りたら何も出来ない」ために、戦後も漁船に乗り生計を立てていた。また「（日本軍が残した）輸送船や漁船はたくさんある」が「中国人（外省人）はあんまり船に乗れない」ため、中華民国政府が旧濱町の「宿舎（基隆市営漁民住宅）」を「韓国の船員たちに、残る人たちには無条件に一軒ずつ分け」「無条件に韓国の船員をみな船長に（略）（位を）あげたわけよ」と述べている。[47]確かに「登録名簿」に記載されている「職業」欄を見ると、韓僑男性のほとんどが「船員」であり、帝国日本崩壊直後から韓僑は漁業を生業にしていたことが分かる。

また、戦後「水産」地域の韓国人女性の中には「日本軍」慰安婦や娼妓として植民地台湾に連れて来られた人が含まれていた。しかし、戦後台湾に暮らした朝鮮半島出身の「日本軍」慰安婦に関する研究は進んでおらず、すでに鬼籍に入っている場合や認知症のために証言が難しいという状況である。そのために、ここでは日本植民地下の台湾における朝鮮人接客業に着目した藤永壮の研究に言及しておきたい[48]。

藤永は、朝鮮人接客業のなかでも「娼妓＝公娼と、これを抱える貸座敷の動向」が特に注目に値すると述べる[49]。藤永によれば「一九二〇年に初めて出現した朝鮮人娼妓」は「一九三〇年には一二九名となって台湾人（一一九名）を逆転し」「三〇年代後半になってやや落ち込むものの、ほとんどが一貫して増加傾向」にあると指摘した上で「四〇年前後には二五〇名に迫る勢いを見せ、台湾全体の娼妓数の約四分の一を占めるに至った」という[50]。

そして、台湾に朝鮮人娼妓が多かった理由として、（1）一九一〇年代末までに、公娼制度を中核とする日本の売春システムが朝鮮に定着していたと考えられること、（2）台湾における娼妓の年齢下限が一六歳と低かったこと、（3）前借金が日本人より低額であったことの三点が指摘されている[51]。さらに、日本軍「慰安婦」として台湾から中国、特に広東省へ渡った朝鮮人女性の存在が示唆されている[52]。

菊は、その戦後「水産」地域での暮らしを振り返り「本当に、もう心の休まる暇はなかった」と述べている[53]。その背景には、菊の心身を蝕んだ病とその治療費で嵩んだ借金に加え、戦後「水産」地域の生活環境が追い打ちをかけた。

菊が〈臭い正月〉と記憶する出来事がある。菊によれば〈（菊が）日本人というあれで台湾の人達もみんなどうも態度がおかしい（・・）正月早々なのに山から掃除のゴミ、うちのこの家の前（ゴミが）山積み〉にされていた。そのゴミの山積みは〈しょっちゅう（略）あった〉という。さらに〈日本人の奥さん持ってるからというて、誰も（用錫を漁船に）乗せてくれなかった〉。

菊：うちの人は【略】日本人の奥さん持ってるからというて誰も船（に）乗せてくれなかった。

＊：あ〜意地悪（・）意地悪じゃないか、しょうがないのかな。
菊：意地悪（笑）。日本人に韓国人いじめられたから。そしてまたなんていうかね。うちのために（用錫は）随分（略）肩身の狭い思いしたんだなと思うよ。だからあんまり（・・・）もうなんていうかね、あの時は。

菊のこの語りには様々な経験や眼差しが錯綜している。それを図式的に捉えれば次のようになるだろう。まず、菊を「日本人」として見る韓国の人びと。次に、日本人に差別された韓国人の経験。そして、自分と結婚したが故に漁船に乗せてもらえなかった用錫に対する菊の自省。最後に、自身の力ではどうすることも出来ないしがらみに絡め取られた菊の行き場のない思いである。

菊と用錫が戦後「水産」地域で差別を受けた要因として次の点を指摘することが出来る。

第一に、帝国日本の植民地支配から戦後東アジア地域再編への動きである（①）。ここには中華民国政府による台湾の社会体制や価値観の方向転換も含まれる。台湾内外における東アジアの時代状況が、戦後「水産」地域に暮らした人びとの帝国日本経験と重なり合うことで、菊は〈日本人〉として、用錫は〈日本人の奥さん持ってる〉韓国人だと認識された。

第二に、出身地やナショナリティによる紐帯である（②）。菊と用錫が暮らした「中正里」は「水産」地域の一部であり、その規模は決して大きくない。その地域内に「琉球人民協会」「台湾韓僑協会」「基隆韓国教会」が設立されたことは琉・韓僑の結束を強める。また、人間関係を重視する漁船に乗っていた人びとが多かったことも「水産」地域の集団意識や紐帯を強化した。戦後「水産」地域に設立された三つの「キョウカイ」や生活労働環境は、ときに相互扶助の機能を果たすこともあるが、集団に所属することが許されない者や集団に馴染めず爪弾きにされる者を生み出すことにもなる。とりわけ菊のような「非朝鮮出身女性」の場合、戦後「水産」地域において孤立しやすい周辺的立場に置かれていた。こうした②の要因に①が重なり合うことで用錫は漁船に乗せてもらうことが出来なかったのである。

しかし、戦後「水産」地域の排外意識や二人が経験した差別の根底には、台湾・韓国の人びとが経験した帝国日本の植民地支配や日本人に差別された経験が横たわっていることを忘れてはならない。この点を軽視すれば、戦後「水産」地域における加害者／被害者という安易な二項対立を生み出すことになりかねない。戦後「水産」地域の暮らしの中に潜む排外意識には、第三の極めて重要な要因として「植民地後の帝国日本」が影を落としている。

〈死んだ琉球人〉〈臭い正月〉〈日本人の奥さん持ってるからというて、誰も（漁船）乗せてくれなかった〉という菊の語りは、戦後「水産」地域に潜む排外意識を照らし出している。それが意識的であれ無意識的であれ、東アジアの時代的な特徴が生活レベルで浮上してくるのが「水産」地域という場だった。そして、菊と用錫をめぐる出会いの経験を単なるエピソードとして捉えるのでなく、大きな歴史の流れのなかに置き直し、そこに絡まり合う時代的特徴を解きほぐすことで顕現する東アジアがある。それは一国史的な枠組みや国家・地域加算式枠組みで捉えられるものではなく、戦後「水産」地域という関係性の場で「さまざまな関係の網の目」(54)を生きた菊と用錫が照らし出す東アジアなのである。

第四節　心の「不安」と琉球舞踊

さらに「日本人」としての菊の立場は家族内の亀裂を生んだ。それを伝えているのが謝花直美（文）・石川真生（写真）「語らならちなー台湾⑥　宮城菊さん　日韓両国のはざまで」（『沖縄タイムス』、一九九二年四月一五日）

である。(55)

この記事は、菊と用錫、息子の良錫の複雑な関係を伝えている。着目すべきは「両親の国の歴史を一身に背負った」良錫の葛藤であり、菊との間に生じた「溝」が描かれている。

同記事によれば、良錫は「街で日本語を使う母をいらだたしげにたしなめた」という。例えば、菊がパスポートを作る際、菊は良錫に通訳を頼んだが、良錫は「「夫は、名前は」と必要な事項を詰問調で冷たく聞いた」。菊は「親子としてのつながりも無く、あの時ほど悲しかったことはない」「この子が韓国に渡ったらもう帰ってこないかもしれない」と感じたと述べている。また「韓国の友人をよく家に呼び、酒を飲むのが好きだった」用錫が、「自分の祖国（韓国）に対する菊さんの複雑な気持ちを知り、ぱったりと友人を呼ばなくなった」とも記されている。菊が韓国に対してどのような思いを抱いていたのかは書かれていないが、菊は「月日がたって夫の苦労もわかった」と述べており、短い記事のなかに「日韓両国のはざま」に立たされた三人がそれぞれに抱えた葛藤と軋轢が描写されている。

良錫は一九五四年に開校された「基隆韓僑国民学校」に通っていた。菊はその時の良錫について次のように語っている。

菊：息子も韓国学校、小学校行ってるんだけど、私の友達、日本人の友達が来たら（学校の人たちは）嫌うんですよね。それも分かってるから、息子が悪いんじゃなくて教える人がそうやって（・・・）仕方がないと。だから本当、可哀想な（・・）みんなとね、押し合いへし合いして遊ぶなって。お前は一人だから、一人で自分が（で）遊ぶようにしなさいって。

＊：（そう）言ったの？

菊：うん。だからいつも一人ぼっち。

良錫はその後、基隆市内の中学校と高校に進学しているが、菊や用錫に相談をせずに高校を中退し船員として働き始める。それは家計を案じての決断だった。先の新聞記事には「船員になった息子が、日本を訪問したのをきっかけに徐々に菊さんとの溝も埋まっていった」と書かれており「今はとても大事にしてくれますよ」という菊の言葉が綴られている[56]。

家計が圧迫されていた要因の一つが菊の病である。帝国日本が崩壊した後、菊はマラリアに罹り、その薬で胃を壊していた。様々な薬を試したが様態は悪化の一途を辿った。腹部に出来た筋腫によって出血を繰り返すようにもなった。さらには「三〇代に発病した神経症[57]」が菊を苦しめた。

菊は当時の自分を次のように語っている。以下、長文になるが、菊が当時置かれていた心身の状態を知る上で重要な記述であるため該当箇所を全文抜粋する。

私は、いつも「早く死んだら、今晩暮れたら、明日目が覚めなくても、もう死神がおったら連れて行って下さい」と言って寝るのに、もうその時も、眠りに落ち様としたら、全身がガタガタ・ガタガタと震えるんですよね。足からもジリジリ、ジリジリして、全身が丁度機械を掛けたところに寝かされた様に、それでビックリして飛び起きて、病院に行く様に仕度して表まで行ったら止まっちゃうんですよ。止まってから病院にいったってしょうがないし。そして、しょっちゅう胃が痛いので胃の病気のために医者は行ってるし、これ何かあったら、これは神経症ではないか。私は、夕方になったら悲しくなる。もう、本当に胸はドキドキしてどうしょうもない。あの不安という、もうそういう、そのどうして一人こんなにいろいろな、激しい、とにかく災いがしょっちゅうあるものだから、生きているとい

うことが苦しくて、もう本当に死ぬことを願っておりましたけど（以下、省略）(58)

菊の身体は「ガタガタ・ガタガタ」「ジリジリ、ジリジリ」と震え、「夕方になったら悲しくなる」「胸はドキドキしてどうしょうもない」「不安」に駆られていた。そうした身体の震えや心の「不安」は自分のあずかり知らぬ形で何かの意味を押し付けられる経験であり、思考や身体が自分のものではないという状態である。菊は、自分の意志でコントロールすることが出来ない「ガタガタ・ガタガタ」「ジリジリ、ジリジリ」という身体の震えや心の「不安」を抱えながら「早く死ぬことを願って」いた。

そうした菊を支えたのが琉球舞踊だった。菊は琉球舞踊が踊れるが故に海光園では旅館女中と舞妓の狭間に立たされたが、戦後台湾の暮らしを支えたのも琉球舞踊だった。辻時代に習った琉球舞踊は、海光園や戦後「水産」地域との関係性においてその意味を変容させていった。

菊は、琉球舞踊を繰り返し踊ることで辻時代や海光園での出来事を思い返していたに違いない。第七章で論じるように、菊の経験の捉え返しにはキリスト教に加え、自分の経験を「書く」「読む」「語る」そして菊の物語を「聞く」人びとや場が重要な意味を持つ。それに比べて琉球舞踊は「踊る」という意味において、キリスト教や「書く」こととは位相の異なる、より身体的な行為である。自らの経験を自分の身体に直接くぐらせる琉球舞踊もまた、菊のアイデンティティや経験の捉え返しを考える上で重要な意味を持つ。菊にとって琉球舞踊とは、戦後「水産」地域を生き長らえる糧であり、また、自分の過去を身体で直接感じる経験でもあった。琉球舞踊もまた用錫との出会いと同様、その時々の状況によって意味合いを変える多義的な経験だったのである。

注

（1）国民大学韓国学研究所編『韓人の帰還と政策』第一〇巻、歴史空間、二〇〇六年、三四–五三頁。尚、戦後の台湾では日本・沖縄・朝鮮出身に対して「日僑」「琉僑」「韓僑」という呼称が使われ、外国籍者は「外僑」とされた。

（2）国民大学韓国学研究所編、前掲『韓人の帰還と政策』第一〇巻、八一–一〇二頁。尚、「台湾韓僑協会」が正式に発足したのは一九四八年である。

（3）朱徳蘭『臺灣慰安婦』（五南図書出版、二〇〇九年）によれば、一九三三年三月に台湾にやってきた任斗旭は済州島出身で「豊川晃吉」という日本人名を持ち、台湾軍憲兵隊に選ばれた慰安所経営者だった（三六〇頁）。また、在台コリアンや台湾人日本兵の研究を進めている天江喜久は『台湾日日新報』を調査し、任斗旭が戦時中に基隆の朝鮮人組合の会長を務め、朝鮮人志願兵を引き連れて神社を参拝するなど皇民化運動に積極的に参加していた様子が窺えると述べている（「他山の石――台湾から『帝国の慰安婦』を考える」浅野豊美・小倉紀蔵・西成彦編『対話のために――「帝国の慰安婦」という問いをひらく』クレイン、二〇一七年、二六九頁）。

（4）台湾省政府警務処『韓僑処置事項案』（063000001325A/19370）、一九四九年。

（5）同上。

（6）同上。

（7）国民大学韓国学研究所編、前掲『韓人の帰還と政策』第一〇巻、九三頁。

（8）台湾省文献委員会編『台湾地名辞書一七巻基隆市』、一九九六年、七一頁。

（9）国民通訊社編集・発行『基隆風物誌』、一九五四年、三七頁。

（10）同上、三八–三九頁。

（11）台湾省文献委員会編、前掲『台湾地名辞書一七巻基隆市』、七一頁。尚、一九七一年に「正濱里」の一部を「海濱里」として分化している。

（12）同上、六六頁。一九七四年に「社寮里」の一部を分化し「和憲里」にしたことによって、和平島は四つの「里」で構成されることになる。その後一九八二年に従来あった「和寮里」と「社寮里」を合併し里名を「社寮里」としている。
（13）同上、七四頁。
（14）同上。
（15）基隆市主計室編『基隆市統計年鑑』、一九五〇年、一九頁。
（16）同上。
（17）二〇一八年三月、台湾から沖縄に引き揚げてきた人びとの聞き取りをまとめた『「沖縄籍民」の台湾引揚げ証言・資料集』が刊行された。同証言・資料集の調査、執筆に協力した松田良孝によれば「二〇一八年はこの「台湾引き揚げ」がひとつのブームとなっている」という（「「台湾引き揚げ」が静かなブームに」松田良孝ブログ「台湾沖縄透かし彫」二〇一八年七月一四日、http://taiwanokinawa.hatenablog.com/entry/2018/07/14/142858、同日最終閲覧）。その一方で、戦後台湾に残留した沖縄出身者や、沖縄に一旦引き揚げた後に再度台湾に渡航する人びとがいた。戦後台湾に暮らした沖縄出身者に関しては本章及び第六章でも言及しているが、今後さらなる研究の進展が待たれる。
（18）台湾省政府警務処『琉僑管理案』（0630000001300A/23279）、一九四九年。『琉僑管理案』（0630000001300A〜1318A、全一九冊）は戦後台湾に暮らした沖縄出身者に関する档案群である。その内容を概観すると、雇用に関する事務的な案件が大半を占めているが、「台湾省琉僑管理辦法」「台湾省琉籍技術人員登記規則」といった琉僑の在留資格や雇用に関する規定、また、不法滞在・密航・強制送還に関する案件も含まれている。尚、本档案を引用する際、簿冊の登録番号（063…1300〜18A）を記したうえで案件の目録番号（五桁の数字）を明記する。
（19）「留用」とは「台湾当局が戦後の台湾の政治、経済、行政の停滞を防ぐため、技術者及び特殊技能職員と、知識経験の者の引き揚げを止めた」ことを指す（又吉盛清『日本植民地下の台湾と沖縄』あき書房、一九九〇年、三七五頁）。
（20）石原昌家『戦後沖縄の社会史——軍作業・戦果・大密貿易の時代』ひるぎ社、一九九五年、一一四頁。
（21）同上。
（22）石原昌家『空白の沖縄社会史——戦果と密貿易の時代』晩聲社、二〇〇〇年、二一〇頁。
（23）小池康仁『琉球列島の「密貿易」と境界線——一九四九‐五一』森話社、二〇一五年。尚、小池は「密貿易」という言葉が犯罪行為的なイメージを喚起するために呼称の使用方法に注意を払う必要があるとして「私貿易」ないしは括弧付きで「密貿易」としている。本書では、以上の指摘を踏まえつつ、研究史上ですでに定着していることから密貿易という言葉を用いている。

(24) 同上、一〇四頁。
(25) 同上。
(26) 同上、一〇五頁。
(27) 同上、一〇七頁。
(28) 松田良孝『与那国台湾往来記』南山舎、二〇一三年、二九二－二九三頁。
(29) 張炎憲編『基隆雨港二二八』呉三連台湾史料基金会、二〇一一年。
(30) 同上、六頁。
(31) 同上、二九五頁。
(32) 同上、六頁。
(33) 同上、一六七－一八五頁。社寮島で起きた虐殺に関して次のような記述も確認できる。「「基隆大虐殺」のあった一九四七年三月八～九日、社寮島では橋を渡った島入り口の八尺門（船寮）や東北部の海岸地帯が虐殺の場となった」（青山惠昭「台湾二二八事件 台北高等法院への提訴（上）」『沖縄タイムス』、二〇一五年九月一〇日）。
(34) 石原、前掲『空白の沖縄社会史』、九一頁。
(35) 張炎憲編、前掲『基隆雨港二二八』、一七五頁。
(36) 天江喜久「朴順宗：二二八事件中 朝鮮人／韓僑的受難者」『台湾風物』第六四期第三巻、二〇一四年、六一－六二頁。
(37) 余振棟への聞き取り、二〇一四年九月一〇、於：基隆市中正区正濱里老人クラブ会館。
(38) 平壌に生まれた盧は、韓国軍捜索隊として朝鮮戦争に参加。一九五七年に国費留学試験に合格するのと同時に除隊、国費留学生として渡台している。盧は学業を修めた後も台湾に残り「台湾韓僑協会」の立て直しや在台韓国人の生活支援に尽力を尽くしてきた。
(39) 盧京根への聞き取り、二〇一一年八月二八日、於：基隆韓国教会。
(40) 浅野豊美編著『戦後日本の賠償問題と東アジア地域再編』慈学社出版、二〇一三年、二七五頁。
(41) 台湾省行政長官公署檔案『大琉球青年同志会申請成立核示案』（登録番号：00312380010002）、一九四六年。
(42) 「大琉球青年同志会」はその後、一九四八年に喜友名嗣正が代表を務める「琉球革命同志会」に改称している。また、喜友名と赤嶺は何らかの関係で繋がっていたと思われる。後多田敦は「喜友名は自分の後をついで運動をしている」という赤嶺の言葉を紹介し「赤嶺は喜友名より先に沖縄に戻った」と述べている（「鎖を断ち切ろうとする琉球の人々――東アジアのなかの近代沖縄」『現代の理論』一〇秋号、二〇一〇年、九〇頁）。

（43）喜友名嗣正「孤立無援であっても…――一死硬派の弁」（『新沖縄文学』第五五号、沖縄タイムス社、一九八三年、一二八頁）。喜友名の琉球独立運動や「琉球人民協会」の活動は第六章で論じる。

（44）以下で紹介する石川豊の例は「棄民的状況」が具体性をもって顕現する一つの局面を伝えている。植民地下の台湾に暮らした石川豊は、一九五一年に沖縄から戸籍を取り寄せ台湾出身の林火土との入籍の準備を進めたが一向に手続きは進まなかった。豊によれば「台湾の役場職員が金を巻き上げるだけで、一向に手続きが進まなかった。あげくに「沖縄は日本、米国、中国、どこにも属さないのだから入籍はできない」との返答。だまされたと気づいた」と述べている（謝花直美（文）・石川真生（写真）「語らなうちなー台湾⑤　結婚して　入籍できず今も日本人」『沖縄タイムス』、一九九二年四月一四日）。

（45）戸邉秀明「ポストコロニアリズムと帝国史研究」日本植民地研究会編『日本植民地研究の現状と課題』アテネ社、二〇〇八年、五六頁。

（46）同上。

（47）盧京根への聞き取り、二〇一三年八月一八日、於：盧の自宅。

（48）藤永壮「植民地における朝鮮人接客業と「慰安婦」の動員――統計値から見た覚書」『近代社会と売春問題』大阪産業大学産業研究所「産研叢書」一六、二〇〇一年。

（49）同上、九七頁。

（50）同上。

（51）同上、九八－九九頁。

（52）同上、一〇五頁。

（53）宮城菊（語り手）・城倉翼（聞き手）「証し」石嶺バプテスト教会『主の御手の中で』、二〇〇三年、六三頁。

（54）エドワード・W・サイード／大橋洋一訳『文化と帝国主義　1』みすず書房、一九九八年、三四四頁。

（55）同記事のなかで菊は、戦後台湾の暮らしにおいて「周囲からいじめられることはなった」と述べている。これは、キリスト教関連の媒体に掲載された文章や筆者の聞き取りとは異なる証言である。

（56）船員になった良錫の楽しみの一つがパチンコだった。船が神戸や大阪に寄港した際、良錫はパチンコ屋に通っていたという。そして「僕がやったらね、絶対に負けませんよ」と筆者に話してくれた。

（57）百万人の福音編集部「主は私を緑の牧場に伏させ」『百万人の福音』第六一〇号、いのちのことば社、二〇〇一年、七〇頁。

（58）宮城菊（語り手）・城倉翼（聞き手）、前掲「証し」、六五―六六頁。

コラム⑤　〈アチャアチャ〉のシメは水産餃子

「ママが死んだサ」で始まる崎山多美の小説「見えないマチからションカネーが」（『クジャ幻視行』花書院、二〇一七年）は、日本本土から「あんた」を呼びせた「ウチ」の一人称語りで物語は展開していく。最後の最後でどんでん返しが待つこの小説を読んでいて、菊を思い出させる行があった。

　さいきんはねぇもう、ここらへんを出歩くヒトもおらんようになって、ヒトも通らんのに道を明るくする灯りなんか、いらん、ってことらしいが、そんなこと言ってもよ、ウチなんかずーっとここに住んでいるサぁね、だから夜でも昼でもマチ中を歩《ア》ッチャアッチャすることはあたりまえにあるサ（三三―三四頁）。

「歩ッチャアッチャする」とは「歩く」「散歩をする」の意味であり、菊は〈アチャアチャ〉と言っていた。

聞き取りは菊の家ですることが多かった。腰を据えて聞き取りをすることは大切な作業だ。聞き取りの場でしか語れないことや聞けないことがある。しかし普段の日常会話とは異なる「聞き取り」というやや人工的な場が菊の語りを逆に狭めているのではないか。聞き取りを重ねていくうちに「聞き取り」という場への懸念が生まれていった（もちろん聞き手である私自身の技量のなさが堅苦しい雰囲気を作っていたことも確かだが…）。

他方、聞き取りはせずに菊と〈アチャアチャ〉するだけの日もあった。

〈ほら、見てごらん。花が咲いたでしょう〉。毎日この場所まで〈アチャアチャ〉をしては花を眺めている菊の姿を想像した。

〈同じ緑でもね、一つひとつ色が違うでしょう。あんた分かる?〉自宅の裏山を指さしながら菊はそのように語った。その視点の鋭さと豊かな感性を感じた。

〈コ、コ、コミニケイション?〉慣れない横文字を照れくさそうに口にした菊。クリスチャンになってからその大切さを学んだと話してくれた。

「水産」地域を〈アチャアチャ〉するだけの日。菊と一緒に裏山を登った日。天気が良いからと天宮徳の階段に座りながらボーっとしていた日。そうした〈アチャアチャ〉の折に菊が何気なく語った一言に感銘を受け、菊の人となりや生活のリズムを感じ、自分の研究を振り返るきっかけやヒントを与えてもらった。

菊亡き後の「水産」地域を訪ねると、菊の面影を強く感じる場所が私にはある。〈コ、コ、コミニケイション？〉は、天徳宮の階段に坐っておしゃべりをしていたときの一幕だったが、〈アチャアチャ〉の後の「水産餃子館」も菊との思い出が詰まった場所の一つだ。

餃子館は旧水産館からほど近い場所にある。現在の場所に店舗を移したのは一九八〇年のこと。それ以前から「水産」地域で営業を続けてきたというが、何年に開店したのかは不明だ。それでも今の場所に移転してからすでに四〇年近く営業を続けていることになる。餃子館は「水産」地域の老舗である。

餃子館一代目の店主は金銭トラブルで夜逃げをしている。その後は当時働いていた店員三～四名で店を切り盛りし、売上も全て均等に分けていた。現在の営業時間は九時から二二時までだが、以前は八時から深夜二時まで営業をしていた。主な客層は船員だった。当時、多い時で正濱漁港には四千を超える漁船が停泊していた。

「水産」地域が没落し始めると漁船も少なくなり、地域の住民も都市に分散していった。店を切り盛りしていた店員たちも「水産」地域を離れていったが、その後の餃子館を支えてきたのが修桂香さんである。二〇一三年七月に逝去した後は、その子供や孫たちを中心に店を切り盛りしている。

修桂香さんの娘・陳心儀さんは「背が小さい日本のおばあちゃん」と菊を記憶している。陳さんによれば、菊は一人で餃子を買いに来ることもあり、その数は決まって一五個だった。言われてみれば、菊は決まって一五個の餃子を注文していた。醤油、お酢、豆板醤を一切使わずに一〇個は自分で食べ、残りの五個は愛犬・ポピのために持ち帰っていた。そのポピが死んだ後は一〇個を頼むようになった。

水産餃子はもっちりとした薄い皮に具がぎっしりと詰まっている。菊が好んで食べていたのもうなずける旨さだ。餃子はニラとキャベツの二種類。ニラは季節を問わず一年中取れるが、その独特な臭いが苦手だという客のために修桂香さんがキャベツ餃子を開発した。「水産」地域の隆盛のなかで営業を続けてきた水産餃子館。「水産」にお立ち寄りの際にはぜひ水産餃子をご賞味あれ【写真　コラム⑤－1】。

【写真　コラム⑤-1】

餃子を丁寧に手作業で包んでいく。菊は決まってニラ餃子を注文していた。酸辣湯もお勧め（2018 年 3 月 5 日、筆者撮影）。

第六章　喜友名嗣正が見た沖縄／日本

第一節　琉球独立運動と「琉球人民協会」

菊と用錫同様、戦後「水産」地域を生きたのが喜友名嗣正《きゆなつぐまさ》（中文名：蔡璋《ツァイジャン》）である。喜友名は戦後台湾で「水産」地域を根城に琉球独立運動を展開し、琉僑の生活支援にも携わってきた。前者は「琉球革命同志会」を、後者は「台湾省琉球人民協会」を母体としていた。

喜友名に関する先行研究は大きく二つに分類できる。それは（A）琉球独立運動や「琉球革命同志会」に重点を置いた研究と（B）「琉球人民協会」を視野に入れた研究である。

（A）の研究にはすでに一定の蓄積が見られる。それらの研究は東アジア冷戦体制における中華民国政府の対琉球政策のなかで喜友名の琉球独立運動を論じている。[1]また「琉球革命同志会」の変遷を実証的に辿った研究として齋藤道彦「蔡璋と琉球革命同志会・一九四一年〜一九四八年」（『中央大学経済研究年報』第四六号、二〇一五年）がある。斉藤によれば「琉球革命同志会」は一九四一年五月に台湾と沖縄で設立され、沖縄の解放と中国への帰属、日本軍の情報を探ることが主な活動内容だったという。しかし日本軍は同会の中心メンバーであった赤嶺親助他二名を「外患予備罪」で公訴し同会は解散となる。喜友名は一九四五年八月から「琉球革命同志会」の活動を開始しているが、同会の解散から活動再開に至る経緯は論じられていない。

他方（B）に関する研究は皆無に近い。唯一「琉球人民協会」を念頭に置きながら喜友名を扱ったものとして比嘉康文『「沖縄独立」の系譜――琉球国を夢見た６人』（琉球新報社、二〇〇四年）がある。

比嘉は喜友名の息子・嗣興や菊に聞き取りを行い、琉僑の生活支援に奔走していた喜友名の姿を伝えている。比嘉の聞き取りによれば、嗣興は「（前略）家は漁港の近くで、父は漁師の面倒をよくみていたので、家にはいつも魚介類があった」と語っている。[2]また、菊は「協会の活動については知らないが、喜友名は台湾政府に対して沖縄人と日本人とは違うことを訴えていた」と述べ、その人柄については「人の面倒をよくみていた。職のない琉球人を集めて仕事を世話したり、台湾に残った人たちのために尽くしていた。その半面、頑固で、潔癖な面があり、些細なお土産さえも受け取らなかった」と話している。[3]そして、比嘉は「台湾に領事館もなく、外交権もない琉球政府にとって彼はありがたい存在だった」と喜友名を位置づけている。[4]

しかし「琉球人民協会」に関する比嘉の記述は、喜友名が晩年に記した「孤立無援であっても…――一死硬派の弁」[5]（以下「孤立無援であっても」）に多くを依拠しているため「琉球人民協会」の活動を掘り下げているとは言い難い。また「孤立無援であっても」は「革命同志会」や「琉球人民協会」の活動を主題としながらも、一九七二年の沖縄本土復帰や日琉同祖論に対する喜友名の見解が綴られており、戦後台湾の運動・活動に留まらない内容を含んでいる。

喜友名はこれまで琉球独立運動家として着目されてきたが、「琉球人民協会」の活動は具体的に検討されてこなかった。それに加えて、琉球独立運動は「琉球人民協会」と無関係に展開されていたわけではなく、双方の関係性を意識しながら喜友名を論じる必要がある。以上の点を念頭に置きながら、本章ではまず、喜友名の略歴と琉球独立運動の特徴を概観し、「孤立無援であっても」のテクスト分析を行った上で「琉球人民協会」の活動に分け入っていきたい。

第二節　琉球独立運動の特徴

喜友名の生い立ちには不明な点が多いが、中華民国政府の要職を務めた呉鉄城が一九四八年に蒋介石に報告した文書（以下、「報告」）(6)には、喜友名の履歴が次のように記されている。

氏名　喜友名嗣正（中国名　蔡璋）　三十六歳
本籍　琉球那覇
祖籍　福建　第一世祖　蔡堅
住所　台湾台北市龍口街一段五号
学歴　琉球水産学校製造科卒業　ハワイホノルルキリスト教学校卒業

喜友名の出生年月日や出生地には諸説ある。「報告」によれば喜友名は一九一二年生まれになるが、喜友名自身は「一九一七年にわたしは生まれている」と述べている(7)。他方で比嘉は「喜友名は一九二六年（大正五）年、美里村（現・石川市《ママ》）伊波で生まれた」(8)と記している。また、仲田清喜は「一九五四年一一月四日付の米国務省から台北の米国大使館」に送られた喜友名の「身辺調査」を紹介し、そこには「一六年四月五日ホノルル生まれ」と記述されていると述べている(9)。

喜友名の幼少期に関しても情報が錯綜している。比嘉によれば、喜友名は「那覇市泊に移り、泊尋常高等学校を卒業している。年月日は不明だが、中国に渡る」と述べている[10]。先の「身辺調査」によれば「幼少のことは不明だが、父親の仕事の関係で東南アジアやサイパン、テニアンなどに移り住んだようだ」と記されている[11]。

喜友名を考える上で一つ重要になるのが中国での経験である。喜友名が中国で「反日帝運動」に関わったのは「日中戦争のときに南京の戦線に送られ、そこで発刊されていた「大公報」に「反日・反帝」と題する文を発表したらし」く、それが蒋介石の目にとまり「中国は動乱の時を迎えている。琉球の解放は民族の解放運動でもあるので、その運動を継続するように」と「激励した」という経緯がある[12]。そして「中国大陸で抗日運動に参加していることが、他の独立運動家と異なっている」と比嘉は位置づけている[13]。喜友名は後に中国での経験を振り返り「反日帝運動に確執《ママ》をもやしていた[14]」と回想しているが、この中国での経験が戦後台湾での琉球独立運動へと繫がっていった。

先の「報告」には喜友名の経歴も記されている。原文で④は「一九四六年」になっているが「一九四五年」の誤記だと考えられる。

①一九三三年、琉球水産試験場技士。
②一九四三年、台湾総督府琉球疏散居民輔導員。
③一九四五年、ハワイで「実業のハワイ」新聞社で編集の仕事に携わる。
④一九四六年（一九四五年）、沖縄で「琉球青年同志会」を組織し民族解放運動に従事。
⑤一九四五年八月、台湾と沖縄で活動していた「琉球青年同志會」を「琉球革命同志会」に改組。
⑥一九四八年七月、琉球人民協会理事長。

喜友名は②で「台湾総督府琉球疏散居民輔導員」を務めていたと記されているが、その詳細は判然としない。喜友名が中国に渡った時期も定かではないが「①から②」と「②から③」のどちらかの期間だったと推測できる。また、一九四七年の時点で喜友名は南京にいた。

喜友名によれば「一九四七年、国共双方の内戦による砲声がわたしの耳をろうする動乱の南京で、わたしは「日本の野望を駁斥する」という長文の対日声明を発表した」という。[15] そして「当時、比較的、中立の論陣で有名な『大公報』が、戦報多端の中で、この声明を全文大きくとりあげてくれた（一九四七年九月一五日付）」[16]と述べたうえで「それから、年を待たずして、「琉球革命同会」を結成し、わずか十余名の同志たちと共に、文字通りその時としては、孤軍奮闘の心戦活動と対外アピール作戦を展開した」[17]と記している。

以上のように、喜友名が琉球独立運動を本格的に展開していくのは帝国日本崩壊以後のことである。喜友名は次のように書いている。

戦前・戦中、反日帝にかたまったわたしの邪鬼っ気は、日本敗戦をしおに一気に琉球の解放をめざす琉革工作に狂奔せしめたが、このわたしたちの一挙に手をかしてくれたのは、いうまでもなく清朝打倒と日寇打倒にみごとな革命戦績をもつ中国の八年抗日の年青人たちであった（以下省略）[18]

喜友名は一九四八年に南京から上海を経由して台湾に渡っている。この時、上海で離陸の手立てがなく困っていた喜友名を助けたのが呉鉄城だった。[19] そして台湾到着後すぐに「琉球革命同志会」「琉球人民協会」を結成している。

喜友名は運動の拠点を基隆に置きながら一九五〇年代になるとアジア各地を飛び回り、各国の元首や活動家たちに琉球独立を訴えた。その運動母体となった「琉球革命同志会」について喜友名は以下のように述べている。

　「琉球革命同志会」の活動は主に国際的な革命宣伝とアジア各国の解放運動の実動者たちとの交流、琉球の民族解放をふくむ全ア人民との連帯といった画策の実践であった。（省略）中国大陸、台湾、ビルマ、タイ、ベトナム、フィリピン、香港、韓国とかけずり回り、それらの国の元首から、はては人民戦線の活動家に至るまで、じかに膝を交えて、相互の連帯と戦略を討議した。[20]

　例えば、喜友名は一九五四年六月一五日から一八日までの三日間、韓国の鎮海で開催された「アジア人民反共連盟会議」に「台湾在住琉球人だい《ママ》表」として参加している。[21]その際に全代表から「反共防衛圏の最重要部を占める琉球はこの際完全なる反共連盟を結成し全アジア民族と共に反共への道を進んで貰いたい」[22]との要望を受け、喜友名は反共連盟の結成に向けて奔走することになる。

　一九五四年一一月六日、喜友名は沖縄で「沖縄反共連盟準備委員会」を開き、一六日に結成大会を開いている。[23]しかしこの喜友名の企ては「沖縄の共産主義の脅威は（省略）他の公的機関によって充分防止されると思われる」という理由から米国民政府によって一旦は棄却されている。[24]だが一九五五年二月に米国民政府は態度を一転し「琉球反共連盟」設置を認可している。[25]その条件は「蔡しょう《ママ》氏のように外人を除いた」「沖縄人のみで結成」だった。[26]

　喜友名は台湾を拠点に東アジアや東南アジアの反共国家と交流してきた。喜友名は「最低の糊口の足しになるもの以外の個人収入の全部を運動に投じ、今から考えてみて、全く猪突としかいいようのない身のほど知らずの生きざま」だったと当時を振り返っている。[27]

当時、中華民国政府の喜友名に対する待遇は「国民党兵士を護衛につけ、拳銃の携帯」を許可するなど「国賓並みの待遇」だった。[28]その背景には「中国との帰属を第一とし、次善の策として琉球独立を訴える」[29]喜友名の琉球中国帰属論と、沖縄を自らの領土と考えていた中華民国政府との政治的な利害一致があった。しかし中華民国政府の対琉球政策は、その時々の政治状況に左右され、琉球独立運動への支援も一貫していなかった。台湾近代史を専門とする何義麟が指摘したように、中華民国政府は原則として琉球独立運動を支持しながらも完全に自らの利益を優先させていたのである。[30]そして「琉球革命同志会」を母体とした喜友名の対外的な琉球独立運動は、沖縄本土復帰運動の流れのなかで次第に終息へと向かうことになる。

第三節　二つの変革論と棄民の強制

(1)「ニッポン変革論」と「沖縄変革論」

一九七二年の沖縄本土復帰以降、喜友名は「しがない電話工事屋の一労働者」として沖縄で生活を送る。[31]そして「早朝五時におきて遠い勤務先にバスで通っている日々のわずかな時間をさいて、毎月数通の脅迫状をうけながら、毎月一篇程度、地元の新聞に状況をえぐる反権力論をかいている」と記している。[32]実際に喜友名は『琉球新報』『沖縄タイムス』といった新聞や『現代の眼』『思想の科学』『新沖縄文学』『青い海』などの雑誌に多くの文章を残している。

喜友名は自らの文筆活動を次のように位置づけている。「ものを書く」とは「三十代から奮迅してきた沖縄の自救革命の実動（その前半は主として在外的分野にわたるのが多かった）を側面から補強し、行動するということと不可分なものとして、始終、その営為の一元的認識に立って、ペンを握ってきたということにつきる」と。[33]喜友名にとって文筆活動は琉球独立運動と密接不可分であり、対外的な琉球独立運動が終息した後も文筆という形で運動を継続していた。沖縄本土復帰以後、喜友名の琉球独立運動は対外的で実働的な運動から執筆へと形を変えて継続されていたのである。

喜友名は一九八九年にその生涯を閉じるまで、国際情勢、政治、社会運動、歴史、思想、書評、日々の雑感など幅広いテーマについて書いている。そうした多岐に渡る問題を横断しつつも、喜友名が一貫して問い続けてきたのが天皇制国家としての日本と沖縄の関係性だった。

喜友名の文章には独特の言い回しが多く、決して読みやすくはない。分量はまちまちで、それほど長くないのが特徴的である。しかし「沖縄の分離運動にかかわってきた者の立場からこの一文をかくことになった」(34)「孤立無援であっても」というテクストは、喜友名の文章としては異例の長さである。また「革命同志会」や「琉球人民協会」での活動に言及され、晩年に記されたという意味でも喜友名を論じる上で重要なテクストだと位置づけられる。

「孤立無援であっても」は（一）（二）（三）のパートからなる。それぞれの内容を略述すれば、（一）では本土復帰以降の沖縄に対する見解が綴られ、（二）では「源為朝琉球入り伝説」の検討から日琉同祖論が否定されている。そして（三）になってようやく「革命同志会」「琉球人民協会」に関する記述が登場する。

先述したように「孤立無援であっても」の主眼は戦後台湾における喜友名の運動・活動である。しかし（一）と（二）において沖縄本土復帰や日琉同祖論が批判されていることからも沖縄と日本の関係性が強く意識された内容になっていることが分かる。また（三）においても「琉球人民協会」の活動を通して喜友名が感じ取った沖縄／日本が記述されている。つまり「孤立無援であっても」は、喜友名にとっての沖縄／日本が一貫して問われる内容になっている。

その喜友名にとっての「日本」は、ただ単に批判される対象ではなく、変革されるべき「日本」として設定されている。さらに、それと密接不可分な課題として「沖縄」の変革が同時に主張されている。本書では、前者の主張を「ニッポン変革論」、後者を「沖縄変革論」と呼ぶ。

「ニッポン変革論」から見ていこう。

喜友名は「最近、文字、ことばのうえでやたらと氾濫しているニッポン・ニッポン人の「ルーツさがし」への異常なざわめき」を問題視する。(35) なぜなら、その「ルーツさがし」が「単一民族・皇国史観」への批判の様相を呈していたとしても、喜友名にとってみれば「単なる原点回帰の幻想的遊戯」でしかなく、ただの「自満意識だけではないのか（傍点：原文）」と疑問を抱かざるを得ない状況に沖縄が置かれていたからである。

喜友名がそのように考えた理由として次の点が挙げられている。第一に、「形質人類学的なサンプルといったかたちで体のよい帰服・同化の位相をもって比類のない惨苦をしいられている現実」(36)が本土復帰以後の沖縄社会に見られること。第二に、単一民族という擬制を作りだした天皇制が存続していること。第三に、「今という今に立ちふさがる呪縛の体制を向目的にどう変革するか、という根源的な課題は何一つ手がつけられていない」(37)との三点である。これらの点を指摘した上で喜友名は次のように述べる。

> アイヌ、オキナワがニッポンにおける基底民族である、というもっともらしい意見が、にわかに宣伝されているけれども、人種学的にその当体であるはずのわたしからみれば、そうした何かを発見したということよりも、「もはやニッポンには民族問題はない」といい《ママ》単一民族論に拮抗しうる、そして屈辱的に変容・同化された少数民族による民権回復の現実的基盤をどう構築し、どうそれを具体化するかということのほうが、はるかに先決な課題だといいたい（以下省略）(38)

喜友名の主張を整理しておく。

喜友名は、「ニッポン人」が沖縄で自分たちの「ルーツさがし」をするのでなく、また、沖縄からの抗議の声にあたかも応えているかのように「アンチ天皇制」を気取るのでもなく、現存する天皇制国家としての「日本」そのものをまずは変革する必要性があると「ニッポン・ニッポン人」に向けて訴えているのである。喜友名の言葉を借りれば「知的快楽」や「凡百の革命論」を並べ立てるのではなく「カインの末裔としてのアトゥンメントを現実への対応として顕示してほしい」という「ニッポン・ニッポン人」への要望である。[39] これが第一の変革論、すなわち「ニッポン変革論」である。

そして、この「ニッポン変革論」と分かつことの出来ない課題として展開されているのが「沖縄変革論」である。

喜友名は「このごろしだいに露頭しはじめてきている言論の復古への傾斜」の雰囲気を感じ取りながら、それに「照応したかたちで抬頭してきている沖縄の側からの、おすわりからちんちんまでの、事大的な唱和的同調の動き」を「おぞましい事象」と半ば呆れ気味に危惧している。[40] なぜなら「沖縄の側から求めていった天皇制国家へ隷従」が「沖縄の史歴《ママ》のうえで、マイナスの得自として教訓を抽きだしていることはすでに明らかになっているはず（傍点：原文）」だからである。それにも関わらず「なおあるべき本来的自己と断絶し、自ら進んで現象追従者に甘んじるということはどういうことなのであろうか」と疑問を呈している。[41]

喜友名は天皇制国家・日本を迎合する沖縄の人びとに対し「あるべき本来的自己」を取り戻さなければならないと言う。そのためには「沖縄の近代史に刻み込まれている民族的劫苦《ごうく》の教訓」を「日本の権力体制を相対化するための唯一の武器」にしなければならないと喜友名は訴えている。[42] つまり、沖縄が歴史的に強いられてきた「民族的劫苦」を「唯一の武器」とすることで「日本の権力体制を相対化する」と同時に「あるべき本来的自己」

を取り戻すこと。これが「沖縄変革論」の核心である。[43]

（2）「宮古郡多良間出身の一青年」

「孤立無援であっても」には「ニッポン変革論」と「沖縄変革論」に加えて、喜友名が「ハダで体験した事実」[44]が記されている。それが「宮古郡多良間出身の一青年」に関する出来事である。[45]

喜友名は「一九七二年九月二九日、つまり日中の国交回復――日台の国交断絶という国際的事件のはざまで起った事件」から「日本の支配権力の恣意が沖縄の内部だけではなく、その境外にいた在外沖縄人に加えられた棄民の強制・国籍の不法剥奪という権力の醜跡」を「宮古郡多良間出身の一青年」に看取している。[46]

喜友名は「日中の国交回復――日台の国交断絶」によって「在台の日本領事館の完全閉鎖は時間の問題」だと考え「沖縄に戸籍を有しない不遇の十余名の居留民を何とか合法的な身分で帰国させなければならない」と日本領事館に掛け合っている。[47]そして「該当者名簿（「琉球人民協会」の名簿）と協会の責任者であるわたしの身分保証書」を日本領事館に提出し「帰国のための渡航書」を外務省が発給する流れで問題は解決に向かうはずだった。[48]しかし「宮古郡多良間出身の一青年」だけには「渡航書」が発給されなかった。その理由として「戦前から台湾にいたこの青年の父が病死したために沖縄の戸籍はうやむやになっていた」ことが関係していた。[49]

喜友名によれば「彼の身分出自については私の保証は勿論、現地の台湾当局も合法的な「外僑居留証」を発行していた」ため「領事から拒否されるいわれは何ひとつなかったはずである」が、日本領事館は「身分上に疑問がある」という理由で「渡航書」を発給しなかった。[50]

喜友名は、この日本領事館の対応に対し「台湾にひとりおきざりにするのは法、理、情のうえからもみても、納得できない」と詰問しているが、「総領事は無表情でひと言も答えなかった」。[51]そして「国籍を剥奪された沖縄青年の怨愁のまなざしが今でもわたしの目にちらつく」と述べ「このような暴挙が文字どおり人間の生殺しに相当する権力的犯罪である」[52]と力強い口調で述べている。

一九七〇年代前半は日中国交正常化と日台国交断絶、沖縄本土復帰がほぼ同時に起きている。そうした時代の流れのなかで、喜友名は自らが関わった「宮古郡多良間出身の一青年」の事例から、在外沖縄人に対する「棄民の強制・国籍の不法剥奪」という「日本の支配権力」の「醜跡」を極めて具体的な形で感じ取っていた。そこで喜友名が見たものは「祖国を持たない者」[53]としての琉僑の姿であった。

「孤立無援であっても」には「ニッポン変革論」と「沖縄変革論」が密接不可分な課題として綴られていた。「ニッポン・ニッポン人」に変革を求める「ニッポン変革論」、「民族的劫苦」を武器とする「沖縄変革論」はいずれも、戦後台湾で琉球独立運動を行っていた時期には見られなかった喜友名の主張である。また、喜友名は「宮古郡多良間出身の一青年」から在外沖縄人に対する「棄民の強制・国籍の不法剥奪」という「日本の支配権力」を看取していた。「孤立無援であっても」には、二つの変革論と棄民を強制された「宮古郡多良間出身の一青年」の姿が沖縄／日本を接点としながら記述されているのである。

第四節　「琉球人民協会」の結成とその活動

喜友名は、宮古の青年が「国籍を不法剥奪」され「棄民的状況」に追い込まれていく様子を「ハダで体験した」。喜友名がその現場に立ち会うことになったのは言うまでもなく、「琉球人民協会」の会長として琉僑の生活支援に奔走してきたからに他ならない。

一九四八年六月一六日午後二時、台湾省政府社会処会議室で「台湾省琉球人民協会籌組策進会議」（以下、「策

進会議」）が開かれた。その「会議記録」[54]には「琉球人民協会」設立の経緯と目的が次のように記されている。

一九四八年三月二日、喜友名嗣正等三四名は台湾省政府に対して「琉球旅台同郷会」設立の申請を行ったところ、台湾省政府はこれに対し、会の名称を「台湾省琉球人民協会」に変更するように提案している。そして、先の「策進会議」で「琉球人民協会」という名称が正式決定されると同時に「琉僑の保護と密航防止における管理上の便宜」が設立の目的とされた。同年七月八日午後二時から「基隆市濱町区公所」（中正区公所）で「琉球人民協会」設立会議が開かれ、「琉球人民協会」は喜友名を理事長とし、常務理事、理事、候補理事、監事、候補監事一七名の構成で正式に発足する運びとなる[55]【写真６－１】。その「琉球人民協会」結成の祝いの席で琉球舞踊を披露したという菊は、戦後「水産」地域に「琉球人民協会」が設立された理由を次のように話している。

【写真 6–1】

菊の家に保管されていた「琉球人民協会」の看板（2008 年 2 月 16 日、筆者撮影）。

人民協会が出来たのは、あの、戦争が終って、沖縄の人達は日本人じゃないのに、日本人と間違えられて引っ叩かれるし、これじゃいかんというて。そうして人民協会が正式に出来た。人民協会があって、沖縄の人たちはずいぶん助かった。戦争が終っても、みんな日本語で話すから、沖縄の人も韓国の人も日本人と間違えられてずいぶん引っ張っていかれて、殺された人もたくさんおります。日本語使ったら片っ端から引っ張られる。でも、喜友名さん来てからは、引っ張っていかれた人も連れて帰ってくることが出来る。

菊の語りは〈日本語使ったら片っ端から〉連行された琉・韓僑の存在を伝えている。第五章で述べたように、ここには、帝国日本の崩壊という大文字の歴史転換と、それに起因するヒエラルキーの逆転、また、菊が「水産」地域にやってきた当時、すでに二・二八事件が起きていたことなど、様々な歴史的要因が絡まりあっている。東アジア冷戦体制や戦後台湾の社会状況において〈引っ張っていかれた人も連れて帰ってくることが出来る〉喜友名の存在は琉僑にとって大きな存在だった。また、菊は喜友名について次のようにも語っている。

戦争終わってから生活は苦しかった。だからね、みんなよく酒飲んで酔っ払いがもう大変。日本語話しただけで連れて行かれるのに、喧嘩したなんだしたと悶着起こすから、会長さんが棒持って毎晩見回りして。会長さんも最初は右往左往しながら会を運営していました。苦労が耐えなかったと思います。

琉僑たちが酒を飲むのは、彼らが従事していた仕事と関係している。多くの韓僑がそうであったように琉僑の多くもまた漁業に携わっていたが、一口に漁業といっても遠洋漁業から素潜りなど職種は様々である。とりわけ遠洋漁業に従事していた琉僑は漁船での長期生活を強いられていた。そのため、無事に帰港出来たときは「水産」地域や基隆市街地に繰りだして酒を飲むのである。

喜友名は「琉球人民協会」について「戦後、全く何らの保護もなく、棄民的状況におかれていた在台の琉民（僑）を糾合し、全台会員八〇〇余名を組織、自治的会則にのっとって、自救互助の在外活動を行なった」[56]と述べ、その具体的な活動について次のように書いている。

その活動の内容は多岐にわたり、理事長の職にあったわたしは一面、領事並みの仕事をやることから、会員の雇用のあっせん、冠婚葬祭、個人的身分の問題、戦災地の沖縄から生活苦のため密航してきた老若男女の受け入れと保護、沖縄各島の漁船が台湾近海で遭難したものの救助とその善後措置（わたしが取り扱った沖縄の遭難漁船は五六隻に達し、死傷者の安葬、漁船の修理、燃料の補給、生活の救済、罹災者の遺送等）と文字どおり寧日ない日々の連続であった。[57]

「琉球人民協会」が発足してから間もなく「台湾省琉球人民協会工作報告」（以下「工作報告」）[58]が中華民国政府に提出されている。それによれば、一九四八年の時点で会員数は男女合わせて二一〇名であり、近いうちに蘇澳方面の一五〇名の会員が加わると記載されているが、喜友名は「全台会員八〇〇余名」[59]と述べていることからも、その後も会員が増え続けたと考えられる。

「琉球人民協会」は一九四九年、台湾省政府民政庁に「台湾省琉球人民協会請願書」[60]を送付している。これによれば、琉僑には一切の行動、居住、就職などにおいて厳格な制限が設けられており「生活上及び精神の面でも無限の脅威と苦痛を感じており、琉球籍の被留用者の逃亡が常に発生する状況に至っている」と述べられている。喜友名は、その改善策の一つとして、アメリカの「唐人街」を例に挙げながら基隆と蘇澳に「琉球村」或いは「琉球人村」を作り、琉球人専用の住居を提供してもらうことで安定した生活を送れるようにしてほしいと嘆願している。

戦後「水産」地域には「台湾韓僑協会」も設立されている。その役割は韓僑の生活保護であり、表面的には「琉球人民協会」の活動と大差ない。しかし、「台湾韓僑協会」が大韓民国政府からの支援・援助を受けていたのに対し、「琉球人民協会」の場合、中華民国政府の支援があったとは言え、そのほとんどが喜友名の自己負担だった。喜友名は「渉外経費は経常費さえこと欠く」状況で「琉球政府や在台アメリカ大使館に肩代わりを要求した」が

「ビタ一文の補助もな」かったと述べている。[61]それでも、菊は〈本当に信用のある人だと思いますよ。なにか困ったら喜友名さーん喜友名さーんいうて頼りにされてました〉〈頑固ではあるんだけど、頑固だから協会の仕事も、この家のことも出来たんだと私は思うんですよ〉と語っている。[62]

菊が戦後「水産」地域で〈死んだ琉球人〉という言葉を耳にしていたように、戦後沖縄をめぐる独立の問題は「琉球人民協会」の運営に直結し、琉僑の生活を左右した。戦後台湾で国家の庇護を受けることが出来ずに「棄民的状況」を余儀なくされた琉僑にとって、中華民国政府とのパイプを持つ喜友名は自分たちの生活を保証してくれる唯一の存在だった。そして「宮古島多良間出身の一青年」の出来事が喜友名に国家と個人の関係性を否応なく突きつけたように、喜友名にとって「琉球人民協会」とは「自己の思想形成と、組織的運動をいわば弁証法的に連関する契機[63]」であり「棄民的状況」に置かれた琉僑の「民族的劫苦」「民族的矮小性」を肌で感じ取っていく現場であった。

第五節　喜友名は「生活支援者」だったのか？

（1）中華民国政府と琉僑の狭間で

「孤立無援であっても」や菊の証言は、琉球人民協会の活動が多岐にわたり、琉僑の生活支援に奔走していた喜友名の姿を伝えている。しかし「孤立無援であっても」は、喜友名が後に回想した文章であり、当時の史料を検証してみると「生活支援者」という枠にはとどまらない「琉球人民協会」と喜友名のもう一つの姿が浮かびあがる。

一九五一年七月二三日の午後二時頃、那覇港に「新大翁号」という船が入港した。この船には台湾から強制送還された一三名の沖縄出身者が乗っていた。八重山出身の並里金蔵（五七歳）、竹内富春（三三歳）、上里俊雄（三一歳）、奄美大島出身の川口茂良（二七歳）、市田一雄（三二歳）、玉利敬光（三八歳）、稲田馨（三〇歳）、肥後孫男（三〇歳）、前田廣俊（二五歳）、直岡光男（一九歳）、久永鉄夫（三〇歳）、上原源栄（二六歳）、那覇市出身の仲村渠世昌《なかんだかりせしょう》（五〇歳）である。

当時の新聞によれば、彼らの大半は「密航船で台湾海岸に漂着又は領域内で漁業に従事」していたところを「中国官憲に挙げられたもの」だった。[64] しかし仲村渠世昌に限って言えば「造船技術大尉として中国側に強制徴用中脱走逮捕された者」[65]であり、他の一二名とはまったく違う経歴を持っている。

仲村渠は一九一七年に沖縄県立第一中学校を中退した後、横浜の鉄道省に勤務。その二年後に沖縄へ帰郷して建築請負業を営んだのち、一九三七年にフィリピンで請負業に従事し、一九四三年には海南島の日本海軍に勤務している。

日本の敗戦を海南島で迎えた仲村渠は、造船技術員として中華民国政府に「強制徴用」[66]「留用」[67]され中国海軍少尉に任命された。場所は楡林港だった。その後、大尉に昇進した仲村渠は一九五〇年、中国共産党の海南島侵攻のさなかに台湾に避難した。台湾では「私は日本人ではなく琉球人であるとの理由から、後には出身地琉球島省《ママ》、氏名は梁世昌という身分証を持たされた」[68]という。

台湾に撤退した仲村渠は、淡水に位置する海軍造船所に勤務させられている。しかし一九五〇年七月に脱走を試み、沖縄へ向かう密航船を探し回っていたところを同年一二月に検挙され、「台湾省保安司令部円山職業訓導総隊」（以下「職業訓導総隊」）という組織に収容されている。そして「日本軍隊のように訓練」を受けたあとに、先の「新大翁号」で沖縄に強制送還された。

仲村渠が収容された「職業訓導総隊」の前身は「労働訓練営」である。「労働訓練営」は一九四六年五月に設立され、「失教失業之人」すなわち教育や仕事がないと見做された人びとを収容する組織だった。[69]だが「労働訓導営」に収容された人びとの中には（1）台湾本省各地における不良分子のリーダー、（2）刑事処罰を受けていない窃盗犯、（3）治安破壊を目的とした組織を結成しようとする者が含まれており、実際にどのような人びとがどういった理由と根拠で収容されたのか判然としない。その後「労働訓導営」は一九四九年に「職業訓導総隊」に改組されている。

仲村渠は「職業訓導総隊」について「中国隊の脱走兵や刑期の□った者等や我々の外国人を入れて訓練するところで、本島人は六ヶ月でここを出る事になっているが、その殆どが直ぐ兵隊にとられ、出る人は百名中十名だった」と述べ、収容時の生活を次のように振り返っている。

△収容所の生活…我々は台湾省保安司令部台北市円山職業訓導総隊に収容され□日本軍隊のように訓練を受けた。点呼は一日で多いときは五回、少ない時でも三回あり〝守レ台湾〟〝克□進行曲〟等中国ご《ママ》の軍歌演習、中国ご《ママ》「会話」の学科等その他は朝六時から夜一〇時まで作業でその間ほんの四、五分休みがあるだけだった。だが食事は割合によかった。作業は本年二月までは防空壕掘りをやった。噂に聞くと蒋介石将軍用のものだったらしい。その後は雑役だった。[70]

仲村渠の証言は、琉僑が労働力として使われ、中国語や中華民国の歴史を教育されていたことを伝えている。また、台湾省政府警務処が作成した『琉僑管理案』[71]を見ると、「職業訓導総隊」が、密航者や不法滞在者といった身分の特定が困難な琉僑を一定期間収容し、沖縄へ強制送還する組織であったことが分かる。その「職業訓導総隊」から沖縄に強制送還された仲村渠は、喜友名について次のように述べている。

この外《ママ》に台湾に琉球人民協会というのがあり、那覇泊出身の喜友名某氏（中国姓さいしょう）が会長をしているが、大変不心得な人で、自分の気にいらぬ人等がいると同協会発行の身分証めい《ママ》をとり上げて横暴を極めている（身分証めい《ママ》書のない者は不正密入国者として送還される）(72)

「琉球人民協会」が発行する身分証明書は在留や就労と密接に関わっており、琉僑が台湾で暮らすために必要不可欠なものだった。

琉僑の在留資格や就労に関する規則として「台湾省琉籍技術人員登記規則」（一九四八年一月二六日施行公布、以下「登記規則」）(73)並びに「台湾省琉僑管理辦法」（一九四九年六月二八日施行公布、以下「琉僑管理辦法」）(74)がある。「登記規則」は全一〇条で構成されている。その第一条では「台湾省政府に属する各機関、学校、公営民営会社の工場、公私が所有する船の琉籍技術員の雇用は全て本規則に則り申請登記しなければならない」と定められている。続く第二条では、雇用に必要な書類とその手順が記されている。必要書類は①申請書（二部）、②写真（三枚）、③志願書及び保証書（各一部）で、その書類一式を県市政府に提出した後に以下の三点が審査された。（1）被雇用者が特殊技術を有していること、（2）各雇用単位の日常的な業務において必要とされる技術を有していること、（3）密航やスパイ行為の嫌疑或いはその他不法行為がないことである。これらの点に問題がないと判断された場合に限り、台湾省政府による承認を得て準雇用に至る。また第八条では「本規則に違反した雇用者は、その情状によって懲罰或いは強制送還にする」と記されている。

「琉僑管理辦法」は全一二条からなる。第一条では「本省に居住する琉球僑民の管理は別の法令による規定を除き、全てこの規則で管理する」と定められている。第四条には「合法的な手続きを踏まずに密航した琉民《ママ》（強制送還後に再来した者を含む）は当地警察機関が保釈し、登記規則で定められた期限に基づき保証人とともに雇用登記手続き」をしなければならないと明記されている。さらに琉僑の監視を厳格にするとともに「登記規則第六条（の違反）、或いは、その他の不法行為が発見された場合、また、保証を得られない者、或いは、期限を過ぎても合法的に雇用手続きを行っていない者は全て職業訓導総隊に収容する」と記されている[75]。第六条では「本辦法（琉僑管理辦法）によって保釈された者は台湾省琉球人民協会の保証書二部を当地警察局に提出し、一部は警察局が保存し、一部は警務処への報告用とする」とある。

「登記規則」と「琉僑管理辦法」の要点を整理すれば、渡台の経緯如何を問わず（密航であろうとも）、琉僑の合法的な就労を認めていたことになる。そのためには琉僑の身分が保証される必要があった。しかし「登記規則」と「琉僑管理辦法」では、誰がその身分を保証するのかは明確にされていない。

その後「登記規則」は修正が施され「台湾省琉籍技術人員登記規則（修正）」として一九五〇年四月一七日に施行公布されている（以下「登記規則（修正）」[76]）。これによって「琉僑管理辦法」は廃止され、琉僑の管理は「登記規則（修正）」に一元化されていく。さらに、琉僑の身分を保証する主体も明確にされた。

「登記規則（修正）」は全一〇条で構成されている。大きな修正点としてまず、雇用の際に必要な書類として新たに「⑤台湾省琉球人民協会の保証書」が追加された。また、第八条では「本規則施行後に合法的な手続きを行わず台湾へ密航（強制送還後に再来した者を含む）し、台湾省琉球人民協会の保証を得られた者は、当地警察機関が保釈する。そして、本規則に則って連帯保証書とともに一ヶ月以内に雇用登記手続きを行うこと」が義務付けられている。同条ではさらに、琉僑を厳格に監視すると共に以下の点に反する場合は全て「職業訓導総隊」に収容すると記されている。第一に、琉球人民協会の保証を得られなかった場合。第二に、本規則第五条に違反した場合[77]。第三に、（雇用先の）保証が得られない、或いは、期限を過ぎても合法的な雇用手続きを行っていない場合である。これらの条件を全て満たし雇用に至った場合でも、琉僑には厳格な移動制限が設けられていた。

第四条を見ると「雇用身分証及び臨時身分証を持つ全ての琉僑は、雇用単位がある市町村内に居住しなければならない」とあり「琉球人民協会が証明した当地警察機関発行の許可書を持たない者は雇用所在地を勝手に移動してはならない」とされている。出生、死亡、婚姻等で居住地を離れる場合であっても、雇用所在地の警察機関並びに「琉球人民協会」にその旨を報告しなければならず「許可書なく雇用所在地を離れた者を発見した場合、即刻職業訓導総隊に送還する」とされている。尚、琉僑の移動を制限する条文は「登記規則」や「琉僑管理辦法」には記されていない。

「登記規則（修正）」でも追認型就労は踏襲されている。しかし「登記規則」「琉僑管理辦法」と大きく異なる点は「琉球人民協会」の位置づけである。以上で見てきたように、琉僑が台湾で就労できるか否かの分岐点は「琉球人民協会」から保証を得られるかどうかにかかっていた。つまり「登記規則（修正）」によって「琉球人民協会」は、琉僑の身分を保証することができる唯一の組織としての位置づけを与えられたことになる。この点において、中華民国政府と琉僑の間に位置する「琉球人民協会」の重要性は決定的だった。

（２）琉僑とは誰か

しかし、「登記規則（修正）」を見ると、琉僑の身分を保証する際の判断基準が明文化されていないことに気づく。「琉球人民協会」は如何なる基準や根拠で琉僑の身分を保証していたのか。仲村渠は「同協会発行の身分証めいをとり上げて横暴を極めている」と語っていたが、その判断は喜友名の裁量に委ねられていた可能性も否めない。安易な断定は避けなければならないが、琉僑の身分を保証する基準が何であったのか、そのいくつかの可能性を提示してみたい。

一九五〇年五月一八日、台湾省警務処は基隆市警察局から送られてきた案件を受け取っている。(78) 本案件には複数の琉僑が登場するが、いずれも雇用に関わる内容である。例えば、重病で長期間入院していたために「琉球人民協会」の会費を納入することが出来ず、協会の保証を得られないが故に雇用申請が出来ない下地恵林。また、理由は明らかにされていないが、当該協会の保証が得られずに雇用申請が出来ない内間新吉、仲宗根正一、与那城加根、前伯《ママ》正一の事例が報告されている。こうした案件のなかでも、ここでは渡真利隆一（三九歳）の案件を取り上げてみたい。

渡真利は一九三四年一一月に台湾に渡っている。帝国日本崩壊後も台湾に残った渡真利は一九四七年に留用申請を行っている。その留用期間が満期を迎えると就労形態を雇用に切り替える申請を行っている。しかし喜友名は、渡真利が日僑であるという理由から雇用申請に難色を示している。他方の基隆市警察局は、渡真利は琉球戸籍を有しており、彼の雇用に関して「琉球人民協会」と話し合いを重ねて来たが、喜友名は依然として渡真利の身分を保証しないと報告している。

以上の事態に対して、渡真利は「自白書」を作成している。それによれば、渡真利の本名は「梅野隆一」、本籍地は「長崎県下県《しもあがた》郡」（現・対馬市）[79]である。長崎出身の渡真利がなぜ琉球戸籍を有していたのか。その経緯を「自白書」から辿ってみよう。

渡真利は対馬から台湾に渡った後、「自分の奉職たる漁夫として、蘇澳に於いて旗魚突棒漁船に乗り込み以来、六年間（昭和一五年）を一日の如く平凡として過ごしたる」と述べている。その後、生活の場を基隆に移した渡真利は「昭和一六年一月に、沖縄県宮古郡平良町字新里渡真利正□の長女渡真利良子と結婚」し「養子縁組となりて妻の籍に入籍」したため琉球戸籍を有することになったという。そして「沖縄県人として通したるも（省略）本省光復となり、当時自分は元来日本人なる故、梅野隆一の身分として台湾省政府より留用証明をもらい」台湾に残ったと述べている。

渡真利が台湾に残留した理由にも戸籍の問題が絡んでいる。渡真利は一九四七年四月の日僑引揚の際に「戸籍上琉球籍」であることから「該引揚より除外」されたために引き揚げることが出来なかった。そして渡真利は「琉球人民協会」が設立された後に「直ちに琉球人協会に加入し、協会の会員証をもらって本省に残留」したが「昭和二四年四月、該協会より自分は日僑にして琉僑あらずと言われて、会員証を取り上げられて今日に至れり」と述べ、「自白書」を次の文言で締めくくっている。

日僑にしては日僑の籍はなく、琉僑にしては、該協会は（自分が）日僑（で）あるが故自分の加入を拒まれ、実に困窮してしまい、両者の幾れかを判明して頂いて安心して働ければ幸いと思っています。

その後の経緯を述べれば、渡真利が「琉球人民協会」から保証されることはなかった。「冒充琉籍之日人（琉球籍に成りすましていた日本人）」として家族と共に「職業訓導総隊」に収容されている。渡真利の妻・良子の「口述調書」が残されている。(80) 良子は「蔡理事長のあなたに対する態度はどうか」という審問に対し「夫を良く思っていないため、私に対する態度も悪い」と答え、「蔡理事長はあなたを保釈するか」という問いに対しては「もし私が夫と離婚すれば保釈するが、もしそうでなければ保釈できない」と述べている。渡真利は「日僑にして琉僑あらず」という理由で「琉球人民協会」の保証を受けることが出来なかった。また、渡真利と離婚すれば良子を「職業訓導総隊」から保釈するという喜友名の言動を考えてみても、身分を保証する一つの判断基準は出生地だったと考えられる。だが、出生地という基準が貫徹されていたかと言えばそうでもない。それを伝えているのが奥平春雄と吉川仁之助の案件である。

奥平と吉川は一九五〇年に宮古島から与那国島を経由して台湾に密航している。二人の渡台理由は（1）宮古島の生活が困難だったこと、(2)「琉球人民協会」に仕事を斡旋してもらおうと考えていたことの二点である。また、奥平に限って言えば「(植民地台湾で)約六年間、台湾拓殖株式会社(現・太《マ》平山林《マ》場)の牛闘駅の駅長だった。もし可能ならその職に戻りたい」という事情が関係していた。

奥平・吉川は台湾に渡った後、台北県警察局によって逮捕されている。そして、二人は「如何なる証明書類も持って」いなかった。この奥平・吉川の処遇をめぐって呉鉄城から台湾省警務処に宛てられたメモには次のように書かれている。

> 該僑(奥平・吉川)を調べたところ、密航してきた理由は以上のものであり、その他の理由は見当たらないため、琉僑管理辦法第四条及び第六条に則って琉球人民協会に引渡し、当会が責任をもって二人を保証したらどうか。[81]

呉鉄城は先に確認した追認型就労を提案しているが、これに対して喜友名は蔡璋の名義で次のように返答している。[82]「二人の身分は疑わしく、また密航で台湾に来た嫌疑がある。本会(琉球人民協会)幹部の意見としてこの琉僑たちに反省を促すが、職業訓導総隊での暫時訓練をお願いしたい」[83]。「琉球人民協会」結成の目的が「琉僑の保護と密航防止における管理上の便宜」だったことを考えれば、それに則り奥平と吉川を処罰したと考えられる。しかし「二人の身分は疑わしい」という理由に関してはそれ以上明言されていない。

奥平・吉川に関する案件には、二人の「姓名」「年齢」「戸籍」「職業」「住所」が記載されているうえに「口述調書」の内容も具体的であることから、二人が宮古島出身者であったことはほぼ間違いだろう。しかし喜友名は、その奥平・吉川の身分を保証するのではなく「職業訓導総隊」への収容を願い出ており、沖縄出身であったとしても「琉球人民協会」に保護されなかった人びとがいたことになる。そこで伏線として浮かび上がるのが琉球独立運動との関係性である。

先に言及した「琉球人民協会工作報告」は（1）政府の琉民に対する管理及び本会が進めてきた活動状況、（2）二ヶ月の進展状況、（3）会員の指導及びグループ訓練の三項目に分かれている。なかでも（3）の内容は、喜友名が当時「琉球人民協会」をどのように位置づけていたのかを知る上で大変興味深い。

> 本会は現在、本事項を進めていくことを極めて重視する。随時全島各地に向け会員を派遣し、厳格にグループ訓練を実施することで、会員同士の相互援助の精神を養成する。また、政府の法令を遵守し、会員の間違った思想及び言論行為を是正、或いは、その知識と技能などの仕事を助長する。要するに、本会ではその他の行うべき事項に関して、困難を恐れず、全力で対処すべきであり、同志の理解、導き、協力を得て中琉一体の最終目標を達成することを期している。(84)

「グループ指導」や「会員の間違った思想及び言論行為」の「是正」が具体的に何を指しているのかを読み取ることは出来ない。しかし「琉球人民協会」が「中琉一体の最終目標」を掲げて活動を展開していたことは間違いないだろう。また「琉球革命同志會琉球人民協會籲議書（白《マ》皮《マ》書）」に所収されている「九　琉球民衆的呼声（琉球民衆の声）」では「革命同志会」と「琉球人民協会」の連名で琉球中国帰属論が主張されている。(85)つまり「琉球人民協会」は、琉球独立運動と無関係に活動していたわけではなく琉球独立運動の一翼を担っていたことになる。

喜友名は、反共の立場から中国への帰属を主張し琉球独立を訴えていた。自らの運動を展開するためには中華民国政府との協力関係が必要不可欠であり、政府の顔色を伺いながら運動を進めていく必要があった。喜友名は琉球独立運動を円滑に進めるために反共的な立場に立ち、「身分の疑わしい」琉僑を「職業訓導総隊」に収容することで中華民国政府へ忠誠を示したのではないか。琉僑の身分を保証するかどうかのもう一つの基準は、喜友名が展開していた琉球独立運動そのものにあった可能性が浮かび上がる。

第六節　霧社を訪ねて――「空白」の意味

喜友名は『青い海』一〇三号（一九八一年）に「霧峯紀行」という文章を寄せている。これは、喜友名が南投県に位置する霧社を訪ねた時の随筆であり「孤立無援であっても」とは異なる色彩を帯びた内容になっている。

喜友名は「霧峯紀行」で「この霧深い山地で起こった山地族による反日暴動」[86]について触れている。この「反日暴動」とは一九三〇年一〇月二七日に起きた霧社事件を指している。喜友名は「ニッポン帝国による台湾への植民地統治、とくにその山地行政は、理蕃という名による恩威並行の撫圧政策であった」[87]と述べた上で、霧社事件が起きた原因を次のように書いている。

> 山の自然と融合したかたちで生き、生活の現実、生活の理想、そのすべてが自然の摂理にそうてその道統《ママ》を保持してきた原住民にとって、外部よりの侵入者が強要した人工的な規範と帰服の論理は、それじたい、彼らの自在の人権を圧迫する劫苦そのものでしかなかったろう。霧社の蜂起は、恩賜の保護よりも、彼たちの求める自在の人権を回復するために戦い、死んでいった魂の発露ではなかったか。[88]

帝国日本の植民地政策が「彼らの自在の人権を圧迫する劫苦そのものでしかなかったろう」という喜友名の記述は、沖縄が強いられてきた「民族的劫苦」「民族的矮小性」を彷彿させる。

喜友名は「霧峯紀行」のなかで「ながく訪ねるよすがのなかったわたしが」[89]久しぶりに台湾を訪れ「往時をしのぶ数多くの思い出がしきりに脳裏をかすめた」と記し「こんどの埔里行き」について次のように書いた。

台湾に二十余年もすんでいたといっても、そのほとんどが宮仕えであったせいか、首都・台北以外に足をいれる機会が少なく、（中略）こんどの埔里行きも、ぎすぎすとした俗塵をさけて、山谷の仙気にふれながら、かつての空白をみたしたい、いくばくかの気もちもあったからだ。[90]

「かつての空白」については、これ以上具体的に言及されていない。しかし、この「空白」には琉球独立運動や「琉球人民協会」に携わってきた喜友名の複雑な感情が凝縮されているように思える。

喜友名が琉球独立運動を展開した理由の一つは、帝国日本の植民地主義によって虐げられてきた沖縄の歴史や人びとの姿があったからである。だからこそ喜友名にとって、沖縄がアメリカや中華民国政府の管理下に置かれたとしても、天皇制国家・日本の版図に再度組み込まれることだけは是が非でも回避しなければならなかった。その意味において、沖縄本土復帰は喜友名が描いていた最悪のシナリオであり、対外的な琉球独立運動の失敗を意味していた。

沖縄本土復帰が喜友名に与えたのは挫折感だけではない。「孤立無援であっても」で展開されていた「沖縄変革論」から読み取れるように、それは、日本本土復帰を切望し、日本に迎合していく沖縄の人びとに対する諦念や怒りでもあった。喜友名が感じていた「空白」とは、琉球独立運動の挫折であると同時に本土復帰以降の沖縄に対する呆れや虚しさではなかったか。

また、この「空白」の意味を考える上で重要なのが戦後台湾における喜友名の反共的な立場である。一九五八年一一月二〇日、大宜味朝徳（一八九七－一九七七）[91]を中心に琉球国民党が結成されている。その党則第七条を見ると、第一項では「内外の琉球人に呼び掛け一致して琉球の反共自治の目標を達成する」、第六項では「琉球の自衛隊の建政を期す」[92]と記されているように、反共主義の立場から琉球独立を主張し、自衛隊創設を主張した点に琉球国民党の特徴がある。

喜友名は、この琉球国民党の綱領や党則の作成に関わっている。それについて喜友名は「大宜味氏の持論と主張を軸にして、わたしが一応そのまとめ役に回った」と述べ、「琉球の健軍と防共」に関しては「当時の琉球の軍占状況の特殊性を視野にいれた、いわば見せかけの虚像であったと一蹴していいほどのものであったし、革命の弁証法の一階梯とみれば、それほどくさすほどの意味もなかった（以下省略）[93]」と述べている。

比嘉は喜友名を「ヤマト嫌い、反共で、親米」だったと位置づけている[94]。確かに喜友名は東アジアや東南アジアの反共国家と連帯し、反共の立場から琉球独立を訴えてきた。また「琉球人民協会」の活動で言えば、自らの裁量で「身分の疑わしい」琉僑を「職業訓導総隊」に収容してきたのも、反共的立場から展開した琉球独立運動ゆえの判断だったのではないかと先に述べた。中華民国政府との関係性のなかで琉球独立運動や「琉球人民協会」に携わっていたことを考えれば、喜友名が反共主義者だったと考えることは半ば自然な評価だと言える。

だが、琉球独立運動や「琉球人民協会」の特徴からアプリオリに喜友名を反共主義者だったと位置づけることは出来ない。なぜなら琉球国民党の綱領や党則の作成について「琉球の軍占状況の特殊性を視野にいれた、いわば見せかけの虚構であった」と述べているように、喜友名は戦後東アジアの時代的特殊性に自覚的だったと考えられるからである。つまり喜友名の反共的立場は、戦後東アジアにおける沖縄や台湾が置かれていた状況を念頭に置いた戦略的な立ち位置だったのではないだろうか。

繰り返しになるが、喜友名は中華民国政府と琉僑の間に立ちながら「棄民的状況」に置かれた琉僑を目の当たりにしてきた。その具体的な事例が「宮古郡多良間出身の一青年」だった。その一方で「会員の間違った思想及び言論行為を是正」し、吉川や奥平のような「身分の疑わしい」琉僑を「職業訓導総隊」に収容してきた。

管見の限りでは、喜友名が自らの反共的な立場に言及した文章は見当たらない。しかし、喜友名のその矛盾した振る舞いは、琉球独立運動と「琉球人民協会」をめぐる自らの葛藤として喜友名のなかにわだかまり続けていたのではないか。推測の域を出ないが、喜友名が述べた「空白」とは琉球独立運動や「琉球人民協会」をめぐる心のわだかまりだったと考えることも出来よう。

そして喜友名の琉僑に対する言動がたとえ「横暴」だったとしても、それを善悪で判断することは出来ない。なぜなら、喜友名もまた東アジア冷戦体制や戦後台湾社会の状況に翻弄されながら生きて来たからである。そうした時代状況のなかで喜友名は中華民国政府に利用され、にじりよった。喜友名は時代に踊らされただけでなく、時代に踊ったのである。

喜友名は菊と異なる立場で戦後台湾を生きた。しかし喜友名も菊もそれぞれの形で沖縄／日本を受け止め、その時々の時代状況や人間関係に翻弄されながら自分の立ち位置を見定めてきた。そして、本章で言及してきた「宮古郡多良間出身の一青年」、沖縄から強制送還にされた仲村渠、「日僑にして琉僑あらず」と言われた渡真利、「身分が疑わしい」という理由で「職業訓導総隊」に収容された奥平・吉川もまた、その場その時の状況のなかで台湾に渡り、それぞれがそれぞれの形で自らの生を切り開こうとしてきた人びとである。

戦後台湾を生きた沖縄出身者は菊や喜友名だけではない。沖縄や日本と向き合いながら戦後台湾を駆け抜けた幾人もの沖縄出身者がおり、そこにはそれぞれの生存のかたちがあったのである。

注

（1）許育銘「一九四〇年～五〇年代国民政府の琉球政策――戦後処理と地政学の枠組みのなかで」（西村成雄／田中仁編『中華民国の制度変容と東アジア地域秩序』汲古書院、二〇〇八年）、石井明「中国の琉球・沖縄政策――琉球・沖縄の帰属問題を中心に」（『境界研究』、北海道大学スラブ研究センター、二〇一〇年）、楊子震「戰後東亞國際秩序與中華民國對琉球群島政策――以在臺琉僑的政治運動為中心」（周恵民主編『國際秩序與中國外交的形塑』政大出版社、二〇一四年）。

（2）比嘉康文『「沖縄独立」の系譜――琉球国を夢見た6人』琉球新報社、二〇〇四年、一九六頁。

（3）同上、二〇八－二〇九頁。

（4）同上、一九四頁。

（5）喜友名嗣正「孤立無援であっても…――一死硬派の弁」『新沖縄文学』第五五号、沖縄タイムス社、一九八三年。

（6）呉鉄城「呉鉄城上総裁報告」『琉球特档』（特18/1.39）、一九四八年。

（7）喜友名嗣正「言葉の軽重と事実の軽重」『思想の科学』、一九八二年三月号、一〇八頁。

（8）比嘉、前掲『「沖縄独立」の系譜』、一九三頁。尚、石川市は二〇〇五年四月一日から具志川市・中頭郡勝連町・同郡与那城町と合併し「うるま市」に編成されている。

（9）仲田清喜「『アメリカ世』時代の沖縄　第七回　沖縄独立論の諸相」『財界九州』一二月号、二〇〇二年、八五頁。

（10）比嘉、前掲『「沖縄独立」の系譜』、一九三頁。

（11）仲田、前掲「沖縄独立論の諸相」、八五頁。

（12）同上。

（13）比嘉、前掲『「沖縄独立」の系譜』、二〇九頁。

（14）喜友名嗣正「たきつけられた側の論理」『現代の眼』一三巻、一九七二年八月号、二〇頁。

（15）喜友名嗣正「天皇制を撃つ鮮烈な視点」『思想の科学』、一九八一年一一月号、一五一頁。尚、本文章は川満信一『沖縄・根からの問い』（泰流社、一九七八年）の書評として執筆されている。

(16) 同上、一五一―一五二頁。
(17) 同上、一五二頁。
(18) 喜友名嗣正「マンガ的革命失語症」『現代の眼』、一九七五年五月号、二二一頁。尚、引用文中の「年青人」は「若い人」「青少年」の意。
(19) 喜友名、前掲「たきつけられた側の論理」、二二〇頁。
(20) 喜友名、前掲「孤立無援であっても」、一二八頁。
(21) 「アジア反共会議へ 必要なら参加」『琉球新報』一九五四年一〇月一五日付。喜友名はこの会議で李承晩から「沖縄の独立運動で手伝うのはないか」と尋ねられたエピソードを紹介している。喜友名は「この怪傑に負目をもつことの必要限度というものを感じたせいか、わたしは「ノン」の応答しかできなかった」、「今から考えて、あの場合、なぜ軍艦の二、三隻でも貰って植民地国家日本に対し殴りこみをかけ、一泡ふかせるだけの革命決死の一擲《てき》を試みることができなかったのか」、「そう決行することによって戦死していたら、今ごろ老醜をさらして日の丸野郎たちからコケ扱いされないですんだはずなのに…」と述べている（喜友名、前掲「孤立無援であっても」、一二九頁）。
(22) 「琉球に反共連盟を 李韓国大統領琉球への協力よびかく《ママ》」『琉球新報』、一九五四年一〇月一四日。
(23) 「発足した反共連盟 一六日に結成大会開く」『琉球新報』、一九五四年一一月七日。
(24) 「反共連盟支持できぬ 蔡氏らの企てにジ民政官が声明」『琉球新報』、一九五四年一一月一七日。
(25) 「反共連盟認可さる 条件は沖縄人のみで結成」『琉球新報』、一九五五年二月六日。
(26) 同上。喜友名がなぜ「外人」として扱われているのか理由は定かではない。しかし一九四七年五月に喜友名は赤嶺親助と共に中国籍への帰化申請をしており、喜友名は「中国籍」を有していた可能性が考えられる（内政部人口局『琉僑赤嶺親助等二人声請帰化中国案』（登録番号：020000011990A、目録番号：00056）、一九四七年）。第五章で述べたように、赤嶺親助は「琉球青年同志会」を結成した人物である。
(27) 喜友名、前掲「孤立無援であっても」、一二八頁。
(28) 仲田、前掲「沖縄独立論の諸相」、八五頁。
(29) 同上。
(30) 何義麟「戰後在臺琉球人之居留與認同」『國史館學術集刊』一八期、二〇〇八年、一五六頁。
(31) 喜友名、前掲「言葉の軽重と事実の軽重」、一〇八頁。

(32) 同上。
(33) 喜友名、前掲「孤立無援であっても」、一二二頁。
(34) 同上。
(35) 同上、一二五頁。
(36) 同上。
(37) 同上。
(38) 同上。
(39) 同上、一二六頁。
(40) 同上、一二二－一二三頁。
(41) 同上、一二三頁。
(42) 同上。
(43) 新川明（語り手）／中野敏男・屋嘉比収・新城郁夫・李孝徳（聞き手）「反復帰論と同化批判――植民地下の精神革命として」（『前夜』第Ⅰ期九号、影書房、二〇〇六年）のなかで屋嘉比収は次のような発言をしている。「占領下では米軍による圧倒的な暴力がある。復帰論というのは、日本に帰属することでそれを回避しようという思いはあったと思うのです。そういう「のめり込む」あり方を初めて批判して、こちらが主体だと言ったのが新川さんだった。日本を批判する人はたくさんいたが、新川さんはそれに向かい合う沖縄人の心性を批判した。とくに印象的なのはその批判で使われた「のめり込む」という言葉です。」（六九頁）。これに対して新川は「その辺が一番理解されなかった部分じゃないかな。感じていても、感じるのが恐ろしいという人たちが多いのじゃないかな」（同頁）と答えている。喜友名が主張した「あるべき本来的自己」を取り戻すことは、新川明を中心に展開された反復帰論とどのような関係性にあるのだろうか。また、喜友名の「沖縄変革論」には、なぜ「のめり込ん」でしまったのかという問いを深めていく視点は見られない。
(44) 喜友名、前掲「孤立無援であっても」、一三〇頁。
(45) 同上。
(46) 同上。
(47) 同上。

(48) 同上。
(49) 同上。
(50) 同上。
(51) 同上。
(52) 同上、一三一頁。
(53) 喜友名嗣正「沖縄・異族の論理」『現代の眼』、一九八一年二月号、一三三頁。
(54) 外交部駐台湾特派員公署『台湾省琉球人民協会籌組』(020000037733A/06500630) 一九四八年。
(55) 同上。
(56) 喜友名、前掲「孤立無援であっても」、一二八頁。
(57) 同上。
(58) 「台湾省琉球人民協会工作報告」『琉球特檔』(特18/1.2)、一九四八年。
(59) 喜友名、前掲「孤立無援であっても」、一二八頁。
(60) 台湾省政府警務処『琉僑管理案』(063000001300A/16685) 一九四九年。
(61) 喜友名、前掲「孤立無援であっても」、一二八頁。喜友名が自ら負担した金額は「百万ドルを下らなかった」が、これに同情した台湾当局の「「柔遠の徳意」で一応の決着をみた」という(同頁)。
(62) 〈この家〉とは「水産」地域にあった菊の自宅を指している。菊の家と喜友名の関係については第七章で言及する。
(63) 安田常雄『出会いの思想史――渋谷定輔論』勁草書房、一九八一年、一二頁。
(64) 「台湾から強制送還〝日本式軍教もあった〟」『沖縄タイムス』、一九五一年七月二五日。
(65) 同上。
(66) 同上。
(67) 「中国海軍大尉に任命されたが故郷が恋しさに脱走 強制送還された仲村渠さん」『うるま新報』、一九五一年七月二五日。
(68) 同上。
(69) 林瑋婷「台湾戦後流氓控制[一九四五‐二〇〇九]――一個社会学的考察」国立台湾大学社会科学院社会学系修士論文、二〇一一年、四三頁。

(70) 前掲「中国海軍大尉に任命されたが故郷が恋しさに脱走　強制送還された仲村渠さん」、一九五一年七月二五日。
(71) 『琉僑管理案』（0630000001300A〜1318A、全一九冊）は台湾省政府警務処が作成した档案群である。琉僑の雇用に関する事務的な案件が大半を占めているが、「台湾省琉僑管理辦法」「台湾省琉籍技術人員登記規則」といった琉僑の在留資格や雇用に関する規定、不法滞在・密航・強制送還に関する案件も含まれている。
(72) 前掲「中国海軍大尉に任命されたが故郷が恋しさに脱走　強制送還された仲村渠さん」、一九五一年七月二五日。
(73) 台湾省政府『台湾省政府公報』春字第三六期、一九四八年、五七八頁。
(74) 台湾省政府『台湾省政府公報』夏字第七三期、一九四九年、九〇二頁。
(75) 「登記規則」第六条は以下の内容である。「琉球技術人員は雇用期間中、各雇用機関における責任者の指示に従わなければならず、密航、スパイ、その他の不法行為をした場合、各雇用機関もまた結託或いは匿うことはできない」。
(76) 台湾省政府『台湾省政府公報』夏字第一五期、一九五〇年、二二九頁。
(77) 「登記規則（修正）」第五条には「雇用された琉員は、その期間中、各雇用機関における責任者の指示に従わなければならず、密航、スパイ、その他の不法行為をした者、また、雇用期間満期以前に合法的な解雇ではなく勝手に職を離れた者は、その情状に準じて法による懲罰、或いは職業訓導総隊に送還する」と記されている。
(78) 台湾省政府警務処『琉僑管理案』（0630000001303A／20744）一九五〇年。
(79) 二〇〇四年三月一日に下県郡（厳原町・美津島町・豊玉町）と上県郡（上対馬町・上県町・峰町）を合併し対馬市が誕生した。それを受けて両郡は消滅している。
(80) 台湾省政府警務処『琉僑管理案』（0630000001308A／03240）一九五一年。
(81) 台湾省政府警務処『琉球管理案』（0630000001302A／12981）一九五〇年。
(82) 奥平春雄と吉川仁之助の密航やその後の経緯は拙稿「『琉僑管理案』に見る沖縄出身者の歴史経験――その経験のゆくえと場の関係性を中心に」（杉原達編『戦後日本の〈帝国〉経験――断裂し重なり合う歴史と対峙する』青弓社、二〇一八年）を参照。
(83) 前掲『琉球管理案』（0630000001302A／12981）一九五〇年。
(84) 前掲「台湾省琉球人民協会工作報告」、一九四八年。
(85) 「琉球革命同志會琉球人民協會籲議書（白皮書）」（一般718／205）、一九五〇年。尚、基隆在住の沖縄出身者の政治的立場が「革命同志会派」「保守派」「実際派」の三つに分かれていたことが報告されている（台湾省政府警務処『琉

僑管理案』(0630000001300A/27302)一九四九年)。
(86)喜友名嗣正「霧峯紀行」『青い海』一〇三号、一九八一年、五五頁。
(87)同上。
(88)同上、五六頁。
(89)南投県埔里鎮は台湾のほぼ中心に位置し、山地へ繋がるとば口である。
(90)喜友名、前掲「霧峯紀行」、五四頁。
(91)大宜味は一九二〇年代後半から「沖縄県出身者の移民問題に情熱を燃やして「海外研究所」と設立、ハワイやペルー、南洋諸島、フィリピンなどを訪ねて、海外移住者の実態の調査」した人物だと言われている。一九四〇年になるとパラオに移り、大政翼賛会の青年部長を務め「大宜味農業」を経営している。日本敗戦後は沖縄に引き揚げ、一九四七年に「アメリカ信託統治」を支持する政党・沖縄社会党を結成している(比嘉、前掲『沖縄独立』の系譜』、一六八-一九一頁)。
(92)島袋邦「琉球国民党——琉球人による琉球人の政治を志向」『新沖縄文学』五三号、一九八二年、六〇頁。
(93)喜友名、前掲「孤立無援であっても」、一二九-一三〇頁。
(94)比嘉、前掲『「沖縄独立」の系譜』、一九八頁。

コラム⑥　二・二八事件訴訟と日本の戦争責任

二〇一六年二月一七日、台北高等行政法院（裁判所）は台湾政府に対し、原告の青山惠昭に損害賠償を支払うように命じる判決を出した。

青山惠昭の父親・青山惠先は二・二八事件に巻き込まれた受難者の一人である。惠昭が二〇一五年九月一五日に台湾政府を提訴したことを受けて、裁判所は先の判決を下した。台湾政府が上訴しないことを決定したために惠昭の勝訴が確定した（二〇一六年一〇月には韓国人犠牲者・朴順宗も認定が確定）。

この裁判は二・二八事件で外国人に賠償が認められた初めて訴訟である。その一方で、台湾政府を提訴するに至った過程において、日本政府の戦争責任が争点の一つになっていた。以下では、青山惠昭の個人ブログや本件に関する新聞記事などを参照にしながら訴訟の過程を振り返りたい。

青山惠昭は一九四三年に社寮島に生まれた。その数ヶ月後、惠先はベトナム（厚労省の軍歴調査では海南島）へ動員されている。日本が敗戦を迎え、惠先は復員し、鹿児島の親戚の家に身を寄せていたが、惠昭と母親・美江は引揚船が確保出来ずに社寮島に残されていた。二人が帰還できたのは一九四六年一二月中旬であり、鹿児島に到着したのは翌年二月だった。

二人よりも先に鹿児島に帰還していた惠先は、自分の妻や息子とすれ違うようにして石垣島から台湾船籍の船で台湾に向かっている。そして「基隆社寮島の八尺門埠頭に着岸しようとした時」に国府軍に襲われた。

惠先が「強制失踪」して四〇年が経った一九八七年、台湾では戒厳令が解除され民主化の動きが加速していた。一九九五年、同事件の受難者の認定とその賠償の窓口機関として「二二八事件紀念基金会」（以下、「基金会」）が創設され、名誉回復に向けた作業が始まった。

沖縄から二・二八事件の認定と賠償を求めた本格的な動きは、二〇〇七年一月六日の「台湾二・二八事件沖縄調査委員会」（委員長・又吉盛清）が発足されてからである。同会は後に二〇一四年一月二九日に結成された「台湾二二八事件、真実を求める沖縄の会」（代表世話人・青山惠昭）へと展開していく。

惠昭が勝訴に至るまでのおおよその経緯は以下の通りである。惠昭がブログにまとめた流れを参考にしながら一部体裁や表現に変更を加えている。

①二〇一一年三月　「二二八事件受難者賠償金申請書」を「基金会」に提出したが受理されず。
②二〇一三年八月　「二二八事件受難者賠償金申請書」が政府・基金会に受理される。
③二〇一四年一二月　「基金会」から決定通知書が届く。上記申請却下（その理由は後述）。
④二〇一五年一月　行政院長に対し不服申し立てを行う。
⑤二〇一五年七月　行政院長が却下（その理由は後述）。
⑥二〇一五年九月　日本人被害者として台湾政府を提訴。以後、公判二回。
⑦二〇一六年二月一七日　青山恵昭の勝訴判決。
⑧二〇一六年二月二四日　「基金会」董事会開催、控訴断念決定。

台湾政府は③において惠昭の申請を棄却している。その理由は、外国人不適用と「平等互恵の原則」であり、⑤においても同様の理由で申請を棄却している。

「平等互恵の原則」とは、日本政府がアジア・太平洋戦争時における台湾籍日本兵、及び、台湾籍日本軍「慰安婦」の認定賠償を行っていないため、日本人への二・二八事件に関する賠償も認められないとする台湾政府の立場を指す。台湾政府が二度にわたって「平等互恵の原則」に依拠し恵昭の申請を退けたことは、日本政府の戦争責任に対するこれまでの取り組みや向き合い方が同訴訟において極めて具体的な形で浮上したことを物語っている。

恵昭は勝訴確定の記者会見で次のように述べた。

天空をさまよっていた父もようやく無念が晴れ天国で母と一緒に喜んでいることだろう。台湾の良識と良心が人権と正義を謳いあげる画期的な判決だ。慰安婦と台籍旧日本兵の問題は大きな懸念だがそこで負の連鎖を乗り越えたことは素晴らしい。当局は判決を真摯に受け止め控訴しないと明言すること、外国人に対する初めてのこの審判が後世に残るような決断をして頂きたい。

今回の判決は「負の連鎖を乗り越えた」先に勝ち取ったものである。しかし、本当の意味で「負の連鎖を乗り越えた」と言えるのは、日本政府が自国の戦争責任に真摯に向き合ったときである。その意味において、二・二八事件の訴訟はまだ終わっていない。戦争責任に対する日本政府のこれからの取り組みが試されている。

第七章　菊のキリスト教実践——経験のゆくえと生存のかたち4

第一節　キリスト教との出会い

筆者が菊と出会ったのは二〇〇八年一月だった。当時の菊は、「基隆韓国教会」で朝晩二回の祈祷を捧げることを日課としていた。

菊は祈祷に行く時間に合わせて食事を取り、朝目覚めてから聖書を読み讃美歌を歌う。食事前の祈りも欠かさなかった。菊の語りに目を転じれば、同じ言葉や出来事が繰り返し登場し、自分の歩みは〈神様が準備して下さった〉計画だったと帰結する。菊にとってのキリスト教とは、まさに「新しい自己像の獲得やアイデンティティ形成に関わる過程であり、新しい意味体系を獲得した〈転機〉だった」(1)。

第五章で述べたように、菊は戦後「水産」地域で差別を受けた。また、日本敗戦直後に罹患したマラリアの薬で胃を壊し、腹部に出来た筋腫で出血を繰り返すようにもなった。さらには「三〇代に発病した神経症」(2)が菊を苦しめた。

菊は、当時の生活を次のように回想している。

【写真 7-1】

前列中央が菊。後列中央が鄭盛元。また後列右に写る女性は、盛元と共に伝道活動をしていた姜乙順。姜乙順によれば「おばさん（盛元）は日本語も上手で「山地の人」にも宣教していた」という。

夕方になったら、悲しくて涙がポロポロと出て、何で悲しくて、こんなに辛いのかという哀れ、早く死んだ方がいい、死んだ方がいい（以下省略）[3]

菊は、戦後「水産」地域の生活環境や人間関係、心身の病によって生きることへの困難を抱えていた。そんな菊をキリスト教に導いたのが、伝道師の鄭盛元《チョンソンウォン》（一九〇五－一九九五）である【写真7－1】。

鄭盛元は朝鮮半島北部の平安北道に生まれ、平壌高等聖書学校でキリスト教を学んだ。一九三三年に奉天にあった韓人教会の活動に従事した後、夫の奉明錫が事業を展開していた上海に移り住む。そして一九四九年五月、国共内戦の戦火から逃れるため、盛元は家族と共に台湾に渡っている[4]。

「教会おばさん」の愛称で親しまれた盛元は基隆で伝道を始める。盛元は「基隆韓僑国民学校」や、現在の「基隆韓国教会」向かいの小高い山の上にあった家屋を祈祷場として使用していたが、一九七〇年二月一二日に現在の場所（基隆市中正区中正路五〇〇号）に教会を建てた。

「基隆韓国教会」は創設された当初から「水産」地域に暮らす韓僑の精神的支柱だった。ミサなどの宗教的儀式のみならず、祖国の情報を伝え民族意識を鼓吹する役割を担っていた[5]。菊は〈基隆韓国教会は、台湾の韓国教会の根っ子のような存在〉だと語っている。「基隆韓国教会」は戦後「水産」地域に暮らす韓僑の生活と密接不可分な関係にあった。

盛元と菊の家は路地を隔てて向かい合っており、台所から互いの顔が見える距離で生活をしていた。

ある日、菊が風呂場の掃除をしている時だった。胃に激痛が走り、その場に倒れ込んでしまった菊は、身動きが取れなくなり死を覚悟したという。その時、偶然にも〈この人(盛元)が私の家に入ってきて助けてくれた〉。

盛元は菊を起こし〈鶏肉でスープを作ってくれて、病院に連れて行ってくれた〉。そして次のように語った。「(教会に)来たら、来てみたらどうですか」「イエス様は必ずあなたを治してくれますよ。あなたの病気を治してくれますよ」[6]。〈韓国人と交わりを持たないといけない〉〈教会に行って漢方薬を飲んでみなさい〉。

菊は戦後「水産」地域で仏教を信仰していた時期がある。菊は〈東洋には東洋の神様がいるのに、なんで西洋の神様を信じないといけないのか〉とキリスト教への疑念を抱いていた。また「オヤ・ファーフジ」[7]が守ってくれるという沖縄の先祖崇拝も念頭にあった[8]。複数の教えが混在するなかで、菊は「そんなどっちがどうなのとこだわっておったんです」[9]と当時を振り返っている。

また、菊は〈なんでクリスチャンの人はあんなに朗らかなのか〉と感じていた。そこには、仏教や「オヤ・ファーフジ」に救いを求めながらも〈朗らかに〉生きることが出来ない自分の姿が対置されている。そして「キリスト教というのが、どんな教えか。ちょっと聞いてみようかなーと、伝道師さんにお願いしたんですよ」[10]という気持ちで「基隆韓国教会」を訪ねている。

盛元は菊に〈カナが付いてる〉聖書を渡す。辻時代に「ハナハト読本」で読み書きを習っていた経験が功を奏し、菊は聖書を読むことが出来た。そして、生まれて初めて聖書を手にした時の感動を〈ここに本当の神様がおった〉〈聖書を読んで落ち着くことができた〉〈(喜びのあまり)それはもうもうもう(・・・)うちは唄って踊っ

【写真7-2】

「基隆韓国教会」で讃美歌を歌う菊と用錫。菊は用錫に聖書勉強会に参加するように説得をし、用錫は後に自らの信仰を告白している（百万人の福音編集部、前掲「主は私を緑の牧場に伏させ」p. 71）。

た〉と語っている。さらに、教会に行くようになってからは〈効かなかった薬が効くようになった〉〈病気が飛んでいった（・・）あの、教会に行ってなかったら今生きてないですよ〉と述べている。

　菊は「基隆韓国教会」で洗礼を受けた。「基隆韓国教会聖餐会員成年者名冊」を見ると、菊の洗礼は「一九六六年四月二二日」だと記録されている[11]。その一方で菊は、自身のノートブックに「ワタシガ　センデイ（洗礼）ヲウケタトシハ一九七二（年）四月二日デアル」[12]と記し、他のノートブックにも「ワタシガ　センレイ《バプテスマ》ヲ（ママ）　ウケタノハ　一九七二（年）四月二日」[13]だと記している。また、安城秀が作成した「基隆韓国教会初期洗礼回数と洗礼者一覧表」[14]にも「一九七二年四月二日」と記されている。菊が洗礼を受けた日付は史料によって異なっているが、菊はクリスチャンになった日を〈第二の誕生日〉だと呼び、キリスト教によって〈生まれ変わった〉と述べている【写真7-2】。

　キリスト教によって〈生まれ変わった〉という解釈は、菊本人のみならず、菊を知るキリスト教関係者の間で広く共有されている。菊をよく知る金妙蓮は「おばさん（菊）は体も悪くていつ死んでもおかしくなかったけどね、この教会に来るようになって病気も治って人も変わった」と語っている。また、後述するように、菊は一九九三年に沖縄に帰郷し、那覇市首里に位置する「石嶺バプテスト教会」に通っていたが、当時牧師を務め、菊と深い親交のあった城倉翼は菊とキリスト教の関係を次のように述べている。

　本当に宮城さんが造り変えられていく、そういう過程がそこにあったような気がします(15)

　菊が〈生まれ変わった〉「造り変えられていく」という物語は、沖縄から台湾に売られ、戦後「水産」地域での生活や心身の病に苦しめられてきた菊が、信仰を得たことで救われたという特徴を持っている。しかし、菊が「造り変えられていく」過程は決して平坦な道のりではなかった。そこには自らの歩みをキリスト教に重ね合わせては葛藤する菊の姿があった。そうした菊のキリスト教実践を伝えているのが「菊さんノート」である。

第二節 「菊さんノート」の史料的性格

　キリスト教に入信した菊は、聖書の内容をより深く理解するために読み書きを習い始める。そして、聖書を理解するために覚えた文字を駆使して、その時々の出来事や思いをノートや紙切れに書き留めるようになる。筆者はそれらを総称して「菊さんノート」と呼んでいる。

「菊さんノート」は主に片仮名で綴られているが、曜日や個人名にハングルやアルファベットが用いられている箇所が散見される。また、キリスト教に関わる言葉、例えば、聖書には「성경」、讃美歌には「찬송가」、牧師には「목사님」、マタイの福音書には「마」、そして「神」「主」「十字架」といった言葉には漢字が使われている箇所も確認できる(16)。ウチナーヤマトゥグチ（沖縄大和言葉）の典型である「れ・で」「ろ・ど」の混同や「エンピツ」「ツメキリ」「クシ」を素描したものもある。

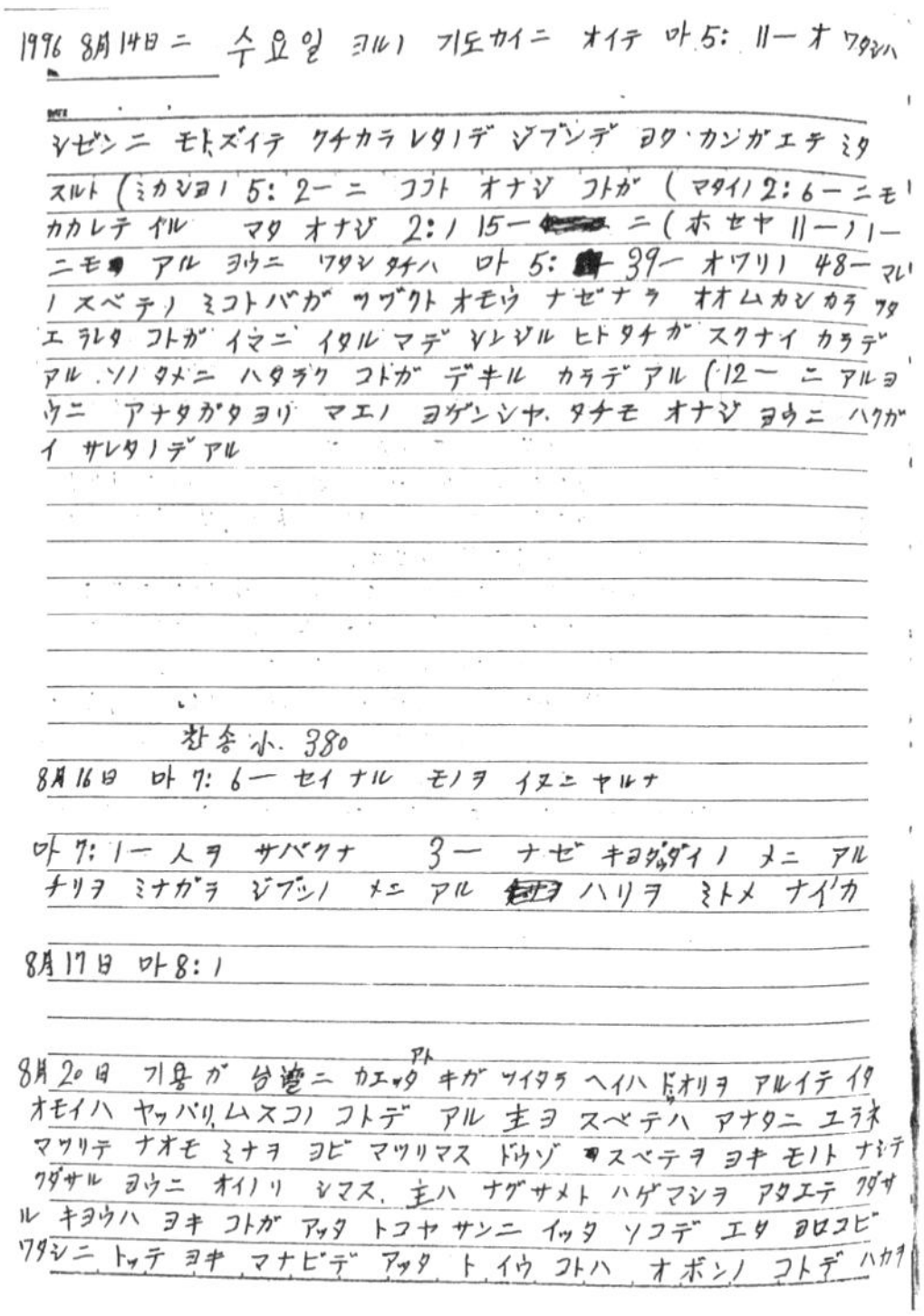
1996 8月14日ニ　수요일 ヨルノ 기도カイニ オイテ 마 5: 11ー オ ワタシハ
シゼンニ モトズイテ クチカラ レタノデ ジブンデ ヨク カンガエテ ミタ
スルト (ミカシヨノ 5: 2ー ニ コフト オナジ コトガ (マタイノ 2: 6ーニモ
カカレテ イル　マタ オナジ 2: 1 15ー ニ (ホセヤ 11ー1ー
ニモ アル ヨウニ ワタシタチハ 마 5: 39ー オワリノ 48ー マレ
ノ スベテノ ミコトバガ ツヅクト オモウ ナゼナラ オオムカシカラ ワタ
エラレタ コトガ イマニ イタル マデ シレジル ヒトタチガ スクナイ カラデ
アル. ソノ タメニ ハタラク コトガ デキル カラデ アル (12ー ニ アルヨ
ウニ アナタガタヨリ マエノ ヨゲンシャ. タチモ オナジ ヨウニ ハクガ
イ サレタノデ アル

찬송 小. 380
8月16日 마 7: 6ー セイナル モノヲ イヌニ ヤルナ

마 7: 1ー 人ヲ サバクナ　3ー ナゼ キヨウダイノ メニ アル
チリヲ ミナガラ ジブンノ メニ アル ハリヲ ミトメ ナイカ

8月17日 마 8: 1

8月20日 기용ガ 台湾ニ カエッタ アト キガ ツイタラ ヘイハ ドオリヲ アルイテ イタ
オモイハ ヤッパリ ムスコノ コトデ アル 主ヲ スベテハ アナタニ ユラネ
マツリテ ナオモ ミナヲ ヨビ マツリマス ドウゾ スベテヲ ヨキ モノト ナシテ
クダサル ヨウニ オイノリ シマス. 主ハ ナグサメト ハゲマシヲ アタエテ クダサ
ル キヨウハ ヨキ コトガ アッタ トコヤ サンニ イッタ ソコデ エタ ヨロコビ
ワタシニ トッテ ヨキ マナビデ アッタ ト イウ コトハ オボンノ コトデ ハカヲ

【写真 7-3】

宮城菊「コル」⑩（表 7-1 参照）の一部。「1996（年）8 月 14 日」から「8 月 20 日」までの日付が確認できる。「菊さんノート」は主に片仮名で綴られているが、キリスト教に関する言葉や曜日にはハングルが用いられている。また「8 月 20 日」の記述には「기용（菊の孫）」が台湾に帰ったことや、台湾に暮らす息子への祈りが綴られている。

管見の限りでは「菊さんノート」はノートブック二四冊、メモ類二五点で構成される【写真7－3】。ノートブックは一号（297×210）が二冊、三号（210×148）が七冊、四号（182×128）が二冊、六号（252×179）が一二冊、その他にB5サイズの落書き帳が一冊である。

菊が一冊を全て使い切ったノートブックはない。数ページで終わっているものもあれば半分以上使っているものもある。一回の記述が数ページにわたっていることもあれば、日付のみが付されている場合も確認できるため、記述の分量はまちまちである。

ノートブックが作成された年代を特定するのは難しい。日付が付されていない記述があることに加えて、一冊のノートブックに様々な年代が混同されていることや後に振り返って記述されたと思われる文章が含まれているからである【表7－1】。

【表7－2】はノートブックで確認できた全ての日付をもとに、その記述の変化をグラフに示したものである。同表を見るとノートブックは一九七七年の一五件に始まり、一九八一年から一九九二年までは大きな変化を見せていない。しかし一九九三年以降、記述が増え始めていることが分かる。

菊にとって一九九三年は特別な年だった。菊はこの年、数十年ぶりに沖縄に帰郷し、二〇〇六年に再度台湾に戻るまでの間、生活の重心を沖縄に置きながら数年に一度台湾に戻る生活を続けている。つまりノートブックの大半は沖縄で執筆されていたことになる。

一方のメモ類はA４サイズのメモ用紙、教会で配られた「週報」、封筒の余白、紙切れ、カレンダーの裏紙などが使われている。メモ類は日付の確認ができないものがほとんどで、記述された時期を特定するのは困難である【表7－3】。

以上の特徴から「菊さんノート」は散発的で断片的な性格を併せ持っている。それは日記のように継続的に書かれたものではなく、自伝や伝記とも異なっているため、その位置づけが非常に難しい。

「菊さんノート」の特徴をより明確にするため、ここでは日記に関する先行研究を参照にしたい。日記に関する先駆的な研究として西川裕子『日記をつづるということ』（吉川弘文館、二〇〇九年）がある。

西川は、近代に書かれた日記を「国民教育装置」として捉え、日記の規範が形成される過程と、その規範からの逸脱について考察している。その規範とは、日記を綴るという行為が個人や社会の習慣となり、それが書き手

【表 7-1】「菊さんノート」ノートブック一覧

番号	種類	サイズ	ページ	古い日付	新しい日付
①	A 5 ノート	4 号	不詳	1977 年 2 月 1 日	1984 年 3 月 7 日
②	青年日記	4 号	13	1977 年 2 月 5 日	1997 年 9 月 22 日
③	アカデミー	6 号	22	1981 年 1 月 12 日	1998 年 5 月 16 日
④	スヌーピー	6 号	18	1985 年 1 月 6 日	2004 年 5 月 11 日
⑤	ハイジ	6 号	6	1985 年 10 月 13 日	1985 年 10 月
⑥	情趣生活	3 号	4	1991 年 6 月 27 日	1991 年 12 月 1 日
⑦	トーカイ	3 号	41	1993 年 10 月 26 日	2002 年 10 月 21 日
⑧	キャンパス	3 号	34	1994 年 12 月 13 日	2005 年 9 月 27 日
⑨	キャンパス	1 号	39	1995 年 5 月 3 日	1999 年 8 月 18 日
⑩	コル	6 号	9	1996 年 7 月 29 日	2001 年 12 月 13 日
⑪	ジャポニカ	6 号	10	1995 年 11 月 6 日	1998 年 7 月 21 日
⑫	カンファレンス	6 号	3	1998 年 11 月 30 日	2001 年 11 月 1 日
⑬	コル	6 号	5	1999 年 3 月 22 日	2002 年 1 月 14 日
⑭	キャンパス	3 号	31	1999 年 6 月 16 日	2006 年 1 月 10 日
⑮	キャンパス	3 号	47	1999 年 7 月 24 日	2005 年 9 月 30 日
⑯	トーカイ	6 号	11	2000 年 4 月 4 日	2003 年 11 月 18 日
⑰	コンバイン	6 号	7	2000 年 9 月 13 日	2007 年 5 月 9 日
⑱	キャンパス	6 号	4	2000 年 10 月 19 日	2001 年 1 月 10 日
⑲	コル	6 号	1	2000 年 10 月 23 日	2001 年 12 月 2 日
⑳	キャンパス	3 号	16	2001 年 6 月 3 日	2005 年 9 月 16 日
㉑	キャンパス	1 号	17	2001 年 6 月 5 日	2004 年 11 月
㉒	らくがき帳	B 5	46	2001 年 11 月 7 日	2005 年 2 月 27 日
㉓	キャンパス	3 号	50	2003 年 1 月 14 日	2005 年 7 月 6 日
㉔	アピカ	6 号	4	2006 年 2 月 20 日	2006 年 2 月 20 日

注 1）「種類」は表紙の模様や品名から筆者が分類した。
注 2）「ページ」は記述が確認できた枚数を意味している。
注 3）「古い日付」は各ノートのなかで一番古い日付を意味している。
注 4）「新しい日付」は各ノートにおいて一番新しい日付を意味している。
注 5）①はノート本体を確認することができなかったためページ数は不詳とした。
注 6）引用の際は、種類・番号・日付の順で出典を明記する。また、文意から判断して適宜句読点を補い、文節を調整した。

【表 7-2】ノートブックに見られる記述の変遷

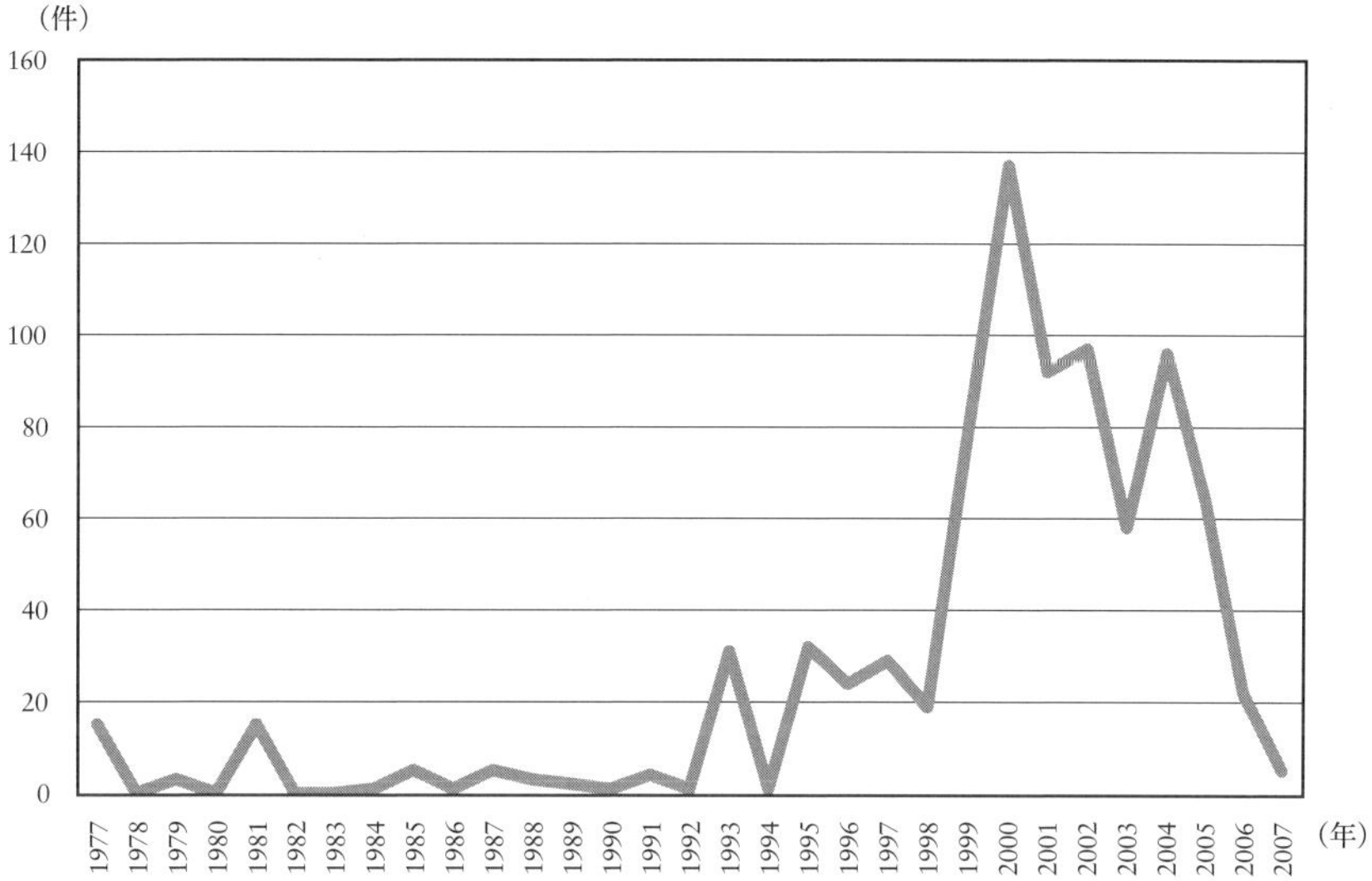

注 1）日付不詳は全体で 106 件確認できたが本表には含めていない。
注 2）本表には日付のみの記述や聖書の書き写しも含まれている。
注 3）メモ類は含めていない。

の心理や行動を形作っていくことを指している。そうした身体的心理的な規範のみならず「日記帳の枠組みの形成、日記の書き方の変遷、さらには日記の書き方」[17]も視野に入れている。

日記の規範の一つが日付である。西川によれば「日記は、自伝・伝記・歴史・小説とくらべれば、もっとも素朴で自由度もあるエクリチュールと見えるのであるが、そこに日付という枠組みを課するのが日記帳である」と述べている。[18]そして「近代の日記は、たとえノートに記す自由日記であっても、どこかに日記帳の枠組みと規範の制限をうけている」と位置づけている。[19]「菊さんノート」は日記帳ではなくノートブックが用いられているが、菊が一つひとつの記述に日付を課そうとしている点では日記の規範を見出すことが出来る。

他方で、日記の規範からの逸脱として、西川は「日記をつけないこと」「日記帳の枠組みを拒否してノートブックまたは自由帳に書く」

【表 7-3】「菊さんノート」メモ類一覧

番号	サイズ	枚数	日付
メモ①	255 × 370 mm	1 枚	2003 年 3 月 3 日
			2003 年 3 月 11 日
メモ②	175 × 250 mm	1 枚	日付不詳
メモ③	215 × 265 mm	1 枚	日付不詳
メモ④	130 × 180 mm	1 枚	日付不詳
メモ⑤	179 × 250 mm	1 枚	日付不詳
メモ⑥	130 × 180 mm	1 枚	日付不詳
メモ⑦	215 × 265 mm	1 枚	日付不詳
メモ⑧	215 × 265 mm	1 枚	日付不詳
メモ⑨	215 × 265 mm	2 枚	日付不詳
メモ⑩	215 × 265 mm	1 枚	日付不詳
メモ⑪	215 × 265 mm	1 枚	日付不詳
メモ⑫	215 × 267 mm	1 枚	日付不詳
メモ⑬	215 × 268 mm	1 枚	日付不詳
メモ⑭	210 × 297 mm	1 枚	日付不詳
メモ⑮	210 × 297 mm	1 枚	2006 年 4 月 15 日
メモ⑯	210 × 297 mm	1 枚	2006 年 4 月 26 日
メモ⑰	210 × 297 mm	1 枚	2006 年 6 月 21 日
メモ⑱	210 × 297 mm	1 枚	2006 年 8 月 30 日
メモ⑲	210 × 297 mm	1 枚	2006 年 9 月 20 日
メモ⑳	210 × 297 mm	1 枚	2006 年 10 月 29 日
メモ㉑	215 × 265 mm	3 枚	日付不詳
メモ㉒	297 × 420 mm	1 枚	2001 年 6 月 1 日
メモ㉓	98 × 275 mm	1 枚	日付不詳
メモ㉔	210 × 297 mm	1 枚	1997 年 1 月 19 日
メモ㉕	210 × 297 mm	1 枚	1998 年 2 月 25 日
メモ㉖	257 × 364 mm	1 枚	日付不詳
メモ㉗	257 × 364 mm	1 枚	日付不詳

「日記をつづることをやめない、日記を書きとおすこと」[20]の三点を指摘している。とりわけ「ノートブックまたは自由帳に書く」という点は「菊さんノート」の特徴そのものだと言える。つまり「菊さんノート」は、日記の性格を持ちながらも、そこから逸脱していく側面を併せ持っている。

以上を踏まえて「菊さんノート」が綴られた目的を大局的に述べておけば、それは日常生活のなかで起きた様々な事柄やその時々の心情を書きとめ、自分が歩んできた軌跡を基点としながら神との対話を試み、自らの信仰のあり方を繰り返し見つめ直すことだった。そのため「菊さんノート」は独白に近い文章群であり、具体的な読み手を想定して書かれたものではない。また、聖書の書き写しも多く確認できることから、キリスト教の理解を深めるために書かれた側面も併せ持っている。つまり「菊さんノート」は、自らの生活や生き方、キリスト教信仰に関わる事柄、家族の問題などを綴った菊の生活記録だと言える。

近年、エゴ・ドキュメントへの関心が高まっている。エゴ・ドキュメントとは、オーラル・ヒストリー、日記、自伝、回想録、旅行記、手紙などの自分を語った史料を指す。[21] エゴ・ドキュメントが着目を集めている理由は、（1）「大きな物語」の虚構性、（2）量的データから読み取れる歴史の限界、（3）言語論的転回による史料価値の平準化といった理由に加えて（4）「主体の復権」「主体の捉え直し」が深く関係している。[22]

後述するように「菊さんノート」には、口述とは異なる菊の経験や思いが綴られている。端的に言えば、それは、聞き取りでは語られなかった信仰に対する不安や心の揺れ動きである。つまり「菊さんノート」の最大の特徴にして最も把握し難い点は、決して一つにまとめ上げることの出来ない錯乱した菊の感情や思いであり、菊がいかに自らの歩みをキリスト教の観点から捉え返そうとしたのかが綴られている点にある。換言すれば「本当に宮城さんが造り変えられていく、そういう過程が」「菊さんノート」には綴られているのである。それは取りも直さず、菊による「主体の捉え直し」に他ならない。

以下では「主体の捉え直し」という観点から「菊さんノート」を二つの時期に大別する。一つは（A）一九九三年以前、もう一つは（B）一九九三年以降である。【表7−1】からも明らかであるように、「菊さんノート」は時期によって記述の偏りがある。そのため、ある特定の時期に考察が集中することは否めないが、菊のキリスト教実践とそこに絡まり合う複雑な感情を出来るだけ丁寧に解きほぐしながら、菊の「主体の捉え返し」について考察していきたい。

第三節　戦後台湾での信仰

（1）「ココロガオモタイ」

一九四九年一一月に創立された「基隆韓国教会」は、以下のような変遷を辿る。

（Ⅰ）萌芽と形成（一九四九―一九五七）
（Ⅱ）自立と長期（一九五七―一九七三）
（Ⅲ）不安定期（一九七三―一九九二）
（Ⅳ）再起（一九九二―二〇〇七）
（Ⅴ）停滞期（二〇〇七―二〇一二）[23]

菊が洗礼を受けた年を一九六六年だと仮定すれば（Ⅱ）の時期、また、一九七二年だと考えれば（Ⅲ）に突入していく時期にあたる。「基隆韓国教会」が「不安定期」を迎えた主な要因は、盛元が病いを患ったために娘の暮らすアメリカに移住することになったからである[24]。また「台北韓国教会」の洪東謙牧師が日本に行くことになり、当時「基隆韓国教会」の牧師だった金応三牧師が台北と基隆の教会を見ることになったこと、その金牧師が一九七九年に香港に渡った後、新しい牧師が派遣されるものの数年間で交替を繰り返していたこと、そして、日曜礼拝への参加者が大幅に減少したことなど複数の要因が絡まり合っている[25]。

「基隆韓国教会」の「不安定期」において、菊は「教会を守りたいという一心で」聖書勉強会を開く[26]。（A）には「（一九七七年の）一月ノ　ナカゴド（ろ）カラ　マイニチ　九ジカラ一〇ジマレ（で）　セイショノ　ベンキョウカイ　シテイル」と記されている。[27] また「リヨヤマサン（人名）トコド（ろ）レ（で）　二ジハンカラ　マタイ（マタイによる福音書）ノ　一〇カラ一五セツマレ（で）　ベンキョ（勉強）　シタ」とある。[28]

菊が自主的な聖書勉強会を開いていた理由は「基隆韓国教会」存続の危機に加えて「人に頼ってしまう信仰の危うさ」[29]が関係していた。それは〈人（牧師）を見て教会に行く〉ことの危うさである。菊は「聖書をあまり理解していない」からこそ「人に頼る信仰」が生まれると考えていた。[30] だからこそ菊は、聖書勉強会を通して一人ひとりが聖書の内容を理解することで信徒の教会離れをくい止めようと企図したのである。

聖書勉強会に関する記述は断片的である。そのため、どの程度の頻度で行われていたのか判然としないが、その後も断続的に開かれていたようである。

例えば「今ボクシサンガ　ヤク　二カ月グライ　カンコク　マタ　日本　ソレカラ　ホカノ　クニニモ　イクヨウニ　ナッタ　タメニ、日本ゴ　レイハイガ　ヤスム　ヨウニ　ナッタ」と記されており「チヨドウサンガセイショ（の）ベンキョウヲ　ツヅケルコトニヨッテ　スクワレタ　ヨウナ　キモチガスル」と綴っている。[31]「一九八四年三月七日」には「マメ（人名）ト　セイショ　ベンキョノ　ハジメ」と記している。[32] その翌日には「성경（聖書）　ゼパニヤ（ゼパニヤの書）ノ　ニ（第二章）　ヲ　ジュンビ　シテ　찬송가（讃美歌）ヲ　日本ノ四〇六ヲ　ジュンビ　シタ」と綴られている。[33]

菊にとって「基隆韓国教会」はどのような場だったのだろうか。「菊さんノート」には次のように綴られている。

レイハイ（礼拝）ニ　イッタ　トキガ　オモシロイ。イカレナイトキワ　ヒトリ　ステラレタ　ヨウナ　キガシテトテモサビシイ。（省略）マイニチ　アサノ　イノリニ　キョウカイニ　イッテ　イタトキワ　タノシカッタノニイカナイヨウニ　ナッテカラ　トテモ　ココロガ　オモタクテ　ヤリキレナイ。[34]

菊は礼拝に行かれなかった時の心情を述べている。それは「一人捨てられたような気がしてとても寂しい」「心が重たくてやり切れない」という言葉で表現されている。その一方で、礼拝に行くことが出来ていた時は「面白い」「楽しかった」と綴っている。

（A）には「ココロ」に関連する記述が多くみられる。「ココロ」に関する記述を抜粋してみると、例えば「ココロニ　ナヤミガ　アルセイカ（心に悩みがあるせいか）」[35]、「ワタシノココロハクモリ（私の心は曇り）」[36]、「ココロノオゴリ（心の驕り）」[37]、「ココロヲオオキクシテ（心を大きくして）」[38]といった記述を確認することが出来る。なかでも、菊の「ココロ」を表す記述においてとりわけ重要なのが「ココロガオモタイ（心が重たい）」という表現である。

ワタシワ　イツモ　ココロガオモタイ。ナゼ　ホガラカニナレナイノカ。カダラ（体）ガ　ワルイカラカ。ソオカモシレナイト　ワタシワオモウ。シカシ　ソオレ（で）ワ　ナイト　ベツノ　コエガスル。ベツノ　コエトハ　ナニカ。デンドウノショ（「伝道の書」）レ（で）アル。デンドウノショニ　カカレテ　アル　コトバガ　ソノママ　ワタシノミニ　オキテイルカラレ（で）アル。[39]

菊は「イツモ　ココロガオモタイ」と述べ「ナゼ　ホガラカニナレナイノカ」と疑問を呈している。その原因は自分の様態にあるのではないかと推測しながらも、菊は「ベツノ　コエガスル」と記している。それが「伝道の書」である。

「伝道の書」は、旧約聖書を構成する一章で「新共同訳」では「コレヘトの言葉」とされている。「伝道の書」は「空《くう》」が基調語になっていることで知られるが、その解釈は多義に渡る。『キリスト教辞典』（岩波書店、二〇〇二年）によれば「無常や虚偽であるゆえに真の価値を有さないもの」「神の前に立つ個人が自己の生のはかなさを訴える際に用いられる語」と説明されている。(40)

「伝道の書」は「ダビデの子、エルサレムの王である伝道者の言葉」（一・一）(41)という行で始まる。聖書学者の加藤隆によれば、「伝道の書」の著者は「ダビデの子、すなわちソロモン」であり「著者の立場についてはさまざまな議論があるが、おそらく自分をイスラエルの集会に参加している者の一人のように考えているのだろう」と位置づけている。(42)その集会では「神は義であり善であり、世界は神の計画に従って展開しているというきれい事が述べられる」。(43)しかし著者は言う。「空の空、空の空、いっさいは空である」（一・二）と。(44)

加藤によれば「これは彼が「知恵」を極めた結果生じた結論」だと言う。(45)なぜなら「自分にとってのかなり直接的な「満足」を基準とし」(46)ながら、神の業を相対的に価値判断しているからである。

ただし、著者の神に対する相対的判断は、神の存在やその業への否定ではない。著者が疑問を呈しているのは「どんなにつまらない生活や人生も「かけがえのない価値」がある」とする「正直な感想を述べる者を許さないイデオロギー」である。(47)こうした「勝利主義的狂信の立場からの評価」に対して、著者は「堂々と正直に「つまらない」と言う」のである。(48)

菊の「ココロ」を考える上で重要なことは、「伝道の書」の著者がなぜ神の業を相対的に判断するに至ったのかである。加藤によれば、それは、自分から遠ざかっていく神の存在や日常生活における閉塞感が関係しているという。

著者の背景にあるのは、超越的になって遠ざかっていく神、被支配の屈辱的な状況に長くおかれている閉塞の状況、長い平和の中で日常生活の小さな範囲内でしか可能性のない自由、などである。それでも「すばらしい」と言わねばならないのだろうか（以下、省略）(49)

「伝道の書」は、著者の日常生活や自分が置かれている状況に立脚しながら、神の存在や神の業に対して「鋭い感想を並べる」(50)内容になっている。菊が、その「伝道の書」に自分自身を重ね合わせていることは、当時の菊の信仰を考える上で重要である。

菊は「菊さんノート」のなかで教会に行く喜びを綴り、教会を守るために聖書勉強会を自主的に開いていた。他方で「イツモ　ココロガオモタイ」「ナゼ　ホガラカニナレナイノカ」と憂いに沈む自分の姿を綴り、それを「伝道の書」に重ね合わせていた。キリスト教実践の喜びを綴りながらも依然として朗らかに生きることが出来ない信仰上の齟齬を抱え込んだ菊は、自分から「遠ざかっていく神」の存在を自ずと意識するようになり、信仰の閉塞感を感じ取るようになっていたのである。

しかし菊にとって神をいかに相対化できるのかが問題だったわけではない。問題は、神を相対的に捉えてしまう自身の信仰のあり方である。菊は朗らかに生きられない原因を自分自身の問題として捉えていた。

ヒトノ　ツミヲ　ユルシテ　ナイカラ　トウぜん《ママ》　じぶんのつみも　ゆるされるはずがない。は（わ）たしがどんなにつらいおもいをしてきても　こころからゆるすことができなけで（れ）ば　じぶんのつみも　ぜったいに　ゆるされない。しっていながら　どうしてもゆるそとしないこころのくるしさ　も（う）どうしようもない。でんどうのしょはいう。すべてわ（は）くうのくうトいう。(51)

菊は「じぶんのつみ」について書き留めている。自分がどれだけ辛い思いをしてきたとしても、人の罪を心から許すことが出来なければ、自分は「ぜったいにゆるされない」と考えていた。贖われたいという菊の願いと共に「どうしても（人の罪を）ゆるそ（う）としない（自分の）こころのくるしさ」が吐露されている。

【写真7-4】

クリスマスに韓服を着て讃美歌を歌う菊（左から五人目）。菊は当時を振り返り、〈教会に行ってから、教会の人達が大事にしてくれましたよ。（略）だから私にとっては、もう教会は（・・・）なくてはならない〉と述べている。

菊が綴っている「じぶんのつみ」が具体的に何を指しているのかは判然としない。それは「語れない／語り得ない」経験として、言語化されることのなかった「じぶんのつみ」なのかもしれない。また、自分を売った母親のウトや海光園で出会った朝鮮出身女性〈日本人の女〉といった、自分に辛い経験を強いた人びとが念頭に置かれていたのかもしれない。（A）の「菊さんノート」には「じぶんのつみ」に起因する「つらいおもい」と、人の罪を許すことが出来ないが故に救われないと葛藤する菊の姿が刻み込まれている【写真7－4】。

（2）「ココロノオゴリ」

菊の信仰生活における心の葛藤は別の形でも顕現する。

菊は「ココロノオゴリ（心の驕り）」について書き留めている。それは「オコッタリ　ヒトヲ　ウランレ（で）ミタリ　ワタシノ　ココロノ　オゴリワ　一九七六

（年）一〇月ノ一五日　ゴロカラ　ハジマル」。[52] そして、この「ココロノオゴリ」は、菊が一九七三年に購入した土地と関係している。

「水産」地域に暮らす琉僑は一九六〇年代になると徐々に減少し、一九七二年の沖縄本土復帰以降は「琉球人民協会」の必要性がさらに減じていった。菊は次のように語っている。

　沖縄の人もだんだん少なくなってきて、最後のほうは会長さん（喜友名）の自腹で会を運営するようになって。会長さんも、家族が沖縄に引き揚げてから沖縄と台湾を行ったり来たりするようでした。いつごろだったかね（・・）私がここ（「水産」地域）に来て何年か経ったときだと思うんです。人民協会の事務所をどうするかーということになって。会長さんは事務所残したいからあんたやってくれないかということで、今ここに住めるようになったんですよ。でも、その名義変更やらとっても大変。私、字が読めんからね、もう喜友名さんがいなかったらどうなっていたかと。喜友名さん沖縄に帰ってからも、ひょっこりやって来ては何かしていったけど、だんだん来なくなった。沖縄の人もおらなくなったしね。

喜友名は、琉僑の減少に伴い生活の比重を沖縄に移した。そして「琉球人民協会」の管理を菊に依頼すると共に、協会が所有していた土地の購入を提案し〈お金を貯めておきなさい〉と菊に助言している。菊によれば〈中国側（中華民国政府）は喜友名さんの言う事なんでも聞いてくれるでしょう。この土地を買います言うたら、うんいいよ言うて、あのポンポン判子押して許可した〉という【写真7－5】。

菊は「（一九七六年）一二月二四日ニ　トチヲ　カウコトガ　オワタ（終わった）」と記している。[53] その時の心境を「イママレ（で）　トテモ　ウルサク　ナカナカ　オモウ　ヨウニ　カウ　コトノ　キカナカッタトチ（土地）

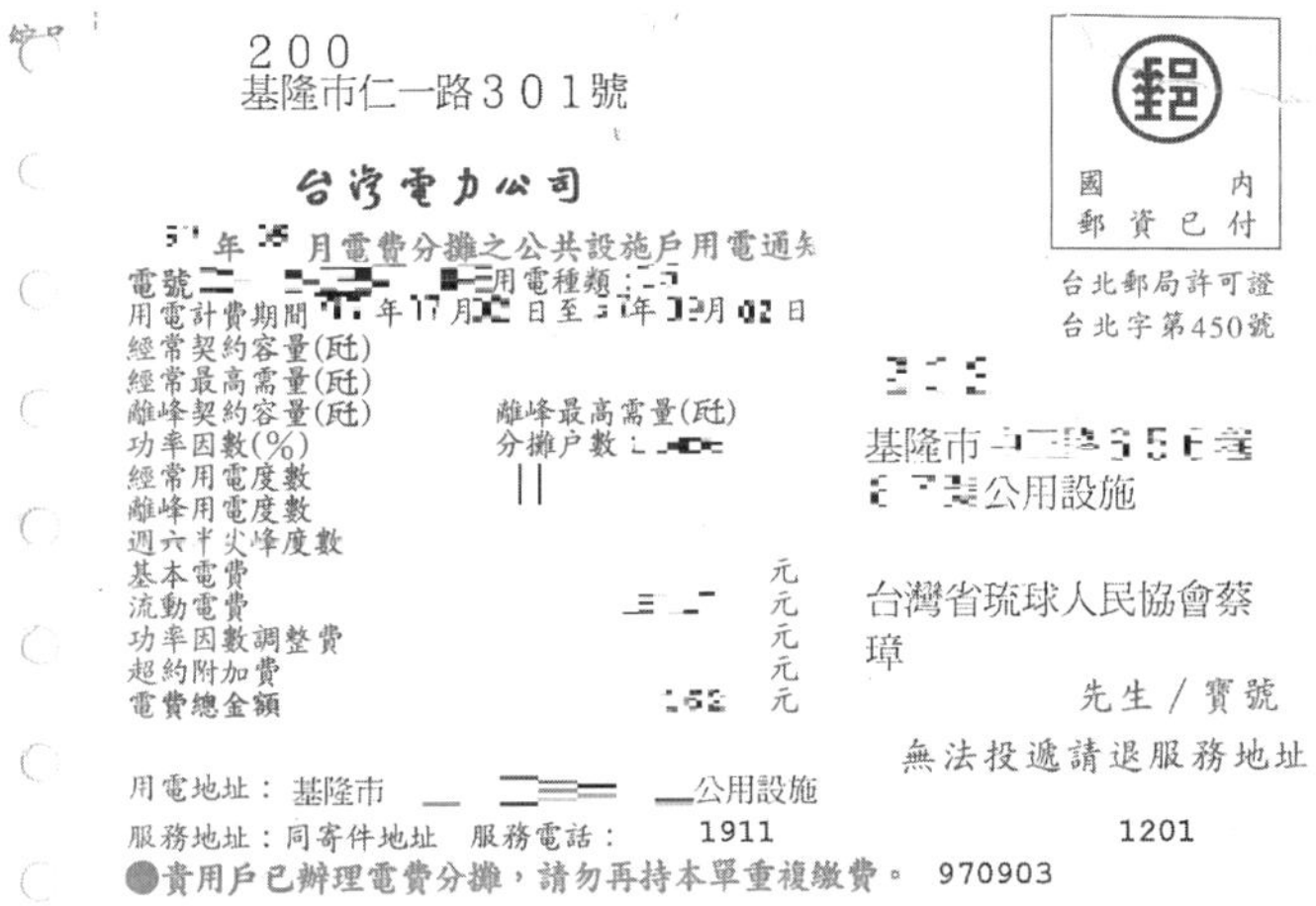
200
基隆市仁一路３０１號
台湾電力公司
[redacted]年[redacted]月電費分攤之公共設施戶用電通知
電號[redacted]用電種類：[redacted]
用電計費期間[redacted]年[redacted]月[redacted]日至[redacted]年[redacted]月02日
經常契約容量(瓩)
經常最高需量(瓩)
離峰契約容量(瓩)　離峰最高需量(瓩)
功率因數(%)　分攤戶數[redacted]
經常用電度數
離峰用電度數
週六半尖峰度數
基本電費　元
流動電費　[redacted]元
功率因數調整費　元
超約附加費　元
電費總金額　[redacted]元
用電地址：基隆市[redacted]公用設施
服務地址：同寄件地址　服務電話：　1911　1201
●貴用戶已辦理電費分攤，請勿再持本單重複繳費。　970903

國内郵資已付
台北郵局許可證
台北字第450號
[redacted]
基隆市[redacted]
[redacted]公用設施
台灣省琉球人民協會蔡璋
先生／寶號
無法投遞請退服務地址

【写真 7–5】

菊の自宅に届く電気代支払用紙。宛名は現在でも「台湾省琉球人民協会　蔡璋」となっている。

ガ　キュウニ　イキタ　ミタイニ　ウゴキダシタ　コトガ　フシギレ（で）ナラナイ」[54]と綴り、「一九七七年ノ九月一八日」に「アタラシイ　イエニ　ヒッコシテキタ」と記している。[55]

それでは、以上のような経緯で購入した土地が、いかにして菊の「ココロノオゴリ」に繋がっていったのか。それは「ワレラノ主」が「オシエタマウ」「イマシメ（戒め）」[56]に関わっている。

菊は「ルカノ五＝一三セッカラ一四セツ（「ルカの福音書」五・一三―一四）」[57]を念頭に置き「カミノ　メグミヲ【略】ムヤミニ　ヨロコンレ（喜んで）ドコレモカシコレモ（どこでもかしこでも）イイフラシテハナラナイ」と書いている。他方で菊は「ドンナニ　ヨロコンレモ（喜んでも）タリナイグライニ　ヨロコンレ（喜んで）　ココロヲオオキクシテ（心を大きくして）ミンナニ　イイフラシテ　アルイタ」[58]。こうした自分の行いに対して、菊は次のように述べている。

ワタシワ　神ニ　ヨロコバレル　モノレ（で）アル

【写真7-6】

喜友名は台湾を離れた後も菊と何度か手紙のやりとりを交わしている。喜友名は「小生が台湾にきてからよく説明すると、もし再び訪問があれば市政府の人たちにはそう言うて下さい」と記している（左上）。消印が読み取れないためいつ頃の手紙か判断できないが、おそらく土地購入に関する行政的な手続きに関してだと思われる。右上の写真は「ジュリ馬行列」の絵葉書である。絵葉書の説明を読むと、辻の商売繁盛を祈願する年中行事だと書かれている。また喜友名は――菊が琉球舞踊を好きだったのを知っていたからであろう――これとは別に「沖縄の踊り」の絵ハガキ一式を菊に送っている（左下）。

ト　ミズカラ　ショウゲン（証言）シテイルノト　オナジコトレ（で）アル[59]

菊が感じていた「ココロノオゴリ」とは、「琉球人民協会」の土地を購入できた喜びを触れ歩いてしまった自分自身の行いを指していた。しかし菊には、この土地購入に特別な思いがあった。

菊が「ココロノオゴリ」を記した「一九七七年一一月二日」の文章の冒頭には、神への祈りと共に土地購入への思いが告白されている。

イエスキリストノ　ミナニ　ヨッテ　オネガイシマス。ネガワクバ　アナタノ　ハシタメニ（端女に）シュフトシテノ（主婦としての）ツトメヲ　ハタサセテクダサイ。アナタノ　ハシタメワ（端女は）ミモココロモヨワク（身も心も弱く）ナガイアイラ（長い間）ワガオットニ（我が夫に）クドウ（苦労）バカリカケテ　マイリマシタ。ドウゾ　アワレミ（哀れみ）クダサイマシテ　ワレラガ　スム　イエヲ　アタエテクダサイ。ソウスレバ　オットニタイシテナガイアイラ（長い間）カケタクロウ（苦労）ガ　スコシ　ツグナエルト　オモイマス。[60]

喜友名から勧められた土地購入をめぐる菊の記述は、用錫への自省と信仰の間で揺れ動く菊の心の動きを伝えている。菊は「身も心も弱く」「主婦としての務め」を果たせずに「苦労ばかりかけて」きた用錫への負い目を告白し、その償いとして土地が購入できるように祈っている。

菊と用錫のこれまでの歩みを念頭に置けば、土地の購入は二人が定住できる場の確保でもあった。菊は沖縄から台湾に売られ、用錫は徴用で基隆に連れて来られた。戦後になってからも二人は幾度となく引越しを繰り返した。そうした幾多の移動を繰り返してきた菊にとって、土地を購入して建てた自分の家は、腰を落ち着けて暮らすことが出来る場であった。

そして菊は、喜友名の協力を得ることで土地を購入することができた。菊は、その喜びを触れ歩いた自身の振る舞いを「ココロノオゴリ」だと位置づけた。その「ココロノオゴリ」には、菊が戦後「水産」地域で患った心身の病が関係していた。その原因を特定することは難しいが、台湾に売られたこと、琉球人差別、女中と舞妓の狭間に立たされたこと、戦後「水産」地域で差別を受けてきたことを含む複合的な経験の集積だと言えよう。その結果として菊は病を患い、主婦の務めを果たすことが出来ずにいた。だからこそ菊は、土地を購入することが出来れば、これまで苦労をかけてきた用錫への償いになると考えたのである。

土地購入をめぐる「ココロノオゴリ」には、菊のそれまでの経験と共に用錫との関係性が刻み込まれている。菊が抱えた「ココロノオゴリ」とは、用錫に対する思いと信仰の狭間で揺れ動く菊の心の葛藤である。それは、二人の出会いが戦後「水産」地域の暮らしのなかで、その後も繰り返し生きなおされていたことを物語っている。

第四節　沖縄での信仰

(1) 過去・現在・未来の連環

次に（B）に目を転じてみよう。先述したように（A）は「水産」地域で書かれていたが（B）は沖縄で記述されている。

菊は一九九三年に沖縄に帰郷している。そのきっかけは、長年連れ添った用錫の死去である。菊によれば「용석(用錫)ガ　メサレタトキノ年　一九八八年九月六日　トシハ　六九サイ　ビヨキ(病気)ハ　ハイガン(肺癌)デアッタ」[61]。また「ワタシガ　オキナワニ　キタヒニチハ　一九九三(年)ノ一一月二六日」だと記している[62]。

菊は沖縄に帰郷することが出来た自分を次のように記している。

ホントウニ　主ハ　イキテオラレテ　ワタシノヨウナ　ミチバタニ　コロガッテイル　小イシノ　ヨウニ　アシデケットバサレタラ　コロガッテイクケレド　ジブンデ　モトノトコドエ（元の所へ）カエルコトガ　デキナイ。ワタシシヲ　主ハ　ヤッパリ　ミテイテクダサルト　カンシャデ　イッパイデス。(63)

菊は自分を「道端に転がっている小石」に例えている。その後に続く「足で蹴飛ばされたら転がっていく」「元の所へ帰ることが出来ない」という行は、自身の力ではどうすることも出来ない運命的な力に翻弄されてきた菊の半生を彷彿とさせる。そして「ケットバサレタ」台湾から「モトノトコド（ろ）」である沖縄に帰ってくることが出来たのは神の計画だと菊は位置づけている。

半世紀ぶりに沖縄の土を踏んだ菊だったが、そこで目にした風景は菊が知っている〈ウチナー〉ではなかった。

これがウチナーかなって思ったですよ。もう家がたくさん建ち並んでしまって（省略）道なかったところにも店があるし。前はもう田舎道の、あの小さい、車が通ったらもうすれ違うのにやっとこすっとこの状態のあれだったんだから、もう名護なんかどっちがどっちかわからない。

菊が幼少時代を過ごした西新町も地図から消えていた。かつての西新町は那覇市西になり、菊が幼少期を過ごした場所は現在「沖縄ガス」の敷地になっている。菊が妹や弟の手を引いて遊んだ〈とじょうば〉や「大正劇場」は、今はもうない。

ウチナーに帰ったような気持ちがしない。もうみんな変わってもう慌しいっていうか、ウチナーのあれが、形がない。もう戦争で掃除されて、新たに街づくりが出来たでしょう。だから昔自分がみとった、遊んだ所、歩いた道、みんなないですよ。全然違う。

菊は沖縄に帰郷した当初、那覇市牧港の教会に通っていたが、姉のトヨが那覇市首里石嶺町に暮らしていたために「一九九四（年）一一月二六日」「イシミネニ　ヒッコシテ」いる。[64] その後、菊のアパートから歩いて行ける「石嶺バプテスト教会」（以下、「石嶺教会」）に通い始める。

菊は沖縄に滞在していた大半の時間を「石嶺教会」で過ごしている。庭の手入れをし、畑に野菜を植え、信徒と交わりを持った。足しげく教会に通い、一時期は「石嶺教会」に暮らしていたこともあった。「菊さんノート」の記述が一九九三年から増え始めるのは、菊が「石嶺教会」という場に深く関わっていたことが関係している。（B）には、沖縄生活に関する事柄や「石嶺教会」に関連する出来事――「カテイレイハイ」[65]、友人のお見舞い[66]、教会の人に助けてもらったこと[67]、カラオケに初めて行った時のこと[68]――と共に、沖縄や台湾に暮らす家族や「基隆韓国教会」への祈りが綴られている。（B）の記述からは、（A）で見られた信仰への疑念や葛藤はなくなり、自らの経験や半生を解釈しようとする菊の姿が看取される。

菊は（B）の中で自分の半生をどのように捉え返していたのか。（A）との比較から考えてみたい。（A）のなかで菊が自身の歩みに直接言及した箇所は見当たらない。唯一、それに関連する箇所は以下の行に限られている。

ちょうど　わたしたちが　まだ　ちいさいときに　わたしたちの　ちちおやが　よわくて　いつも　びんぼうばかり

していた（以下省略）(69)

一方（B）では、キリスト教の観点から自分の歩みや経験を捉え直そうとする記述が確認できる。それは、自分の歩みを時系列に並べたものではなく、キリスト教の世界観に依拠しながら菊が重要だと位置づけた出来事や事柄が中心に綴られている。

例えば「一九九五（年）六月二三日」(70)の記述を見ると、菊は戦争に絡めて自分の半生を省みている。菊は「オキナワ　センソ（戦争）ノ　トキニ　ナクナッタ　オオクノ　ヒトビトノ　ナマエガ　五十年　ブリニ　イトマン（糸満）ニ　オイテ　オコナワレタ　セキヒ（石碑）ニ　キザマレタ　ホントウニ　カナシイ　センソウノ　デキゴト」を「オオクノ　クナン」「カナシイ　デキゴト」だと位置づけ、「サマザマナ　ウンメイテキナ　カナシイ　ミチヲ　アルカナケレバ　ナラナイ　コトガ　アッタ　コトヲ　ラレガ（誰が）　シル　コトガ　レキルカ（出来るか）」と述べている。これに続けて「ワタシモ　ソノヒトリ」だとし「モシモ　センソウガ　ナカッタダ（ら）　ワタシハ　二十二サイノトキニ　ジブンノウマデシマ（生まれ島）」で「アンマー（お母さん）ト　キョウダイ　タチト　トモニ　タノシイ　ジンセイヲ　スゴシテイタコトト　オモウ」と記している。そして「イツノマニカ　トシツキハ　ナガレサリ　ヤットノゾミガ　カナエ　ラレタ　トキニハ　七十三サイトイウ　トシヨリ。コノトシニナッテ　ナニガデキルカ」と述べている。

これに対して、菊は「ナニモ　ノゾミハナイ」と述べる。だが「シカシ　神サマハ　ワタシニ　オオキナ　ヨロコビヲ　アタエテ　クダサッタ」と記し、次のように続けている。

ソレハ　イエスキリストノ　スクイデアル。コノ　スクイニヨッテ　スベテノ　カコウ（過去）ヲ　ステサリ　アラ

タナル神ノクニヲ　ノゾミ　ヒタスラニ　主ニ　イキル　ヨロコビヲ　アタエテ　クダサッタ　神サマニ　カンシャ。

菊が本文を記した「一九九五年六月二三日」は、沖縄県平和祈念公園に「平和の礎」が建立された日である。「平和の礎」は「沖縄戦体験者である大田昌秀県知事による平和行政の一環として、沖縄戦終結五〇周年を記念し」建設され「沖縄戦における戦死者の個人名がすべて、軍人（軍属）・民間人、敵・味方、加害者・被害者、国籍といった区別なく刻銘されている」[71]。その六月二三日は現在、沖縄県が制定する「慰霊の日」という記念日になっている。

奇しくも「平和の礎」が建設されたその日に菊が筆を執ったことは単なる偶然ではないだろう。菊は「平和の礎」が作られたことを何らかの形で知り、それに触発され戦争の苦難を感じ取った。そして、戦争に翻弄された自分の歩みを想起し、自分の過去と現在を往還させ、自分が生きるべき未来を同時に見据えている。「一九九五（年）六月二三日」の文章からは、「平和の礎」という沖縄戦をめぐる記憶のコンテクストに自身の経験を位置付けながら、自分の現在を確かめ過去を洗い流し、未来を開いていこうとする菊の信仰が看取される。

自身の経験を戦争と関連させて書いた文章は他にもある。「二〇〇一年二月八日」[72]の文章は神への感謝で始まる。

菊は「ワタシガ　オサナイトキ　主ハ　ヨイモノヲ　ノゾムヨウニ　ワタシノ　ココロヲ　トトノエテ」くれたと述べる。具体的にそれは「マズシクテ　カナシイ　ナカニ　アッテモ　主ヨ　アナタハ　【略】　ヒトサマカラアイサレル　ヨウニ　スベテヲ　ヨキモノデ　ミタシテ」くれたことを指している。そして「オサナイトキハ主ヲ　シラナイガ」と断ったうえで、「ヨイコトヲ　スレバ　オヤタチガ　ヨロコブ　ソシテ　トナリキンジョ

ノ　ヒトタチモ（隣近所の人たちも）ホメテクレル」ことを知った。[73] だから「ジブンハ　オトナニ　ナッテモ　ヒトト　ナカヨク　ナレルヨウニ　シタイト　オモウヨウニ　ナッタ」と綴り「ホントウニ　ソレハ　マチガイナク　トテモヨカッタ」と書いている。しかし菊の人生は、ここでもやはり「センソウ」によって思わぬ方向へと展開していく。

センソウノ　オカゲデ　ワタシノ　ノゾミハ（私の望みは）カエラレテ　シマッタ。ココデ　オオキナ　クナンガ（大きな苦難が）フリカカリ　ワタシノ　ジンセイハナンラウカ（私の人生は何だろうか）。ソデ（れ）カラハ　イツモ　カナシイ　コト　バカリ。オキナワニ　ハヤク　カエリタイ。シカシ　カエルコトハ　デキナイ。ジブンノカゾクガドコニイルカ　イキテイルカ　シンデシマッタノカ　ワカラナイ。サガスコトモデキナイ。[74]

第二章のなかで、菊は、アジア・太平洋戦争の激化によって〈船の行き来が無くなって（沖縄に）帰ることが出来なかった〉と述べていたが、ここでは、沖縄に暮らす家族の安否が分からなかったために帰ることが出来なかったという別の理由が示唆されている。さらに菊は「センソウ」の記述に続けて「ジブンハ　イツモ　ビョウキデ　カゾクノ　クルシミノ　タネ。ドンナニ　カンガエテモ　ハヤク　シヌ　コトシカ　カンガエラレナイ[75]」と綴っている。

（B）を考えるうえで重要なことは、「センソウ」に翻弄された自分の半生を菊がいかに捉え返しているのかである。「ハヤク　シヌ　コトシカ　カンガエラレナイ」という先の記述に続けて、菊は次のように書いている。

ダケド　神サマハ　ワタシノ　オモイトハ　チガウ　コトヲナサル。神サマハ　ゴジブンノ　ゴケイカクニ　ヨッテ

アリトアラユル　モノヲ　ゴジブンノ　オモイノ　ママニ　スベテオサメラレル。[76]

「センソウ」によって自分に苦難が降りかかり、望みは絶たれ、死の淵に立たされた。しかしそれでも自分の人生は神によって整えられたのだと、菊はそのように解釈しているのである。

自らの半生は神の計画だったという記述は他にも見られる。例えば「ワタシガ　オサナイトキカラ　主ハ　ワタシヲ　ミチビキ　ヨキミチヲ　アユマセテクダサイマシタ」[77]、「ワタシノ　シンコウハ　ホントウニ　ワタシガ　オサナイトキカラ　神サマハ　ミテ　オラレタト　ワタシハ　オモウ」[78]、「アナタサマハ　ワタシガ　チイサイト　キカラ　ワタシヲ　タスケテクダサッタ」[79]といった記述である。

菊は（A）のなかで、神の救いを待ち望み、「ココロガオモタイ」〈朗らか〉に生きることが出来ない自分の姿を告白していた。他方の（B）では、戦争によって望みは変えられたものの、幼少の頃から神に守られ、神の計画によって自分は良い道を歩むことが出来たと述べている。また（A）の記述からは、菊の信仰に対する「ココロ」の動揺や葛藤が看取されたが、（B）はキリスト教の観点から自分の過去と現在と向き合い、また、未来に開いていこうとする菊の姿を伝えている。

（2）「石嶺バプテスト教会」という場

菊はかつて、自分が台湾に暮らしていることや一九九三年に帰郷した沖縄での生活を振り返り、次のように語っている。

＊：（植民地時代に）台湾に来たこと、菊さん後悔とかしてますか？

菊：ないです。幸いだったと思う。これも神様があの戦争を、沖縄の、あの戦争にあわさないために台湾に養ってくれたと、私は思うんですよ。だから台湾も私にとっては神様が与えた。

＊：菊さん台湾好きですか？

菊：まあ（・・）好きじゃないところもあるけど。これ、神様がこの家もして、家族もこっちにおるから。本当は沖縄におったほうがいいですよ。どうしてかいうたら、言葉がだいいち分かる。うん。そして、あの聖書の言葉、話すことができる。今もう伝えようといっても伝えることが出来ないでしょう。沖縄にいたら話ができるから伝えることができる。で、あの、沖縄行ったらみんなが大事にしてくれますよ。

菊にとって台湾とは、自分が沖縄戦に巻き込まれないように神が与えてくれた居場所だった。「センソウ」によって変えられてしまった自分の人生は神によって整えられたと菊は書いていたが、この語りにもそれと同様の解釈が看取される。また、台湾では〈聖書の言葉〉を〈伝えようといっても伝えることが出来ない〉が〈沖縄にいたら話ができるから伝えることができる〉と語っている。さらに〈(自分を)大事にしてくれますよ〉とも述べている。菊の信仰を考える上で、言葉が通じることや大切にされているという実感が重要であり、そこには「石嶺教会」という場が深く関わっている【写真7－7】。

菊が洗礼を受けた「基隆韓国教会」の礼拝は韓国語で行われる。二〇一八年現在、中国語を母語とする信者も教会に通っているため、中国語の同時通訳が行われている【写真7－8】。しかし菊は〈韓国の言葉、聞いても分からないでしょう〉と述べており、同時通訳される中国語も充分に理解することが出来なかった。

菊が韓国語や中国語を解さなかった背景には、人と接することを出来るだけ避けて暮らしてきた戦後「水産」地域の生活状況が関係している。また、植民地時代を経験した台湾・朝鮮（韓国）の人びとと日本語で会話が出

【写真 7-7】

那覇市首里石嶺町にある石嶺バプテスト教会。1973 年設立。二階が講堂になっている（2013 年 10 月 27 日、筆者撮影）。

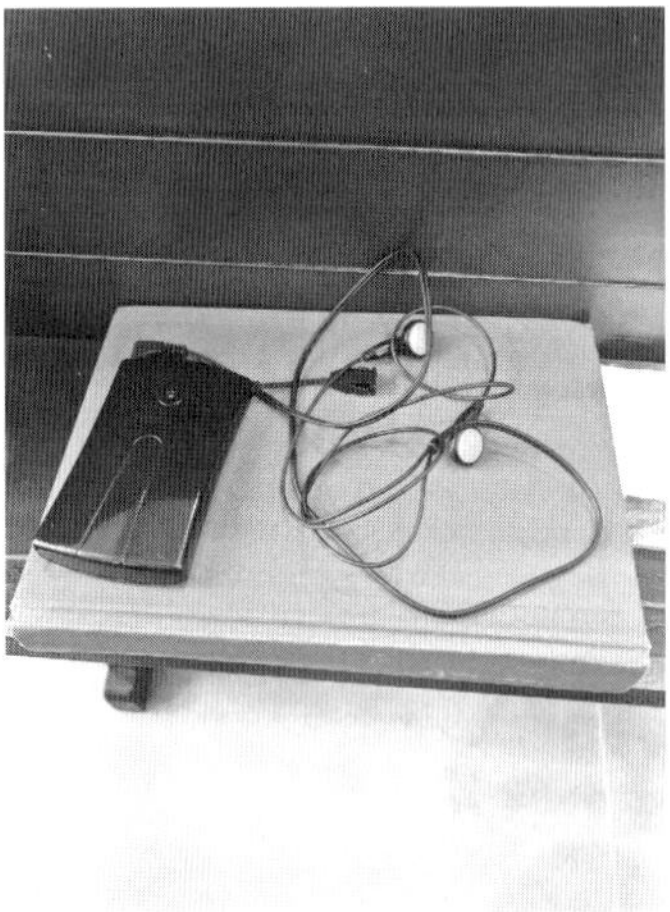

【写真 7-8】

「基隆韓国教会」で使われている無線機。韓国語を解さない信者はイヤホンから同時通訳を聞く（2018 年 3 月 11 日、筆者撮影）

来てしまうポストコロニアルな状況も無関係ではないだろう。実際に、用錫や盛元、金妙蓮のような植民地時代を経験した人びととの会話は日本語であり、「基隆韓国教会」には日本語世代の信者を中心とする「日本語席」が暗黙のうちに形成されていた。

しかし「基隆韓国教会」に通い始めた当時、菊は日本語しか出来ない自分に負い目を感じていた。菊は次のように書いている。「日本ゴレ（で）ハナシテクレルヒトガアッタラ　アルイハ　ケジョインオモニ（人名）ガ（日本語で）シテクレタラ　ワタシガ　タツヨウニナッタラ　ヨケイニキョウカイニ　クルヒトガ　ヘッテシマウノレ（で）ハナイカ」[80]。菊がこのように書いた背景には、「基隆韓国教会」では韓国語を使うのが当然だという暗黙の了解があったからであろう。言葉の面で言えば、当時の「基隆韓国教会」は、菊にとって必ずしも居心地のよい場所ではなかったことが分かる。

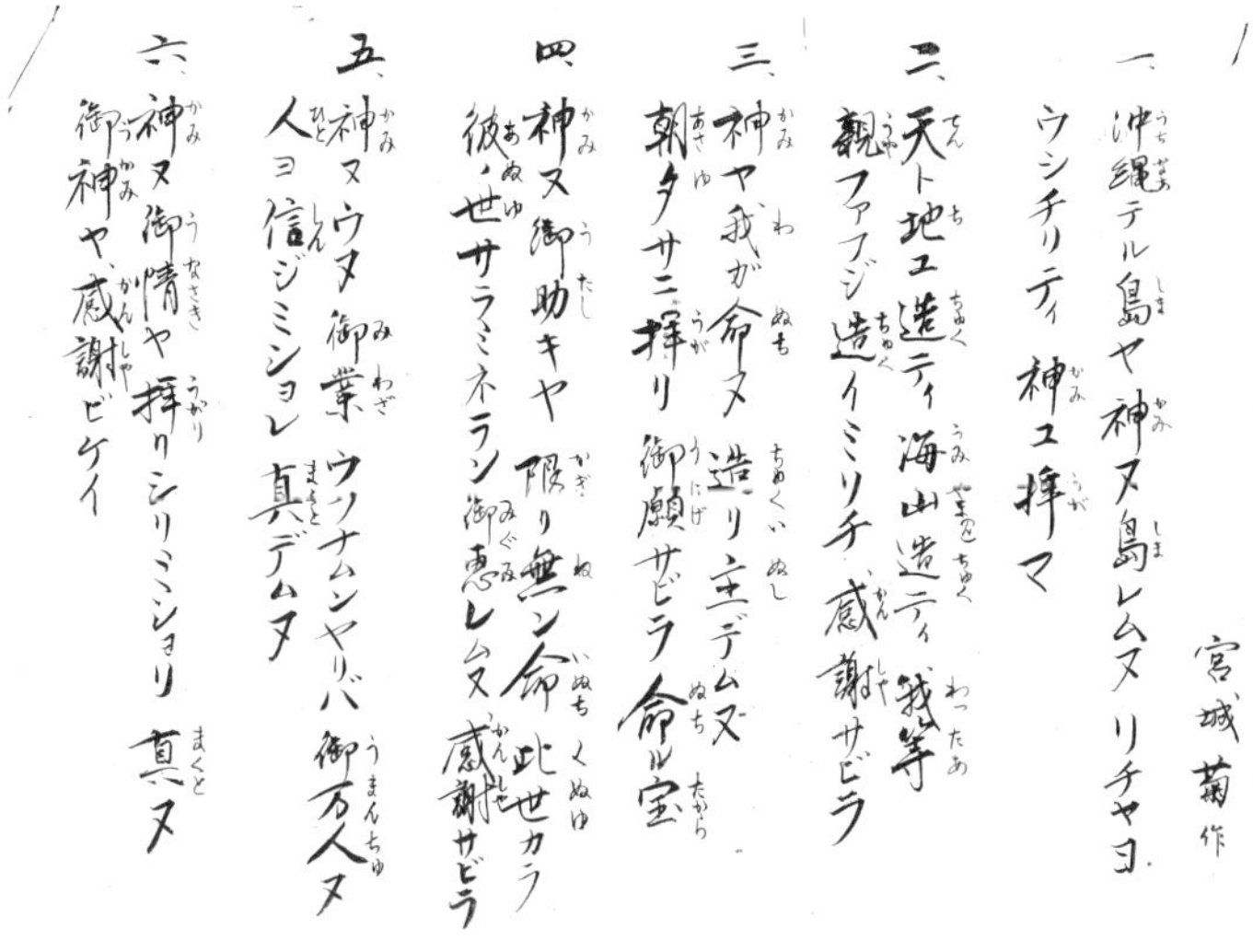

宮城菊作

一、沖縄《うちなあ》テル島《しま》ヤ 神《かみ》ヌ島《しま》レムヌ リチヤヨ
ウシチリティ 神《がみ》ユ拝《うが》マ

二、天《てん》ト地《ち》ユ造《ちゅく》ティ 海《うみ》山《やまぬ》造《ちゅく》ティ 我等《わったあ》
親《うや》ファフジ造《ちゅく》イミソチ 感《かん》謝《しゃ》サビラ

三、神《かみ》ヤ我《わ》が命《ぬち》ヌ 造《ちゅく》リ主《いぬし》デムヌ
朝夕《あさゆ》サニ拝《うが》リ 御願《うにげ》サビラ 命《ぬち》ル宝《たから》

四、神《かみ》ヌ御助《うたし》キヤ 限《かぎ》リ無《ね》ン命《いぬち》 此世《くぬゆ》カラ
彼《あぬ》世《ゆ》サラミネラン 御恵《みぐみ》レムヌ 感謝《かんしゃ》サビラ

五、神《かみ》ヌ ウヌ御業《みわざ》 ウソナムンヤリバ 御万人《うまんちゅ》ヌ
人《ひと》ヨ信《しん》ジミショレ 真《まこと》デムヌ

六、神《かみ》ヌ御情《うなさき》ヤ 拝《うがり》リシリミショリ 真《まくと》ヌ
御《う》神《かみ》ヤ感謝《かんしゃ》ビケイ

【図 7-1】

菊が自作した「ウチナー賛美」。全６番。菊が歌った歌詞を「石嶺教会」の信徒が書き写したもの。作成年不詳。

さらに「基隆韓国教会」には沖縄の言葉を解する信徒はいなかった。菊は戦後「水産」地域での信仰生活を振り返り〈ウチナーグチの歌、歌ったって誰も分からない。だから炊事場で歌うよ〉と回想している。その一方で、沖縄では〈やっぱり言葉が通じるからね。言葉が自由だし、ウチナーグチの歌を歌えばみんな分かる〉と述べている【図7－1】。

菊は「石嶺教会」が主催する花見、平和学習、夏期キャンプ、県内観光、イースター野外礼拝、クリスマスキャロリング、クリスマス祝会などの催しに積極的に参加した。教会の裏庭に小さな農園を作り、ゴーヤー、キャベツ、大根などの野菜を育て、毎日の水やりを日課としていた。

「石嶺教会」の活動以外にも、テープレコーダーを持参して「週二回、沖縄信徒聖書学校に通い、聖書の学び」[81]、「学校の門をくぐる」[82]経験をしている。また、石嶺にあった老人ホーム「首里厚生園」を慰問し琉球舞踊を披露したりもしている。時には米軍普天間飛行場移設工事反対の座り込みに参加するために名護市辺野古にも出かけている。菊は「石嶺教会」に軸足を置きながら自分の活動の幅を広げていった。

菊は「石嶺教会」を通じて多くの人びとと出会っている。なかでも、その後唯一無二の存在になった砂川弥恵との出会いが大きい。菊は沖縄で〈フクシノ　オカネ〉（生活保護）を受給していたが、その申請は全て弥恵が行っている。また、弥恵は一時期の間、菊を自宅に泊め生活を共にしていた。菊は、その弥恵や「石嶺教会」で出会えた人びとについて次のように書いている。

スナワガ　ヤエサン　カラ　デンワガ　アッタノデ　ココロガ　トテモ　ウレシクテ　主ニ　カンシャデ　イッパイ。ワタシハ　ナニモ　レ（で）キナイガ　ワタシノ　トモナル　ヒトビトハ　ミンナ　ヨキトモ　トシテ　シタシンデ【略】ワタシタチハ　主ニ　ヨッテ　ムスバレタ　キヨウダイシマイ（兄姉姉妹）デアル[83]

「兄弟姉妹」は信者同士を指して使われる。大阪市西成区の日雇い労働者の町・釜ヶ崎で牧師を務める本田哲朗によれば、「兄弟姉妹」は「もとはヘブライ語の「アッハ」（単数）、「アヒーム」（複数）で、兄弟よりも広い意味のことば」だという[84]。それは、日本語の「「身の内」のことで、体の一部」という意味合いがあり「わたしの問題としてほっとくわけにはいかない」感覚を伴う関係性を指す[85]。

菊は台湾から沖縄に帰郷した時のことを次のように回想している。当初は〈三ヶ月の予定〉で沖縄に帰郷したが〈居心地がいいもんだから、十年間鉄砲玉して帰ってこないのよ〉。沖縄の生活が〈居心地がいい〉と感じられた理由の一つは、「石嶺教会」という場に恵まれ、弥恵を始めとする「トモナル　ヒトビト」との出会いがあったからである。

しかし菊は一三年間の沖縄生活に区切りを付けて台湾に戻ることを決断する。菊の帰国が間近に迫った二〇〇六年一〇月二九日、「石嶺教会」のミサで配られた「週報」には以下の案内が掲載された。

一一月五日（日）礼拝後に一年の感謝会及び宮城菊姉の歓送会のお知らせ。宮城菊姉は台湾に帰国準備中です。出発が一一月初旬となる可能性がありますので、急なことではありますが、次週礼拝後に菊姉の歓送会を行います。(86)

そして菊は「石嶺教会」の仲間に見送られて再度台湾へ渡った。台湾に帰国した菊は、沖縄での生活を振り返り次のように書いている。

ワタシハ　アタタカイ　ミナサンノテヲ　ハナレテ　ヒトリニナッテ　トテモサビシク　ココロボソクテ　ナミラ（涙）ガデテ　主ヲヨビマシタ(87)

菊が台湾に帰る決意をしたのは「水産」地域に暮らす家族がいたからである。また、台湾に暮らす家族も菊が一人で沖縄に暮らすことを心配していた。台湾に戻った菊は「基隆韓国教会」に通いながら——しかし最後は家族の意向で台湾の教会に通うことになったが——二〇一三年九月にその生涯を閉じるまで基隆で過ごすことになる。

第五節　経験を「書く」「読む」「語る」「聞く」

本章では「菊さんノート」を（A）と（B）に大別し、菊のキリスト教実践と主体の捉え返しについて考察してきた。

一九七〇年代に記述された（A）のなかで、菊は信仰における「ココロ」の葛藤を告白していた。菊は、神に贖われたいと切望しながらも「ココロガオモタイ」〈朗らかに〉生きられない自分の姿を書き留めていた。また、喜友名から提案された土地購入をめぐる「ココロノオゴリ」について記していた。菊は土地購入を神の恵みだと捉え、その嬉しさを他人に触れ歩いた。その自分の行いを「ココロノオゴリ」だと述べていたが、その対極には用錫への自省と償いの思いがあった。

他方で、菊は沖縄で（B）を記した。（B）において菊は、自分の歩みは神による導きであり、今生きていられるのは神の加護と計画があったからだと解釈していた。キリスト教に依拠しながら、過去・現在・未来を連関させるようにして自分の軌跡を位置づけようとする菊の試みは（B）の特徴の一つであり、（A）には見られない菊の信仰が看取される。それは「石嶺教会」という場に恵まれ、信徒との交流を積み重ねていくなかで育んだ菊の信仰のかたちである。「基隆韓国教会」で得た菊の信仰は、「石嶺教会」で新しい信仰を形作っていった。

「菊さんノート」の特徴を図式的に整理すれば次のようになる。（A）は、葛藤や戸惑い、不安といった感情が混淆した記述になっている一方で、（B）は、キリスト教への戸惑いや葛藤は見られず、キリスト教の世界観による自分史の解釈と神への感謝が中心に据えられている。換言すれば、（A）は口述では語られなかった菊の生身の声が刻まれており、（B）はキリスト教を中心に自分の物語を構築していく過程が綴られているのである。

菊はキリスト教を信仰する前と後の変化を次のように書いた。右の「一〜三番」は、左の番号に対応している。

一バンハ　ワタシガ　スクワレル　マエノ　コト《ミニクサ（ママ）》
二バンハ　スクワレテ　カラノ　ジンセイ
三バンハ　スクワレタ　コトノ　ヨロコビト　カンシャ

一　ツメタイ　ウキコノ　アラシノ　ナカデ　ツミト　ケカレニ《ママ》　オシ　ナガサレテ　ヒカリヲ　ウシナイ　ノゾミ
モナクテ　シヌル　ワガミニ　スクイノ　イエスハ　カエリ　ココト　アイノ　ミヲ　ノベテ

二　ツミト　ケガレニ　シニタル　イノチ　十字架ノ　チシオニ　キヨメラレ　ツミモ　ミナ　ユルサレテ　アユム
ジンセイ　ヨロコビバカリ　カンシャ　カンシャ　スクイノ　イエスサマヨ

三　カミニ　スクワレタ　ワタシタチハ　タエズ　カンシャノ　ウタゴエアワセ　ココロ　ヒトツニ　テヲトリアッ
テ　トモニ　ヨロコビ　ワガ　主ノモトニ　ユコウ　ユコウ　アイスル主ノモトへ[88]

菊は信仰を得る前の自分を「冷たい浮世の中で罪と汚れに押し流された」と位置づけ、「光を失い、生きる望みもなくて死ぬる我が身」だと捉えている。だが、信仰を得たことによって「十字架の血潮に清められた」自分は「罪もみな許されて、歩む人生喜びばかり」だと綴っている。それに「感謝」しながら「神に救われた私たちは、歌声合わせ、心一つに手を取り合って（略）主の元に行こう」と締めくくっている。この記述からも、菊が自分の過去を振り返り、現在を見つめ、未来を見据えていることが分かる【図7－2】。

本章を通じて見てきたように、「菊さんノート」は、菊が「書く」ことを通して自分自身と向き合い、自己との対話を積み重ねてきたことを伝えている。それは菊による「自己検証の作業」(89)に他ならない。

大阪の釜ヶ崎、東京の山谷と共に日本三大寄場の一つに横浜の寿町がある。その寿町で「横浜・寿識字学校」(90)に携わっていた大沢敏郎（一九四五－二〇〇七）は、ラテン・アメリカやアフリカで識字教育を行ったパウロ・フレイレ（一九二一－一九九七）による識字実践を念頭に置きながら、識字の意味を次のように述べている。

第二部　感謝愛餐会（12時30分～2時00分）

司会進行：比嘉米子姉

プログラム

1	かぎやで風	宮城菊姉・粟国喜美子姉
2	開会と食前の祈り	金城和江姉
3	会食	
4	特別賛美	MEBIGのおともだち
5	石嶺教会の思い出1	
6	ゲーム	金城正明兄
7	石嶺教会の思い出2	
8	記念誌の紹介	玉城よし子姉・宜保洋子姉
9	讃美	宮城菊姉
10	挨拶と祈り	城倉翼師

宮城菊姉の歌

1　冷たい浮世のあらしの中で　罪と汚れに押し流されて
光を失い　望みもなくて　死ぬる我が身に　救いのイエスは
帰り来よと　愛の御手をのべて
2　罪と汚れに死にたる命　十字架の血潮に清められ
罪も汚れもみな赦されて　歩む人生喜びばかり
感謝　感謝　救いのイエス様よ
3　神に救われた　わたしたちは　絶えず感謝の歌声合わせ
心一つに　手を取り合って　共に喜び和が主のもとに
行こう　行こうよ　愛する主のもとへ

【図 7-2】

「感謝愛餐会」（開催日付は不詳）のプログラム。そこには「宮城菊姉の歌」が掲載されている。その内容は先に紹介した「1～3 番」と類似していることから、「1～3 番」は後に修正・加筆が施され「石嶺教会」で歌われていたと思われる。それからもう一つ注目したいのは、菊が「感謝愛餐会」で「かぎやで風」を踊っていたことである。「かぎやで風」は祝宴の座開きとして踊られるが、ゆっくりとしたテンポの厳粛な踊りであり、一見すれば簡単そうに見えるが、琉球舞踊の基本が身についていないと上手く踊るのは難しいという。

（前略）自分の生きてきたことの意味をとらえかえし、洗いなおしていくということは、今まで整序されないまま放置されてきたひとつひとつの事柄を逃げることなく見つめなおし、新たな〈世界を名づける行為〉を自分のからだのなか、掌のうえにおいてみることである。(91)

つまり「書く」ことは「自分の生きてきた意味」を解釈し「今まで整序されないまま放置されてきたひとつひとつの事柄」を捉え直すことに繋がる。ここで重要なことは「文字は、学習者が、みずからの現実をコード化した認識対象と対峙するなかで発見されるものであって、学習者にとっての所与性なのではない」という点である。(92)なぜなら「文字が物象化され、「学力」商品として消費される教育的世界のなかでは（中略）人間はつねに所与としての文字や知識の受動的客体でしかない」ために「主体化の契機になりにくい」からである。(93)

菊は辻時代に習った片仮名を用いて「菊さんノート」を書いた。しかし、それは「文字や知識の受動的客体」であることを意味しない。先に紹介したように、菊は「小イシノ　ヨウニ　アシデ　ケットバサレタ」と自分自身を表現していた。それは、自分の生育や来歴を見つめ直すなかで育まれた菊の言葉である。「菊さんノート」には「読みにくさ」がある。その「読みにくさ」や菊の独特な表現、固有さのなかにこそ、教育を受けることが出来なかったことを含む菊の来歴や経験が刻み込まれている。菊は自前の言葉で自分が生きた世界を名づけ、それを「自分のからだのなか、掌のうえにおい」た。

菊は自分の歩みを神の計画だと位置づけていた。菊はキリスト教の観点から自分の生育・来歴を意味付けようとした。キリスト教はアイデンティティを探求するディスコースとなり、菊の拠り所でもあると同時に自らの主体性を構成する重要な要素の一つになった。

そのキリスト教によって、菊は〈生まれ変わった〉。〈効かなかった薬が効くようにな〉り〈病気が飛んでいった〉。キリスト教によって救われたという菊の語りは、信仰によって心身の状態が回復したという身体的で心理的な実感に支えられている。それは（B）の記述から「ココロ」に関する記述がなくなったことと無関係ではない。

物語の創造と臨床心理学の関連性に着目したのが河合隼雄だった。河合は「人間は自分の経験したことを、自分のものにする、あるいは自分の心に収めるには、その経験を自分の世界観や人生観なかにうまく組み込む必要がある」と述べている[94]。例えば、カウンセリングなどの心理療法に訪れるクライエントは、自分が抱えるトラウマや不安といった「その経験を自分に納得のゆく物語にすること」[95]が出来ないからこそ苦しさを抱え込む。

菊はキリスト教のディスコースから自身の経験を「書く」ことで「自己検証の作業」を行った。菊にとって「書く」ことは、自分の内なる声との対話であり、「自分の経験したことを、自分のものにする、あるいは自分の心に収める」ことで、自らが抱えていた心の「不安」に自分なりの意味を付与していく作業であった。

だが、菊による「自己検証の作業」は「書く」ことだけに帰着するわけではない。そこには自分の経験を「読む」菊の姿があり、自分の経験を「語る」――菊の経験を「聞く」という関係性があった。

「菊さんノート」は、ある特定の読者を想定して書かれたわけではないと前述した。しかし、ノートブックのなかには「コレニ　ワタシガ　バプテスマヲ　ウケタ　日ニチガアル」[96]「コレニ　オキナワカラ　フネガデタトキノ　コトガ　カイテアル」[97]と表紙に記されているものがある。これは、ノートブックの内容が一目でわかるように記されたものであり、菊がその後も繰り返しノートを読んでいたことが分かる。つまり「菊さんノート」の読み手は菊自身であり、自分で記した事柄を後から読み返すことによって、かつての自分と繰り返し対話を試み、内面の声に改めて耳を傾けていたのではないか。菊は「読む」ことで「書く」自分を同一化させていった。

それでは「語る」――「聞く」の関係性はどうだろうか。

ナラティブ・セラピーと呼ばれる心理的アプローチがある。ナラティブ・セラピーは「『私はこういう人間です』と物語ること、あるいは語り直すことがセラピーになるという考え」に基づき、「クライアントが直面している危機を乗り越えれるような「物語」の形成、開発をめざす」ことで「虚構を作るのではなく、一つの事実を別の側面や観点から解釈し直して、その人なりの人生のストーリーを書き換えてゆく」心理療法である(98)。この総称がナラティブ・セラピーである。

カウンセリングはセラピストとクライエントという一対一の関係で行われることが多い。それに対し、ナラティブ・セラピー場合、その関係はセラピストに限定されない。

これに対してナラティブ・セラピーでは、セラピストとクライエントは協力し合って物語りを作ってゆきます。その物語が、当人も含めて、できるだけ多くの人に受け入れてもらえるような自画像のストーリーであるほど、心理的回復に向かうと仮定しています。(99)

ここで念頭に置かれているのは、ブログやSNSを通じたナラティブ・セラピーである。だが、自分の経験を「語る」――それを「聞く」人びとの存在や「他者からのフィードバック」(100)は、なにもインターネットに限られたことではなく「石嶺教会」においても生成されていた関係性である。

菊は礼拝の中で自分の半生を告白し、それを信者に聞いてもらうという経験をしている。その記録は後に「証し」というタイトルで、石嶺バプテスト教会『主の御手の中で――献堂三〇周年記念証し集』（二〇〇三年）に収録され、本書でも繰り返し言及してきた。また、菊と多くの時間を共有するなかで菊の話に耳を傾ける弥恵のような信者との出会いがあった。

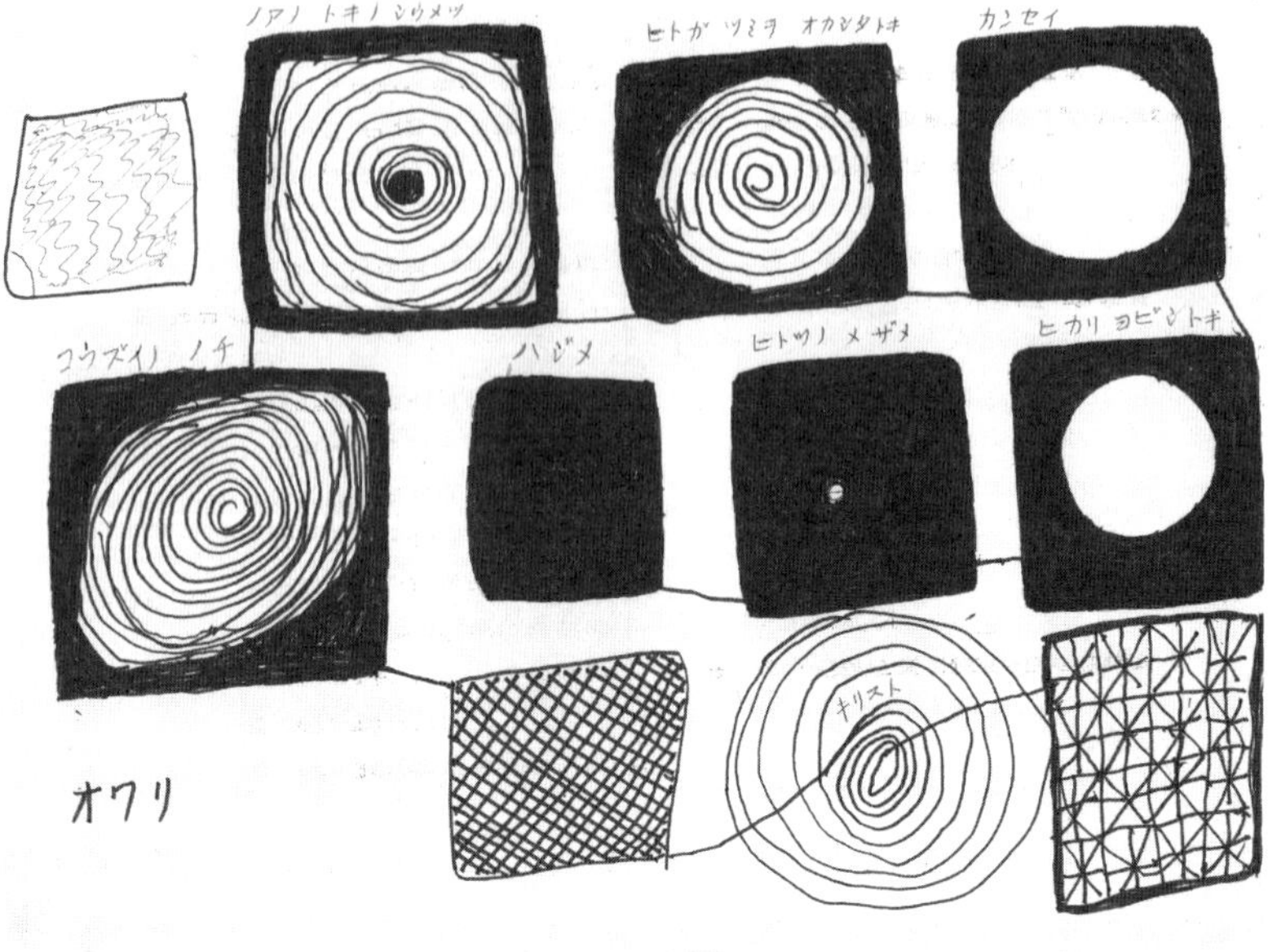

【図 7–3】

菊がキリスト教の世界観を図に表したもの。その解釈は次の通りである。まず「ハジメ」は真っ暗（中央）で、次に「ヒトツノメザメ」があり「ヒカリヨビシトキ」を経て世界が「カンセイ」する（右上）。しかし「ヒトガツミヲオカシタトキ」、その「カンセイ」した世界は渦を巻き「ノアノ　トキノ　シウメツ（消滅）」を迎える。そして「コウズイノノチ」に登場する網掛（中央下）は人類の消滅を意味している。その後「キリスト」が誕生し世界は整理された（右下）。人が罪を犯し、乱雑になった世界が整えられていくという解釈は、菊の歩みと信仰の関わりを彷彿とさせる。

菊は「書く」「読む」ことによって自分の内面を見つめ、「語る」ことで自分の経験を他者に開いていった。そこには菊の物語を「聞く」人びとの姿があった。「石嶺教会」とは菊が経験を「語る」――菊の経験を「聞く」という関係性の場だった。

菊は数十年ぶりに帰郷した沖縄において、自分の経験を「書く」「読む」ことに加えて、自分を「語る」場に恵まれ、それを「聞く」人びとと出会った。そうした「語る」――「聞く」の関係性は、キリスト教の観点から捉え返した自分の物語を他者に開き、それが他者に受け入れられていくことでもある。菊にとって「石嶺教会」とは「書く」「読む」「語る」「聞く」が一つに重なり合う場であり、自分の経験が聞き届けられる歓待の居場所だったのである【図7―3】。

注

(1) 桜井厚「オーラル・ヒストリーの対話性と社会性」『歴史学研究』八一一号、二〇〇六年、六頁。
(2) 百万人の福音編集部「主は私を緑の牧場に伏させ」『百万人の福音』第六一〇号、いのちのことば社、二〇〇一年、七〇頁。
(3) 宮城菊(語り手)・城倉翼(聞き手)「証し」石嶺バプテスト教会『主の御手の中で』、二〇〇三年、六三頁。
(4) 安城秀『基督教傳播與台灣港市的韓人移民:以「基隆韓国教会」為中心』國立臺灣海洋大學碩士論文、九七―九九頁。
(5) 同上、一三八頁。
(6) 宮城菊(語り手)・城倉翼(聞き手)、前掲「証し」、六六頁。
(7) 同上。
(8) 渡邊欣雄・岡野宣勝他編『沖縄民俗辞典』(吉川弘文館、二〇〇八年)には「ウヤファーフジ」と項目が設けられており、その解説には「沖縄語で親をウヤ、祖父母をファーフジと表現するが、この二語によって造語された先祖の総称」と記載されている(六九頁)。
(9) 宮城菊(語り手)・城倉翼(聞き手)、前掲「証し」、六六頁。
(10) 同上。
(11) 基隆韓国教会「基隆韓国教会聖餐会員成年者名冊」、一九七八年一〇月一日。
(12) 宮城菊『アカデミー』③、一九八一年一月一二日。尚、菊が記したノートの説明は次節を参照されたい。また、本引用の出典に関しては【表7―1】参照。
(13) 宮城菊『キャンパス』⑨、日付不詳。

（14）安、前掲『基督教傳播與台灣港市的韓人移民』、一一三頁。
（15）宮城菊（話し手）・城倉翼（聞き手）、前掲「証し」、六六頁。
（16）「菊さんノート」とは別に「ハングル練習帳」が一〇冊残されている。これは、菊が「基隆韓僑国民学校」で開かれていた韓国語の授業の際に使っていたノートである。日付が確認できるものとしては一九八六年が一番古く、一九八八年、一九九一年、一九九二年の日付も確認できる。「練習帳」の日付から、韓国語のクラスは毎週日曜日に開講されていたと推測できるが、菊の参加は断続的だった。尚、一九八六年以前の「ノート」類にもハングルが用いられていることから、それ以前から菊がなんらかの形でハングルに接していたことがわかる。
（17）西川裕子『日記をつづるということ』吉川弘文館、二〇〇九年、六頁。
（18）同上、四四頁。
（19）同上。
（20）同上、二九四－二九五頁。尚、田中祐介編『日記文化から近代日本を問う――人々はいかに書き、書かされ、書き遺してきたか』（笠間書院、二〇一七年）は、西川の研究に依拠しながら、史料・モノ・行為の三点を軸に日記文化について論じている。本書は、西川が挙げた三つの逸脱に加えて「他者の眼差しが介在する日記」すなわち「点検者の赤字」に着目している（二五頁）。
（21）槙原茂編著『個人の語りがひらく歴史――ナラティブ／エゴ・ドキュメント／シティズンシップ』ミネルヴァ書房、二〇一四年、三－四頁。
（22）同上、六頁。
（23）安、前掲『基督教傳播與台灣港市的韓人移民』、九七頁。
（24）百万人の福音編集部、前掲「主は私を緑の牧場に伏させ」、七一頁。
（25）安、前掲『基督教傳播與台灣港市的韓人移民』、一一八－一二三頁。
（26）百万人の福音編集部、前掲「主は私を緑の牧場に伏させ」、七一頁。
（27）宮城菊『A5ノート』①、一九七七年二月一日。
（28）同上。
（29）百万人の福音編集部、前掲「主は私を緑の牧場に伏させ」、七一頁。
（30）同上。

(31) 宮城菊『青年日記』②、一九八一年三月一日。
(32) 宮城、前掲『A5ノート』①、一九八四年三月七日。
(33) 同上、一九八四年三月八日。
(34) 同上、一九七七年一〇月二六日。
(35) 同上、一九七七年二月三日。
(36) 同上、一九七七年二月四日。
(37) 同上、一九七七年一一月二日。
(38) 同上。
(39) 同上、一九七七年九月一八日。
(40) 大貫隆・名取四郎他編『キリスト教辞典』岩波書店、二〇〇二年、三三六頁。
(41) 日本聖書協会発行『聖書』「旧約聖書」、一九七九年、九二一頁。尚、(一・一)は引用した章と節を意味している。以下、同様。
(42) 加藤隆『旧約聖書の誕生』筑摩書房、二〇〇八年、三三五頁。
(43) 同上。
(44) 日本聖書協会発行、前掲『聖書』「旧約聖書」、九二一頁。
(45) 加藤、前掲『旧約聖書の誕生』、三三五頁。
(46) 同上。
(47) 同上、三三六―三三七頁。
(48) 同上。
(49) 同上、三三七頁。
(50) 同上、三三五頁。
(51) 宮城、前掲『A5ノート』①、一九七七年一一月二日。
(52) 同上。
(53) 同上。
(54) 同上。

（55）同上、日付不詳。新しい家に引っ越してきた後も土地を巡って問題が起きていた。その一つが名義変更である。『青年日記』②「一九八一年三月三一日」を見ると「カイチョ（会長）サンノ　コセキガ　キュウナ（喜友名）ト　ナッテ　イル　タメニ　ナマエガ　チガウ　ト　イウ　コト　デ　コマッタ」とある。これは台湾側の行政文書には蔡璋と記されていたために生じた問題であろう。その続きを読んでいくと、菊は、喜友名と蔡璋が同一人物である「ショウメイヲ　カイテモラウ」ために、台中に暮らす「リイサン」という友人を頼っている。菊は「ホントウニ一ナンサッテマタ一ナン。ホントウニ　ヤッカイナコトデアル」と記している。

（56）宮城、前掲『A5ノート』①、一九七七年一一月二日。

（57）同上。尚「ルカの福音書」は「新約聖書」を構成する福音書の一つである。菊が言及している箇所は以下の内容である。「イエスは手を伸ばして彼にさわり「そうしてあげよう、きよくなれ」と言われた。すると、らい病がただちに去ってしまった」（一三）。「イエスは、だれにも話さないようにと彼に言い聞かせ、「ただ行って自分のからだを祭司に見せ、それからあなたのきよめのため、モーセが命じたとおりのささげ物をして、人々に証明しなさい」とお命じになった」（一四）（日本聖書協会発行、前掲『聖書』「新約聖書」、九一頁）。

（58）宮城、前掲『A5ノート』①、一九七七年一一月二日。

（59）同上。

（60）同上。

（61）宮城菊『キャンパス』⑨、日付不詳。

（62）宮城菊『トーカイ』⑦、日付不詳。菊は「二〇〇三（年）、ニカイメノ　タイワンニ　イク。二月一一日コノヒニイッテ、四月三日ニカエッテキタ」と記しているように、沖縄に暮らしながら台湾を行き来する生活を送っていた。

（63）宮城菊「メモ㉑」、日付不詳。

（64）宮城、前掲『トーカイ』⑦、日付不詳。

（65）宮城菊『ジャポニカ』⑪、一九九七年一〇月一四日。菊の家で開かれた「カテイレイハイ」の記録は同年同日に始まり一九九八年七月二一日で終わっている。

（66）宮城菊『らくがき帳』㉒、二〇〇一年九月一三日。

（67）宮城菊『コル』⑩、一九九六年八月四日。沖縄に遊びに来ていた孫が体調不良になり、「石嶺教会」に相談したところ病院を教えてもらったと記されている。

(68) 宮城菊『キャンパス』⑳、二〇〇三年一〇月一二日。
(69) 宮城、前掲『A5ノート』①、一九七七年一一月一一日。
(70) 宮城、前掲『トーカイ』⑦、一九九五年六月二三日。
(71) 六月二三日は一般的に沖縄戦が終結した日だと見なされている。文化人類学や沖縄近現代史を専門とする北村毅によれば、「慰霊の日」は一九六一年に制定され、翌六二年に実施された。当初は六月二二日だったが、沖縄戦を指揮した第三二軍・牛島満司令官の自決が二三日だという説が提起され、一九六五年以降から二三日に変更された(北村毅『死者たちの戦後史――沖縄戦跡をめぐる人びとの記憶』御茶の水書房、二〇〇九年、四一頁)。
(72) 宮城菊『トーカイ』⑯、二〇〇一年二月八日。
(73) 菊は台湾に売られる以前の生活を回想し、自分は〈面倒見がいい〉子どもだったと述懐している。〈あっちこっち子守を頼まれ〉、正月になると〈着物とかね【略】「はい、着てみなさい」というて〉近所の人たちがくれたと述べている。
(74) 宮城、前掲『トーカイ』⑯、二〇〇一年二月八日。
(75) 同上。
(76) 同上。
(77) 同上。
(78) 同上。
(79) 宮城菊『コンバイン』⑰、二〇〇〇年五月二七日。
(80) 宮城、前掲『A5ノート』①、一九七七年二月四日。
(81) 百万人の福音編集部、前掲「主は私を緑の牧場に伏させ」、七三頁。
(82) 宮城菊(語り手)・城倉翼(聞き手)前掲「証し」、七二頁。
(83) 宮城、前掲『トーカイ』⑯、二〇〇三年一一月一八日。
(84) 本田哲朗『釜ヶ崎と福音――神は貧しく小さくされた者と共に』岩波書店、二〇一五年、一五四頁。
(85) 同上。
(86) 石嶺バプテスト教会「週報」、二〇〇六年一〇月二九日。
(87) 宮城、前掲「メモ㉑」、日付不詳。

(88) 宮城菊「メモ⑨」、日付不詳。
(89) 大沢敏郎「補論　横浜・寿識字学校からの報告」パウロ・フレイレ(柿沼秀雄訳)『自由のための文化活動』亜紀書房、一九八四年、一三二頁。
(90) 大沢によれば「「横浜・寿識字学校」は、一九七八年一二月一日に「寿寺子屋」として、当時、三九歳の長岡長一さんの住んでいた簡易宿泊所・永楽荘の三畳ほどの一室から誕生したという」(大沢敏郎『生きなおす、ことば　書くことのちから――横浜寿町から』太郎次郎社エディタス、二〇〇三年、三三頁)。
(91) 大沢、前掲「補論　横浜・寿識字学校からの報告」、一三二頁。
(92) 柿沼秀雄「訳者あとがき」パウロ・フレイレ、前掲書、一八八―一八九頁。
(93) 同上、一九〇頁。
(94) 河合隼雄『物語を生きる――今は昔、昔は今』岩波書店、二〇一六年、三頁。
(95) 同上、三―四頁。
(96) 宮城、前掲『キャンパス』⑨。
(97) 宮城菊『キャンパス』㉓。
(98) 三浦麻子・相川充・大野久・川浦康至「座談会　日記コミュニケーション」『現代のエスプリ』三九一号、至文堂、三二一―三二三頁。
(99) 同上、三二三頁。
(100) 同上。

コラム⑦　キムチが繋いでくれた出会い

菊との出会いについて書き留めておきたい。

二〇〇五年に沖縄の大学を卒業して、台湾中部に位置する東海大学の大学院に進んだ。沖縄と台湾の関係について研究したいという漠然とした方向性はあったものの、何をテーマに研究をするのかは決まっていなかった。関連する文献をめくり、インターネットをググった。その過程で喜友名嗣正のことを知った。

第六章で触れたように、喜友名は戦後台湾で「台湾省琉球人民協会」を組織し、琉球独立運動を展開した人物だった。ググった資料には「琉球人民協会」の住所が記されていた。場所は台湾本島北部の基隆。バイクで台湾一周旅行をした時に通り過ぎただけの場所だった。土地勘は全くなかったが、修士論文のテーマを決めないといけないという焦りがあった。思い切って基隆に行くことを決めた。

二〇〇八月一月二四日。正午前に基隆に到着した。観光地として有名な基隆廟口で腹ごしらえをしてから「琉球人民協会」があった場所を訪ねた。

基隆市街地から約二〇分、「中正区公所」でバスを降りた。そこには「天徳宮」という赤い門があり、そこから筋道を少し入っていくと、野菜、肉、魚を売る屋台が並んでいた。さっそく聞き取りを開始した。手当たり次第に声をかけてみたが、喜友名や「琉球人民協会」を知る人はいなかった。

調査は空振りか。いや、せめて文献調査だけでも…。そんな思いから「基隆文化センター」の資料室に向かった。文献をめくったがやはり台湾のなかの沖縄を知ることは出来なかった。

また出直そう。そう思い、文化センターからバス乗り場に向かって歩き始めた時だった。事前に読んでいた文章が思い出された。

家の近くには三国志の英雄たちを祀ってある廟があった。その廟をはさんで右に韓国人協会、左に琉球人民協会があった（比嘉康文『「沖縄独立」の系譜』琉球新報社、二〇〇四年、一九六頁）。

これは喜友名の息子・嗣興の証言である。嗣興が述懐している「廟」とは、昼間に見た天徳宮のことではないのか。藁をもつかむ思いで引き返した。

陽は暮れて寒さが一段と増していた。雨も降り始めていた。屋台はすでに店じまいをしていた。昼間とは打って変わって静寂がその場を包んでいた。

「廟」は確かにそこにあった。「琉球人民協会」はここにあったに違いない。その感触だけを胸にしまい帰路につこうとした時だった。道端でキムチを漬けている夫婦の姿が目に入った【写真 コラム⑦-1】。

台湾では見慣れない光景に思わず声をかけた。すると、私のなまりのある中国語を聞いてか、その男性は「あんたどこから来たの？　日本？」と日本語で聞き返された。予想もしなかった日本語の登場に戸惑いながらも、来訪の理由を告げた。その男性は「だったら琉球のおばあちゃんがいるから、ちょっと待ってなさい」と言い残し、バイクでどこかに行ってしまった。

一〇分ほどしてその男性が帰ってきた。バイクの後ろには小柄で白髪のおばあちゃんがちょこんと座っている。それが菊だった。

菊は深々と頭を下げて〈宮城菊と申します〉と挨拶をし〈ここは人様の家だから、私の家に行きましょう〉と声をかけてくれた。

菊の家は天徳宮からほど近い場所にあった。居間のソファに坐り、菊の話に耳を傾けた。

菊はまず、ここは「水産」と呼ばれる地域だと教えてくれた。かつて大きな水産会社があったから「水産」と呼ばれるようになったとも。そして「琉球人民協会」は「水産」にあり、自分が今住んでいるこの家が事務所だったこと、また「水産」には韓国人の協会／教会、学校もあり、台湾に暮らす韓国の人にとって「水産」はすごく大切な場所だと話してくれた。

菊と話したのは二時間ほどだった。菊に突然の来訪を詫び、話を聞かせてくれたことに感謝して別れを告げた。

帰りのバスの中で色々なことが脳裏を駆け巡っていた。喜友名に始まった基隆調査。赴くまま辿りついた「水産」という場。そして、菊との出会い。

菊の語りを通して、それまで別個に存在していた沖縄・台湾・朝鮮が「水産」という磁場に引き寄せられるような感覚を覚えた。「水産」から見えてくる沖縄・台湾・朝鮮にどのようにアプローチしたらよいのか見当が付かず、不安と戸惑いがあった。それでも私は「水産」をまた訪ねようと心に決めた。菊の話をもっとじっくりと聞きたい。菊への聞き取りが始まった。

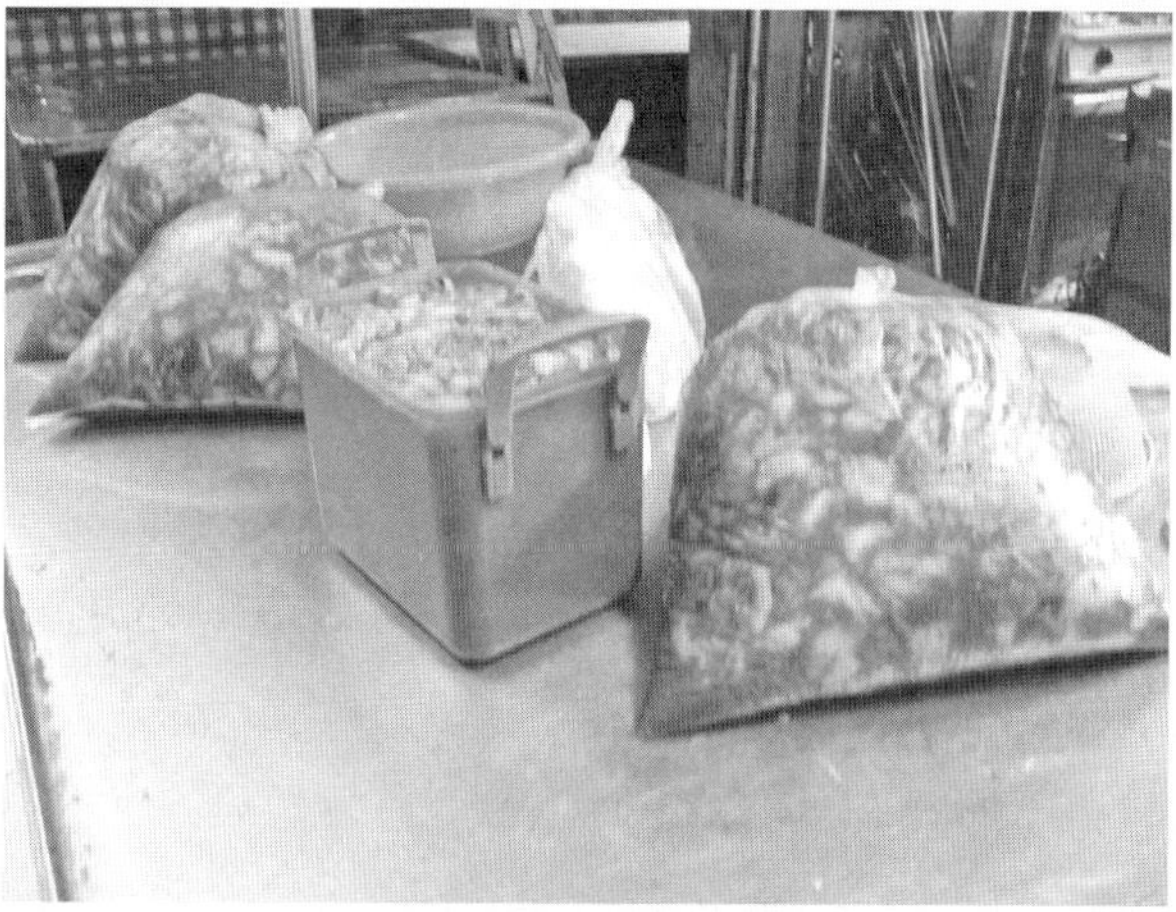

【写真 コラム⑦-1】

金秀夫・黄太任夫妻が作っていたキムチ。金秀夫が菊を紹介してくれた（2008 年 1 月 24 日、筆者撮影）。

終章　「菊」から「私たち」の物語へ

第一節　「水産」地域の現在

文化人類学者のジェイムズ・クリフォードは、その自著『ルーツ――二〇世紀後期の旅と翻訳』（月曜社、二〇〇二年）において、地域や場を考察する際の視座として「ホテル」「モーテル」というメタファーを用いている。旅人が常に入れ替わる『ホテル』「モーテル」という比喩を用いることで、アプリオリに固定化された空間として地域や場を捉えるのではなく、「いくつもの位置が交わる歴史であり、いくつもの歴史が交差する一つの位置」(1)として地域や場を捉えようとする。

クリフォードは、そうした「いくつもの歴史が交差する」地域や場が育む文化にも目を向ける。クリフォードが言う文化とは、地域や場と同様、可変的で流動的なものである。それは、変容を免れ純粋性を保持しているといった常套句で切り取られる文化ではない。移動・接触・交流・混淆を繰り返しながら、事後的に立ち上がってくるものこそが文化であり、決してアプリオリに設定され発見されるようなものではない。

「水産」地域に関しては第三章と第五章で集中的に論じたが、それは言わば「水産」地域に関わるハード的な側面であり、文化的側面に関しては充分に言及してこなかった。そこで本節では、文化接触や生活文化という観点から菊の経験と「水産」地域の現在を照らし出してみたい。

菊の文化接触やその文化実践を考える際、まず言葉の問題がある。

第七章で言及したように、「菊さんノート」には、曜日や個人名に韓国語が使われている箇所が散見される。聖書の筆写では章と節に韓国語を用い、本文は日本語で記されている場合や、韓国語で書き写された文章の上に片仮名で訳が付けられている記述などが確認できる。こうした日本語と韓国語の併用の他にも、菊は韓服を身に纏い琉球舞踊を踊り、自宅のピアノを使ってアリランの弾き語りを披露してくれたこともあった。

食生活に目を転じれば、菊は辛い物を口にすることが出来なかった。「基隆韓国教会」では礼拝の後に昼食が振る舞われる。白菜、大根、胡瓜などを漬けたキムチは教会の定番料理だが、菊は白米とおかずだけで食事を済まることが多かった。

菊が、戦後「水産」地域の暮らしのなかで排外主義の煽りを受けたことは第五章で言及した。「水産」地域に張り巡らされた境界線は、帝国日本から戦後東アジアの冷戦体制に連なる時代の変遷によって引き直された。その一方で、民族や国家の境界線は、菊の暮らしのなかに生活文化としても刻み込まれていた。菊の言語使用や韓服での琉球舞踊、ピアノによるアリランの演奏は、沖縄・韓国・日本といった言葉・文化・民族の境界線を越境した菊の文化実践を伝えている。

二〇一八年四月現在、「水産」地域に暮らす韓僑は「文化美容院」を営む黄太任（一九四七−）の一世帯のみである【写真　終−1】。

黄は植民地下の台湾に生まれた韓僑二世の金秀夫に嫁いだ。コラム⑦でキムチを漬けていた夫婦に出会ったと書いたが、それが金秀夫・黄太任夫妻だった。菊を紹介してくれたのが金秀夫であり、その父親は戦前から「水

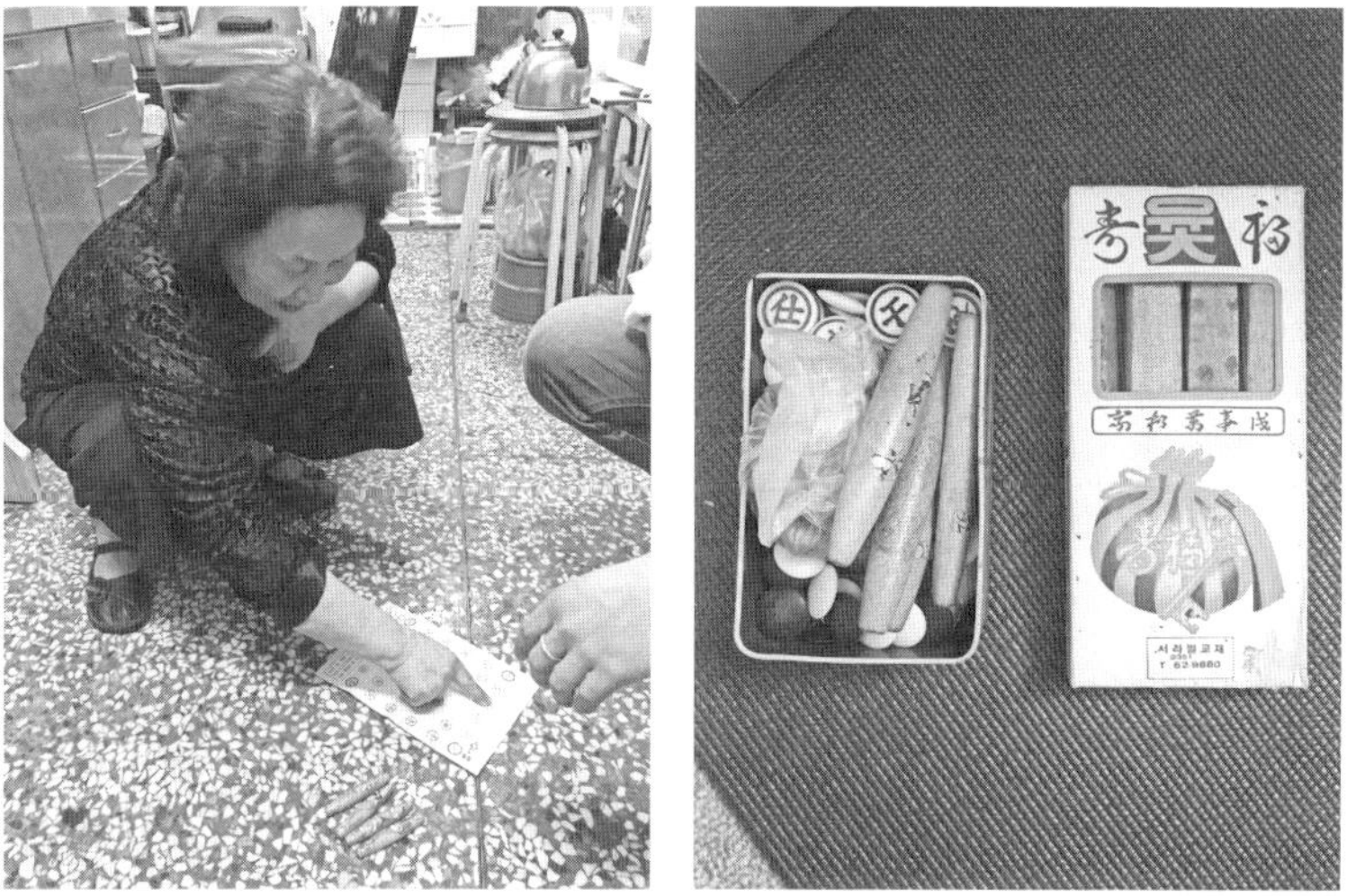

【写真 終-1】

韓国の双六（윷놀노리）の遊び方を教えてくれた黄太任。윷놀노리は菊の遺品から出てきた。菊の孫・鄭琦龍は子供のころ菊とよく윷놀노리で遊んだという。

産」地域で漁業用雨具の修理を生業にしていた。一方の黄は一九六九年に台湾に渡り、韓国で美容関係の仕事に従事していた経験を活かして「文化美容院」を開いた。

菊は〈アチャアチャ〉の際に「文化美容院」によく立ち寄っていた。菊は〈タッピにならんようアチャアチャせんといかん〉と口癖にように話していた。〈タッピ〉とは「寝たきりになる」こと、〈アチャアチャ〉とは「歩く」「散歩をする」を意味する。「寝たきりにならないように歩く（散歩をする）」ことが菊の日課だった。

「文化美容院」には色々な人びと——大抵は台湾系漢民族の中年女性——が出入りをするため、井戸端会議の場に様変わりすることも日常の風景である。近年では、インドネシアやフィリピンの介護労働者が「文化美容院」を訪れ整髪する姿を目にするようになった。時には介護している老年者の散髪のために「文化美容院」を訪ねることもある。他方「文化美容院」から歩いてすぐの正濱漁港に行けば、

【写真　終-2】

夕暮れ時に正濱漁港新大楼に集まる東南アジアからの女性労働者たち（2015年3月13日、筆者撮影）。

東南アジア系男性労働者が漁具の整備をし、洗濯物を漁船に干している姿を目にするようになった。(2)「水産」地域で働く彼・彼女たちはどのような境遇を背負い台湾にやって来たのだろうか。菊と東南アジアからの労働者が「水産」地域で出会うことはあったのだろうか。東南アジアから台湾にやってきた「もう一人の菊」たちは、言葉や習慣の異なる「水産」地域に暮らしながら自らの経験を新たに積み重ねている【写真　終-2】。

人が日々入れ替わる「文化美容院」を一人で切り盛りしている黄は、韓国語はもちろんのこと日本語・北京語・閩南語を解す。その理由を尋ねると「お店にやってくるお客さんと話するうちに自然に覚えた」と言う。黄の他にも「水産」地域に暮らした韓僑一・二世には韓国語、日本語、中国語、閩南語を解す人びとがいる。しかし菊の場合、ハングルや漢字を書くことは出来ても、中国語、閩南語、韓国語での会話は簡単な挨拶程度だった。

黄は美容院を経営する傍らキムチを作って販売している。主な顧客は「水産」地域の人びとである。この自家製キムチは金秀夫が死去する前は二人の共同作業だったが、現在では「水産」地域の友人の手助けを時に借りながら、黄が全ての工程を一人で行っている。黄のキムチは長時間発酵させず酸味と辛さをおさえた台湾人向けの味付けである。

「水産」地域の琉・韓僑は一九六〇年代頃から徐々に減少し始める。この頃になると乱獲によって漁獲高が減少し「水産」地域の根幹産業だった水産業の衰退が始まる。また「台湾韓僑協会」の立て直しに奔走してきた盧は、「水産」地域から韓僑が離れていった理由を次のように述べている。

海洋大学が出来て(3)、そこで新しく若い船員たちを教育したわけよ。そうすると今まで船長やった人が次は機関長、機関長から次は一般の船員、こういうふうに階級が落ちて、しまいには船に乗ろうとしても保証金を持っていかないと船に乗れないというこの状況までいったわけよ。だから要するに、完全に年を取ると共に発展するんじゃなく、年を取ると共に経済的条件は悪化してきたわけだ。結局職業みんな取られたんだから。だから結局急激に貧乏になっていったわけ。だから居留民たちが住めない。住めないから皆、高雄に行くとか別に職業探して出ていくようになったわけだ。(4)

近年、「水産」地域にあった冷凍・製氷工場、「基隆市営漁民住宅」の取り壊しが進んでいる。「キャピタリズムの騒音地(5)」と称されていたかつての「水産」地域の面影はすでにない。

水産業の衰退や若い船員の育成は、台北や高雄といった都市への移住や帰郷を生み出した。その一方で、菊用錫、金秀夫や黄太任のように「水産」地域に残った人びともいた。近年ではフィリピンやインドネシアからの労働者を見かけるようになった。このように「水産」地域には新しい移動と経験が現在進行形で折り重なっている。また、韓僑と「水産」地域の関係性が完全に断たれてしまったわけではない。なぜなら彼らは日曜礼拝に参加するために「基隆韓国教会」に帰ってくるからである。

【写真 終-3】

「琉球ウミンチュの像」が伝える歴史がある一方で、そうした歴史物語から排除される菊や喜友名の物語がある（2012年3月3日、筆者撮影）。

しかし「基隆韓国教会」の信徒の減少は焦眉の問題である。「水産」地域に暮らす韓僑の減少に加えて、一世の死去や二世の高齢化が拍車をかけている。「基隆韓国教会」は、韓国語のクラスを開講するなど海洋大学との接点を模索しているが、信徒の数が減少する状況において今後どのようにして教会を維持していくのか。「基隆韓国教会」は一つの大きな試練の時を迎えている。

その一方、琉僑と「水産」地域との関係はどうなっているのだろうか。

現在、「水産」地域に暮らす琉僑はすでにいない。しかし、沖縄と台湾の関係を伝える記念碑が二〇一一年一二月一日、和平島の基隆和平公園に建立された。それが「琉球ウミンチュの像」（中国語では「琉球漁民慰霊碑」、以下「ウミンチュの像」）である【写真 終-3】。

「ウミンチュの像」は、右手に銛を持った一人のウミンチュ（漁師）が刳り舟に乗った造形である。[6] その台座には「琉球ウミンチュの像建立の由来」が記されている。

> 一九〇五年頃から琉球人は基隆に移住し、その後五六〇人もの集落《ママ》をした。台湾人は琉球人に居住地を提供し、対して琉球人は漁法・造船・漁具修理など漁業全般の技術を惜しみなく伝えた。台湾と琉球人が共助し、兄弟姉妹の如く暮らした輝かしくも誇らしい史実である。

和平島にはかつて琉球人部落が存在し、多くの沖縄出身者が暮らしていたことは先行研究がすでに教えている。「ウミンチュの像」は、そうした沖縄と台湾の人びとの交流史を伝え、両地域の交流を記憶するモニュメントとなっている。具象化された記念碑が作り出す集合的な記憶や歴史物語がある一方で、その語りから排除される人びとの経験や交流にも目を向ける必要があるだろう。

例えば、菊や喜友名のような「ウミンチュ」ではない沖縄出身者は「ウミンチュの像」に代表される交流史のどこに位置づけられるのか。また、建立の趣旨を度外視した見解であることを承知で言えば、「水産」地域に暮らした朝鮮（韓国）出身者の存在は完全に不可視化されている。第四章で言及した『無言の丘』における朝鮮表象の問題が、「水産」地域において現在進行で再生産されているとは言えないだろうか。

「ウミンチュの像」のように公共的に語り継がれる歴史や経験がある一方で、全く語られることのない他者化された記憶や経験がある。それは、沖縄と台湾の関係に朝鮮（韓国）を加えて解決できる問題ではないだろう。だからこそ、関係性の場の問題として歴史を構想していく必要がある。

第二節　「宮城菊姉を偲ぶ会」に参加して

二〇一三年八月の下旬、筆者は基隆にいた。菊が夕飯を買いに行く途中で転倒し、入院したとの知らせを受けたからである。病院のベッドに横たわる菊は起き上がることも出来ず、日に日に衰弱していった。炊事洗濯など身の回りのことは全て自分で行い、〈タッピにならんようアチャアチャせんといかん〉と口癖のように話していた菊にとって、ベッドに横たわるだけの日々は苦痛だったと思う。

入浴もままならなかった菊の体を拭いていた時だった。かかとの近くに大きなマメがあることに気が付いた。琉球舞踊は手の動きが重要であり、幼少期の菊は〈手が硬くなる〉という理由で水仕事は一切させてもらえなかった。晩年は腰を痛めたこともあり、菊は琉球舞踊が踊れなくなっていた。しかし、足の皮膚は硬く、そして、厚かった。足の裏に出来たいくつものマメは、菊が辻で身に付けた琉球舞踊を幾度となく踊り続けてきたことを物語っていた。

入院してからちょうど三週間後の九月八日。菊は誰にも看取られることなくこの世を去った。数え年九歳で家族を離れ、一五歳で台湾に渡り、辛い経験や病気、孤独に苦しんできた菊の最期はあまりにも象徴的だった。

病床に臥した菊が語ってくれた言葉がある。それが〈平和を楽しむ〉という言葉だ。

菊は毎日聖書を開き、讃美歌を歌う敬虔なクリスチャンだった。〈平和を楽しむ〉という言葉は、信仰によって育まれたと理解することも出来るだろう。

しかし、この言葉を発した菊の念頭にあったのは家族の存在だった。幼くして家族の元を離れ、台湾で家庭を築いたものの、自分の出自によって家族の間に溝が出来た。菊にとって〈平和を楽しむ〉とは、世界平和に象徴されるような「平和」ではなく、人生の大半を共に過ごす家族の繋がりを大切にし、その家族が〈仲良く〉一緒に暮らすことを〈楽しむ〉という願いに他ならない。そのためには〈話し合う〉〈許し合う〉〈慰め合う〉ことが必要だと菊は話してくれた。

〈平和を楽しむ〉という言葉は単純で素朴な印象を与える。捉え方次第では何の変哲もない言葉に思えるかもしれない。しかし、だからこそ、この言葉には菊の洗練された思いが凝縮されている。それは、自分の意志とは無関係に生まれ育った沖縄から引き剥がされ、幾多の予期せぬ経験をしてきた菊の痛みではないだろうか。〈平和を楽しむ〉という言葉には、菊がこれまで抱えてきた痛みの重さと深さが刻み込まれている。

二〇一三年九月一〇日、基隆市殯儀館で「宮城菊姉妹追思礼拝」が執り行われた。

菊は二〇一二年頃から家族の意向で台湾の教会に通っていた。「基隆韓国教会」に行くためには交通量の多い道を一人で歩かなければならなかった。菊の家族はそのことを心配したのである。そのため、菊の葬儀は台湾の教会が取り仕切った。「基隆韓国教会」からは、姜鍾邦・金善姫前任牧師夫妻、黄太任、そして「水産」地域で苦楽を共にした菊の友人や知人が参列した。また、弥恵も沖縄から駆けつけた。

基隆で葬儀が執り行われた翌一〇月二七日、「石嶺教会」では「宮城菊姉を偲ぶ会」が開かれた。「偲ぶ会」は「石嶺教会」の中尾孝善牧師の司会で進行し、菊に連なる教会関係者や親族約二〇名が一同に会した。「偲ぶ会」は終始、ほどよく落ち着くことの出来る和やかな雰囲気のなかで進められた。

「偲ぶ会」は菊が生前にこよなく愛した讃美歌「鹿のように」の斉唱で始まった。その後、菊がどのような形で最期を迎えたのかが報告され、「主は私を緑の牧場に伏させ」[7]の朗読が行われた。そして「石嶺教会」が所蔵している写真のスライド、二〇一三年二月に「水産」地域で撮影された菊の動画が放映された。会の終わりには、菊と交わりのあった信徒たちが菊の思い出を語り合う場が設けられた。そこで語り合われた菊の思い出の幾つかを紹介したい。

城倉翼牧師：忘れられないお一人。一九九三年に教会に初めて足を運ばれた。私の就任よりも少しだけ遅れて教会に来られた。私はまだ右も左も分からない初めての就任牧師だったけれど菊さんが祈って下さった。そして城倉家のおばあちゃんとして子どもたちの面倒を見て下さった。五五年ぶりに帰ってきた場所がいくら故郷だと言っても、全然違う場所になっているので、菊さんにとってここ（沖縄）が住みやすい場所であったかどうかで言えば、砂川弥恵姉妹と出会ったということがどんなに大きかったことかと思います。弥恵さんが本当に親身になって菊さんを支えて下さいました。

砂川弥恵姉妹：思い出がありすぎて何を話したらいいのか。菊さんは私のために神様が送って下さった。神様第一、教会第一という菊さんの生き方を学びなさいと。菊さんは花火が好きだった。菊さんと色々な所に出かけた。その車中で、沖縄の昔話、戦争の話、家族の話、台湾の教会の話、台湾生活の苦労話などたくさんのことを話して下さった。菊さんが伝えたかったことは、しっかりと神様に向き合いなさいということだと思います。神様にプレゼントを頂いたと感謝しています。

A姉妹：菊さんは率直な人、飾り気のない人、神に愛されていた人。菊さんが弥恵さんの家に暮らしていた時、弥恵さんの家と石嶺教会を往復する車の中で「トゥバラーマ」(8)の台詞を全て諳んじていた。そして夏のキャンプを思い出す。菊さんはみんなのために動いてくれた。

B姉妹：たくさんの思い出がある。菊さんは祈りの人。朝三時に聖書を読んでいた。自分の母や姉が体調不良だったとき家まで祈りに来てくれた。本当に祈りのあつい人。

C姉妹：もの柔らかな人。証として人生経験を語ってくれた。

第七章で言及したように、菊は「基隆韓国教会」で得た信仰を「石嶺教会」という場において安定させていった。菊にとっての「石嶺教会」とは、日本語はもちろんのこと、ウチナーグチが通じる信徒たちと交わることが出来る場であった。そうした交わりは、教会という場に限定されていたわけではなく、教会主催の催しや移動中の車内においても積み重ねられていった。そこで菊は「証としての人生経験」を語り、その他方には、菊の証に耳を傾ける信徒たちの存在があった。石嶺教会という場を中心としながら同心円状に広がっていく様々な交流のなかで、菊と教会の人びとは交わりを重ねていった。

「偲ぶ会」は、城倉翼牧師の祈りで締めくくられた。その祈祷には菊にとってのキリスト教が見事に凝縮されている。長文になるが摘記して引用する。

お祈りさせて頂きます。

愛する天のお父様。あなたの僕であり、あなたを愛してその生涯を全うした、また、私たちの愛する一人の姉妹が、先月御許へと帰りました。寂しさを覚えながらも、その最期の姿を今日は見ることができ、お聞きすることができ、菊さんが菊さんらしく生涯を全うし、あなたの御許へと凱旋されたことを覚えて心より感謝致します。

主がどんなにか良くして下さった人生でしょう。

主よ、五〇歳になるまでは生きる意味も希望も見出すことが出来ず、むしろ主をも願っていたその生涯のなかに、あなたが光となって下さり、不思議な導きと出会いのなかで主イエス様を信じ、クリスチャンとなり、主の弟子となり、主のご用のために仕える者となったことを心より感謝致します。

私たちのためにまた、この石嶺教会へと来て下さった菊さん、ありがとうございます。主が、この教会のためにつかわせて下さいました。彼女が日本語でメッセージを聞くときに、涙を流し喜んでいた姿を思い起こします。どんなにかあなたの御言葉を慕い求め、御言葉を握り、神様の御前に仕えることを喜んだことでしょう。その姿がどんなにか私たちの励ましとなり、模範となり、素晴らしい信仰のお姿を見せて下さったことでしょう。（中略）

主よどうぞ、残されておりますご遺族のお一人お一人の上にも主が望んで下さいますように。なおも別離の悲しみ痛みはあると思いますが、主が癒し慰めて下さいますように。どうぞ私たち自身もまた、菊さんが残して下さったその言葉、その信仰、その思いをしっかりと受け取りながら、自らの持ち場、立場で神様から与えられた恵のなかで信仰を全うすることが出来るようにお助け下さい。

（中略）五五年の時を経て、その家族一人ひとりに、兄弟の家族に、自分が出会った素晴らしいイエス様を伝えたいという願いを持って来られた菊さんです。このような記念会の場に本当に神様がお導き下さり、共に時を過すことが出来たことを心から感謝致します。願わくば、今なおも沖縄におられます、菊さんに連なりますお一人お一人が、相応しい時、相応しい形で、主イエス様と出会い、イエス様の救いを菊さん同様に得ることが出来るように主よどうぞお助け下さい。（中略）お一人お一人の祈りとあわせ、救い主イエス・キリストの御名によってお祈り致します。

アーメン。

哲学者のハンナ・アーレントによれば、古代ローマでは「生きる」とは「人びとの間にある（inter homines esse）」ことであり、「死ぬ」とは「人びとの間にあることを止める（inter homines esse desinere）」と同意義だという[9]。生前に菊と親交のあった人びとが菊について語り合うことは、宮城菊という個人が生物学的な死の意味を越えて「石嶺教会」の「人びとの間にある」ことを改めて照らし出した。換言すれば、「石嶺教会」で幾多の人びとと出会い、交流を積み重ね、人間関係の網の目を生きてきた菊の生存のかたちが「偲ぶ会」という場から照射されたと言えよう。

しかし「人びとの間にある」ことは、ときに矛盾や軋轢に絡め取られ、差別や排除の対象にされることでもある。あるいは知らず知らずのうちに差別・排除をする側に立たされることもあるだろう。それは、人と人を分け隔てている多様な境界線を――意識的かどうかに関わらず――越境しながら生きる経験に他ならない。そうした境界線は、自分が生きてきた時代や生活をする場所が変われば絶えず引き直され一人ひとりの立場はいかようにも変容していく。

人と人を様々に分け隔てる多様な境界線は、常に引き直される可能性を帯びている。菊は「人びとの間にある」ことをときには受け入れ、ときには回避し、良くも悪くもその境界線に翻弄されながら、その場その時の状況に即した形で自らの生を切り拓いてきた。

そして、菊の軌跡を記述していく過程のなかでブーメランのように常に自分に跳ね返ってくる問いがあった。それは、今という時代の「さまざまな関係の網の目」を「お前はどう生きていくのか」という問いかけである。この菊の問いかけに応答する言葉も生き方も持ち合わせていないが、その場その時における自分の持ち場や立場で「人びとの間にある」ことの意味を反芻し、菊の軌跡や「水産」地域に生きた人びとに向き合っていくなかで応答していきたい。

第三節　「生存」の同時代的企て

本書では菊の軌跡を辿り、それを一国史的枠組みや国家・地域加算式枠組みで捉えるのではなく東アジアが絡まり合う関係性のなかで検討し、東アジアへと開かれていく菊の生存のかたちを論じてきた。その際に、（1）移動、（2）場、（3）経験を分析枠組みとし、「生存」の歴史学とエゴ・ドキュメント研究を相互補完的に位置づけ個人の生を辿る「経験の歴史学」を目指してきた。

「生存」の歴史学を牽引してきた大門正克は、「生存」をめぐる歴史学の課題について次の三点を指摘している。

①「生存」の歴史学は、歴史学の方法／学問を繰り返し問い直す。生存する、生きるという視点をすえることで、歴史学の方法は、どう問い直される必要があるのか。あるいは、生存するという視点と歴史の全体性はどう接続されるべきなのか。

②「生存」の歴史学にかかわる史料読解を問い直す必要がある。

③「生存」の歴史学では、たえざる同時代史的検証が求められる。(10)

③に関しては後述するので、ここでは①と②を中心に本書の課題を述べておきたい。

本書の内容に即して①を解釈し直せば、菊の個別具体的な経験と東アジアの歴史をいかに接続できるのかと言い換えることが出来る。換言すれば、個と歴史の全体性の関わりである。これは決して真新しい問題提起ではなく、これまでに色々な歴史学者が様々に議論してきた課題の一つである。

個人と歴史の全体性という切り口は一見すれば分かりやすく、その問い自体も非常に重要である。しかし、一旦それを記述するとなると両者のバランスをいかに保つのかという課題に直面する。個人に特化しすぎると歴史の全体性が見えなくなる恐れがあり、また歴史の全体性に赴きを置きすぎると個人の経験を時代に従属させる形になってしまい、両者をバランスよく記述することはことのほか難しい。

本書では、菊の個人史と大きな歴史の構造や流れを出来るだけバランスよく記述するように心がけてきたつもりである。その際に留意したことは、例えば、菊がどのような状況で〈死んだ琉球人〉という言葉を耳にし、戦後「水産」地域の排外意識を経験したのか、そうした経験にはどのような時代的な特徴が絡まり合っているのかを出来るだけ丁寧に解きほぐそうとした。その関係を図式に示せば以下のようになる。

（1）個人⇕（2）〈死んだ琉球人〉／戦後「水産」地域の排外意識⇕（3）歴史の全体性

ただし、以上のような関係図では（1）と（3）の繋がりが（2）でしか担保できないという状況に陥りかねない。そこで本書では、杉原達が『越境する民』（新幹社、一九九八年）で提起した関係性としての場に倣い、（1）から（3）が交差する場として「水産」地域を位置づけた。つまり本書において「水産」地域は（2）のような中間的な位置づけではなく、（1）から（3）が凝集される場として設定されている。

また、①からややずれた指摘になるが、個人がどのように生きてきたのかという課題に対して、何をどこまで掘り下げたら生存を論じたことになるのだろうか。この問いに正面から答える力量は持ち合わせていないが、研究方法で言及したように、エゴ・ドキュメント研究が指摘する精神分析学の領域や感情の揺れ動きといった心理的側面に着目することは、従来の「生存」の歴史学をより深化させる一つのアプローチになると考えている。これは①の歴史学の問い直しとも関連する課題だが、本書においては②の問題と密接に関わっている。それは「菊さんノート」をいかに読み、本研究に位置づけるのかという課題である。

菊のように近代学校教育やリテラシーから離れて暮らしてきた人びとの場合、文字史料を残していることは稀である。「菊さんノート」には、菊の心の揺らぎ、信仰への葛藤、キリスト教の観点から自分自身と向き合ってきた菊の姿が綴られていた。個と歴史の全体性に加えて、心の機微や内なる声を視野に入れた「経験の歴史学」において、口述で語られなかった菊の声が記録された「菊さんノート」は重要な位置づけにある。

しかし、本書で取り上げた「菊さんノート」は全体のごく一部である。それは、菊による経験の捉え返しに焦点を当てた記述が中心であり、例えば、菊が書き写した聖書の内容を分析し、菊の経験を重ね合わせて検証する作業は不十分である。これは、菊の語りと「菊さんノート」の関係性、すなわち「語ること」と「書くこと」の関連性を考察することでもある。

二〇一八年一月、大門正克『語る歴史、聞く歴史――オーラル・ヒストリーの現場から』（岩波新書、二〇一七年）の書評会が東京で開かれた。登壇したコメンテーターの一人は「語ること」と「書くこと」の違いを指摘したが、「語ること」と「書くこと」の関係性も同時に念頭に置く必要があるだろう。

日本におけるライフヒストリー研究の幕開けを告げたとされる中野卓編著『口述の生活史――或る女の愛と呪いの日本近代』（御茶の水書房、一九七七年）は、内海松代という女性の生涯を描いている。全一〇章で構成される『口述の生活史』は、第一章から第八章が二〇歳までの歩み、その後六三年間は第九・一〇章で記されている。ページ数に換算すれば全二八六頁のうち一八〇頁が二〇歳までの生活であり、松代の生涯がバランスよく記述されているわけではない。この記述の偏りに関して中野は、一九九五年に出版された増補版のなかで次のように述べている。

> 第八章までの口述が詳しいのは、その前提として、特に第三章、七、八歳の頃の話から後、松代さん自身が以前「ひらがなで書いた手紙」の形の、いわば「自筆の自分史」が存在したことをも思合せておく必要があろう（中略）苦労してひらがなで書いた文章は記憶に残り、この部分は、とりわけ選ばれた言葉で、よどみなく、ゆたかで、いきおいづいた話し方で語られている。[11]

中野は、松代の語りと「書くこと」の関係性を指摘しているが、菊の語りを考えるうえでも「書くこと」は重要な論点の一つになるのではないか。菊の遺品には他のノートやメモ類が含まれている可能性があるため、「語ること」と「書くこと」の関係性を念頭に置きながら今後も調査を継続していく必要がある。

次に、本書で論じることが出来なかった個別の課題について述べる。

本書では主に宮城菊、鄭用錫、喜友名嗣正といった人物に言及してきた。当然のことながら、戦後台湾を生きた琉・韓僑は彼・彼女だけではない。今後はさらに視野を広げるかたちで琉・韓僑の歴史研究を進める必要がある。それは、菊、用錫、喜友名の個別具体的な経験をより広い文脈から考え直すことにも繋がるだろう。

第五章で言及した『琉僑管理案』のほかにも、台湾省政府警務処は『韓僑処置事項案』『韓僑管理案』『韓僑処理事項案』（以下「琉・韓僑档案群」）を作成している。こうした「琉・韓僑档案群」は全部で三七冊あり、一九四八年から一九五一年の案件で構成されている。その内容は不法滞在・密航・強制送還・婚姻・死亡・雇用等に大別することが出来る。

「琉・韓僑檔案群」に着目する最大の理由は「口述調書」である。「口述調書」は全ての案件に付されているわけではなく、審問者の関心に沿って尋問が行われるという史料的な限界もあるが、戦後台湾における琉・韓僑の生活を伝える重要な口述記録として捉えることも出来よう。「琉・韓僑檔案群」に付された「口述調書」に着目し、琉・韓僑の歴史や生活、経験の諸相を具体的に照らし出すことが一つ目の課題である。

次に戦後「水産」地域に移住してきた台湾原住民の研究が残されている。

現在「水産」地域に暮らす台湾原住民はアミの人びとが中心である。彼・彼女たちは台湾本島東部の花蓮や台東に出自を持ち、一九五〇年代初頭から「水産」地域に移住し「奇浩部落」を形成した。男性の多くは遠洋漁業に従事したと考えられるが、琉・韓僑のなかにも遠洋漁業に従事する人びとがいた。彼らが同じ漁船に乗っていたのかどうかは今後調査を必要とするが、戦後「水産」地域において琉・韓僑とアミの人びととの間にはどのような交流があり、お互いをいかに認識していたのかについて考えてみたい。本書では、アミの人びとと琉・韓僑との交流の諸相について検討することが出来なかった。今後の課題としたい。

本書は一九五〇年代に撮影された一枚の写真から出発し、菊の軌跡を辿り直してきた。

コラム⑦で記したように菊と初めて出会ったのは二〇〇八年一月だった。その時に初めて菊の語りを聞いた。突然の訪問だったが、菊は嫌な顔一つせず筆者の質問に答えてくれた。約二時間のインタビューだったが、菊の話を一通り聞き終えた後、菊の半生をどのように受け止めたらよいのか分からずにいた。宮城菊という個人の歩みを通して台湾から東アジアへと広がっていく歴史の広がりを感じながらも、菊が歩んできた軌跡、とりわけ用錫との出会いはどこの歴史なのかという疑問が脳裏を駆け巡っていた。

それからすでに一〇年の月日が経過した。その間に菊はこの世を去った。自分自身の研究や私生活を振り返ってみても様々な紆余曲折があった。それでも菊の語りを初めて聞いたときの疑問は本研究を始めた一つのきっかけとして色褪せず自分のなかにある。

本書が、その初発の問いと戸惑いにどれだけ答えることが出来ているのか疑問が残る。だが、菊の軌跡を東アジアが絡まり合う関係史として、また、歴史の波頭に顔を覗かせることのない他者との交流史として位置づけたいと思う。本書で繰り返し述べてきたように「さまざまな関係の網の目」を生きてきた菊の軌跡は、一国史的な枠組みや国家・地域加算式枠組みでは捉えきれない広がりを見せてくれる。

個人の生を論じることに躊躇いもある。しかし、市場原理が最優先される現代社会や外国人労働者の受け入れ拡大が進むこれからの日本、また、対立が耐えない現在の東アジアを生きていくうえで、出自・性別・階級・境遇など立場の異なる人びとの間をいかに生きていけるのかという問いは、現代を生きる「私たち」にとっても緊要な課題である。現代社会に生きながら歴史を辿り、人びとの経験をたずねなおすことは、自分の足下を照らし、自らの生を問い直す重要な作業である。そのためには、菊の半生や経験を稀有で特殊な話として位置づけるのではなく、本書で言及した人びとはもちろんのこと、今もどこかで生きている「無数の菊」に目を広げる同時代的思考で歴史と向き合うことが必要なのではないか。それは大門が③で述べた「たえざる同時代的検証」でもある。

菊の歩みは一つの典型であり、特殊な時代の特殊な話ではない。菊の軌跡を国家や地域、そして、ある時代に局限する形で位置づけるのではなく、東アジアを越境し、今を生きる「私たち」一人ひとりへと連なる広がりのあるものとして捉えたい。菊の半生は、国家や地域だけではなく、時代を超えて綴られる「私たち」の物語でもあり、今この時を生きている「無数の菊」へと通じている。そうした同時代的な視野で個別具体的な経験と向き合い、人びとの生存を軸に据えながら、様々な地域を越境していく歴史研究の方向性を今後も探求したいと思う。

注

（1）ジェイムズ・クリフォード／毛利嘉孝他訳『ルーツ——二〇世紀後期の旅と翻訳』月曜社、二〇〇二年、四四頁。

（2）台湾南部に位置する高雄や屏東でも遠洋漁業に従事する外国籍労働者が増えている。遠洋漁船を一つの「植民孤島」と位置づけ、彼らの生活や労働環境を報じたルポルタージュとして、李雪莉他『血涙漁場——跨國直擊台灣遠洋漁業真相』（行人文化実験室、二〇一七年）がある。

（3）一九五三年に創立した国立台湾海洋大学は「水産」地域からほど近い立地にあり、水産関連の人材育成や海事に主眼を置いた教育を行っている（国立台湾海洋大学ＨＰ：http://www.ntou.edu.tw/bin/home.php、二〇一五年一二月二日最終閲覧)。
(4) 盧京根への聞き取り、二〇一三年八月一八日、於：盧の自宅。
(5) 葉矢志生「台北から基隆へ」『台湾水産雑誌』第二五七号、一九三六年八月、五一頁。
(6) 「ウミンチュの像」のモデルは内間長三だと言われている。内間は「一九〇五年頃に台湾に渡り、約四〇年間の間に、台湾の漁民らに「射魚」の漁法技術を伝授した」と言われており「ウミンチュの像ではその動きを再現している」(「基隆和平島に琉球ウミンチュの像が建立」二〇一一年一二月二日、台北駐日経済文化代表処ＨＰ：http://www.taiwanembassy.org/jp/ct.asp?xItem=236042&ctNode=1453&mp=202、二〇一五年一〇月一一日最終閲覧)
(7) 百万人の福音編集部編『百万人の福音』第六一〇号、二〇〇一年、六七－七三頁。
(8) 八重山諸島に伝承される代表的な叙情詩。男女掛け合いの恋愛歌として知られる。
(9) ハンナ・アーレント『人間の条件』筑摩書房、一九九四年、二〇頁。
(10) 歴史学研究会編『第四次現代歴史学の成果と課題　新自由主義時代の歴史学1』績文堂出版、二〇一七年、二一七－二一八頁。
(11) 中野卓『口述の生活史――或る女の愛と呪いの日本近代』増補版、御茶の水書房、一九九五年、三〇〇頁。

引用・参考文献

1　個人所蔵史料

「菊さんノート」

「菊さん写真帳」

2　書籍・論文

（1）日本語

青山惠昭「台湾二二八事件 台北高等法院への提訴（上）」『沖縄タイムス』、二〇一五年九月一〇日

――「台湾二二八事件 台北高等法院への提訴（下）」『沖縄タイムス』、二〇一五年九月一一日

浅野豊美編著『戦後日本の賠償問題と東アジア地域再編』慈学社出版、二〇一三年

有末賢『生活史宣言――ライフヒストリーの社会学』慶応義塾大学出版会、二〇一二年

浅野豊美・小倉紀蔵・西成彦編『対話のために――「帝国の慰安婦」という問いを開く』クレイン、二〇一七年

新川明（語り手）／中野敏男・屋嘉比収・新城郁夫・李孝德（聞き手）「反復帰論と同化批判――植民地下の精神革命として」『前夜』第Ⅰ期九号、影書房、二〇〇六年

蘭信三編著『日本帝国をめぐる人口移動の国際社会学』不二出版、二〇〇八年

――『帝国以後の人の移動――ポストコロニアリズムとグローバリズムの交錯点』勉誠出版、二〇一三年

安渓貴子・当山昌直編『ソテツをみなおす――奄美・沖縄の蘇鉄文化誌』ボーダーインク、二〇一五年
池田季苗「台湾の港湾」『台湾時報』一九二八年
石井明「中国の琉球・沖縄政策――琉球・沖縄の帰属問題を中心に」『境界研究』、北海道大学スラブ研究センター、二〇一〇年
石坂荘作『おらが基隆港』台湾日日新報社、一九三二年
石原昌家『戦後沖縄の社会史――軍作業・戦果・大密貿易の時代』ひるぎ社、一九九五年
――『空白の沖縄社会史――戦果と密貿易の時代』晩聲社、二〇〇〇年
石嶺バプテスト教会編集・発行『主の御手の中で――献堂三〇周年記念証し集』、二〇〇三年
井上治三郎「基隆市営漁民住宅に就て」『台湾水産雑誌』第二五一号、一九三六年
移川子之蔵「ケタガラン族の大雞籠社」『科学の台湾』、一九三四年
上原栄子『辻の華』時事通信社、一九七六年
宇田川勝「鮎川義介と日産コンツェルン」日本経済新聞社編『私の履歴書　経済人9』日本経済新聞社、一九九〇年、月報。
浦崎茂子「日本植民地下台湾における女子労働――台湾出稼ぎ女中をめぐって」『沖縄・八重山文化研究会会報』第三七号、一九九四年
エドワード・W・サイード／大橋洋一訳『文化と帝国主義　1』みすず書房、一九九八年
大江志乃夫「植民地戦争と総督府の成立」大江志乃夫他編『岩波講座　近代日本と植民地2　帝国統治の構造』岩波書店、一九九二年
大門正克『歴史への問い／現在への問い』校倉書房、二〇〇八年
――「序説「生存」の歴史学――「一九三〇～六〇年代の日本」と現在との往還を通じて」『歴史学研究』第八四六号、二〇〇八年
――『全集日本の歴史一五　戦争と戦後を生きる』小学館、二〇〇九年

――――『「生存」の東北史 歴史から問う3・11』大月書店、二〇一三年
――――『語る歴史、聞く歴史――オーラル・ヒストリーの現場から』岩波新書、二〇一七年
大沢敏郎『生きなおす、ことば――書くことのちから 横浜寿町から』太郎次郎社エディタス、二〇〇三年
大城學「玉城盛義の芸歴と芸風」『沖縄県立博物館紀要』第一七号、一九九一年
大貫隆・名取四郎他編『キリスト教辞典』岩波書店、二〇〇二年
沖縄群島政府統計課編『沖縄群島要覧』琉球文教図書株式会社、一九五二年
沖縄県教育庁文化財課史料編集班編『沖縄県史各論編八女性史』二〇一六年
沖縄国際大学公開講座委員会編『沖縄芸能の可能性』、二〇〇五年
沖縄文教出版株式会社編集・発行『那覇今昔の焦点』、一九七一年
「女たちの戦争と平和資料館」(wam)編集・発行『軍隊は女性を守らない～沖縄の日本軍慰安所と米軍の性暴力』、二〇一二年
「角川日本地名大辞典」編纂委員会『角川日本地名大辞典 沖縄県』角川書店、一九八六年
河合隼雄『物語を生きる――今は昔、昔は今』岩波書店、二〇一六年
金戸幸子「〈境界〉から捉える植民地台湾の女性労働とエスニック関係――八重山女性の植民地台湾への移動と「女中」労働との関連から」『歴史評論』第七二二号、二〇一〇年
喜友名嗣正「たきつけられた側の論理」『現代の眼』一三巻、一九七二年
――――「マンガ的革命失語症」『現代の眼』第一六号、一九七五年
――――「天皇制を撃つ鮮烈な視点」『思想の科学』第七次九号、一九八一年
――――「霧峯紀行」『青い海』一〇三号、一九八一年
――――「言葉の軽重と事実の軽重」『思想の科学』第一五号、一九八二年
――――「孤立無援であっても…――一死硬派の弁」『新沖縄文学』第五五号、沖縄タイムス社、一九八三年

企画部市史編集室編集『那覇市史通史篇第二巻近代史』那覇市役所、一九七四年
北原みのり編『日本のフェミニズム』河出書房新社、二〇一七年
北村毅『死者たちの戦後史――沖縄戦跡をめぐる人びとの記憶』御茶の水書房、二〇〇九年
金奈英「日本統治下に移動した在台湾朝鮮人の研究」『現代中国事情』第一四号、二〇〇七年
許育銘「一九四〇年~五〇年代国民政府の琉球政策――戦後処理と地政学の枠組みのなかで」西村成雄／田中仁編『中華民国の制度変容と東アジア地域秩序』汲古書院、二〇〇八年
倉沢愛子・杉原達他編『岩波講座アジア・太平洋戦争1　なぜ、いまアジア・太平洋戦争か』岩波書店、二〇〇五年
倉地克直『「生きること」の歴史学―徳川日本のくらしとこころ』敬文社、二〇一五年
釘宮明美「森有正の「経験」思想における信仰――神経験と神の定義」加藤仲郎観衆／鶴岡賀雄他編『キリスト教をめぐる近代日本の諸相――響鳴と反撥』オリエンス宗教研究所、二〇〇八年。
栗原純・鐘淑敏監修『近代台湾都市案内集成第六巻　台湾鉄道旅行案内　一九四二年』ゆまに書房、二〇一三年
小池康仁『琉球列島の「密貿易」と境界線――一九四九-五二』森話社、二〇一五年
黄建業／牧野格子訳「一九八〇年代・九〇年代台湾映画の新潮流」小山三郎・井上欣儒他編『新編　台湾映画――社会変貌を告げる（台湾ニューシネマからの）三〇年』晃洋書房、二〇一四年
駒込武「台湾と沖縄のあいだ」『前夜』第Ⅰ期五号、二〇〇五年
近藤正己『総力戦と台湾』刀水書房、一九九六年
斉藤純一『公共性』岩波書店、二〇〇〇年
崎山多美『クジャ幻視行』花書院、二〇一七年
桜井厚「オーラル・ヒストリーの対話性と社会性」『歴史学研究』第八一一号、二〇〇六年
後多田敦「鎖を断ち切ろうとする琉球の人々――東アジアのなかの近代沖縄」『現代の理論』一〇秋号、二〇一〇年
佐藤忠男監修『台湾映画祭――資料集・台湾映画の昨日・今日・明日』財団法人現代演劇協会、一九九七年

島田利吉「金瓜石鉱山の概況」『科学の台湾』、一九三六年一二月
ジェイムズ・クリフォード『ルーツ――二〇世紀後期の旅と翻訳』月曜社、二〇〇二年
謝花直美（文）・石川真生（写真）「語らならちなー台湾⑤ 結婚して 入籍できず今も日本人」『沖縄タイムス』、一九九二年四月一四日
――「語らならちなー台湾⑥ 宮城菊さん 日韓両国のはざまで」『沖縄タイムス』、一九九二年四月一五日
蕭幸君「〈知〉を隠蔽されし者のまなざし――台湾映画の担い手、呉念真が投げかけた問題」東京外国語大学総合文化研究所『総合文化研究』第七号、二〇〇四年
杉原達『越境する民――近代大阪の朝鮮人史研究』新幹社、一九九八年
――「中国人強制連行と私たち――安野・西松を中心に」『広島教育』五五四号、一九九九年
杉原達編著『戦後日本の〈帝国〉経験――断裂し重なり合う歴史と対峙する』青弓社、二〇一八年
浄法寺朝美『日本築城史――近代の沿岸築城と要塞』原書房、一九七一年
曽山毅『植民地台湾と近代ツーリズム』青弓社、二〇〇三年
台北州水産試験場『台北州の水産』、一九三五年
台湾総督府警務局『台湾の衛生』台湾総督府警務局衛生課、一九三七年
田中祐介編『日記文化から近代日本を問う――人々はいかに書き、書かされ、書き遺してきたか』笠間書院、二〇一七年
当間一郎監修・那覇出版社編集部編集『琉球芸能事典』那覇出版社、一九九二年
同和鉱業株式会社事業史編纂委員会『七〇年の回顧』同和鉱業株式会社、一九五五年
戸邉秀明「ポストコロニアリズムと帝国史研究」日本植民地研究会編『日本植民地研究の現状と課題』アテネ社、二〇〇八年
中野卓編著『口述の生活史――或る女の愛と呪いの日本近代』御茶の水書房、一九七七年
――『口述の生活史――或る女の愛と呪いの日本近代』増補版、御茶の水書房、一九九五年

仲里効『眼は巡歴する――沖縄とまなざしのポリティーク』未来社、二〇一五年
仲田清喜「『アメリカ世』時代の沖縄　第七回　沖縄独立論の諸相」『財界九州』一二月号、二〇〇二年
那覇市企画部市史編集室編集・発行『那覇市史資料編第二巻中の七』、一九七九年
――――『激動の記録　那覇百年のあゆみ――琉球処分から交通方法変更まで』、一九八〇年
那覇市史編集員会編集『那覇市史資料編第二巻下』那覇市役所、一九六七年
那覇市市民文化部博物館（歴史博物館）編集・発行『辻の歴史と文化』、二〇一二年
那覇市総務部女性室・那覇女性史編集委員会編『なは・女のあしあと　那覇女性史（近代編）』ドメス出版、一九九八年
西川裕子『日記をつづるということ』吉川弘文館、二〇〇九年
日本経済新聞社編『私の履歴書　経済人九』日本経済新聞社、一九八〇年
日本順益台湾原住民研究会編集・発行『台湾原住民研究の射程――接合される過去と現在』、二〇一四年
日本水産株式会社『日本水産の七〇年』、一九八一年
野林厚志「平埔族の物質文化の境界線――国立民族学博物館の収蔵資料を事例として」日本順益台湾原住民研究会編集・発行『台湾原住民研究の射程――接合される過去と現在』、二〇一四年
パウロ・フレイレ（柿沼秀雄訳）『自由のための文化活動』亜紀書房、一九八四年
橋谷弘『帝国日本と植民地都市』吉川弘文館、二〇〇四年
長谷川貴彦「エゴ・ドキュメント論――欧米の歴史学における新潮流」歴史科学協議会編『歴史評論』七七七号、二〇一五年
葉矢志生「台北から基隆へ」『台湾水産雑誌』第二五七号、一九三六年八月
比嘉康文『「沖縄独立」の系譜――琉球国を夢見た六人』琉球新報社、二〇〇四年
百万人の福音編集部編「主は私を緑の牧場に伏させ」『百万人の福音』第六一〇号、いのちのことば社、二〇〇一年
伏喜米次郎『グレート基隆』基隆新潮社、一九三二年

藤永壯「植民地台湾における朝鮮人接客業と「慰安婦」の動員――統計値から見た覚え書き」『近代社会と売春問題』大阪産業大学産業研究所「産研叢書」一六、二〇〇一年
船戸与一『金門島流離譚』新潮社、二〇〇七年
星名宏修『植民地を読む――「贋」日本人たちの肖像』法政大学出版局、二〇一六年
――「「植民地は天国だった」のか――沖縄人の台湾体験」西成彦・原毅彦編『複数の沖縄――ディアスポラから希望へ』人文書院、二〇〇三年
本田明美「渋谷定輔と布施辰治」ドキュメンタリー映画「弁護士布施辰治」製作委員会編『弁護士布施辰治を語る――韓国併合一〇〇年に際して』日本評論社、二〇一〇年
本田哲朗『釜ヶ崎と福音――神は貧しく小さくされた者と共に』岩波書店、二〇一五年
槇原茂編著『個人の語りがひらく歴史――ナラティブ／エゴ・ドキュメント／シティズンシップ』ミネルヴァ書房、二〇一四年
又吉盛清「台湾植民地支配と沖縄（人）」『新沖縄文学』第六〇号、沖縄タイムス社、一九八四年
――『日本植民地下の沖縄と台湾』あき書房、一九九〇年
――『大日本帝国植民地下の琉球沖縄と台湾――これからの東アジアを平和的に生きる道』同時代社、二〇一八年
松田京子『帝国の視線――博覧会と異文化表象』吉川弘文館、二〇〇三年
松田良孝『与那国台湾往来記――「国境」に暮らす人々』南山舎、二〇一三年
松本誠一「台湾韓人研究ノート」『白山人類学』第一四号、二〇一一年
三浦麻子・相川充・大野久・川浦康至「座談会 日記コミュニケーション」『現代のエスプリ』三九一号、至文堂、二〇〇〇年
水田憲志「日本植民地下の台北における沖縄出身「女中」」『史泉』第九八号、二〇〇三年
宮城菊（語り手）・城倉翼（聞き手）「証し」石嶺バプテスト教会編集・発行『主の御手の中で』、二〇〇三年

森有正『森有正全集第一二巻』筑摩書房、一九七九年
森口恒一「移川子之蔵とハーヴァード大学」日本順益台湾原住民研究会編集・発行『台湾原住民研究の射程――接合される過去と現在』、二〇一四年
安田常雄『出会いの思想史――渋谷定輔論』勁草書房、一九八一年
矢野輝雄『新訂・増補　沖縄芸能史話』榕樹社、一九九三年
四方田犬彦『電影風雲』白水社、一九九三年
吉原和夫他編『人の移動事典――日本からアジアへ・アジアから日本へ』丸善出版、二〇一三年
琉球新報社編集局『世界のウチナーンチュ　1』ひるぎ社、一九八六年
湧上聾人編『沖縄救済論集』琉球資料復刻頒份会、一九六九年
渡邊欣雄・岡野宣勝他編『沖縄民俗辞典』吉川弘文館、二〇〇八年

(2) 中国語

天江喜久「朴順宗：二二八事件中　朝鮮人／韓僑的受難者」『台湾風物』第六四期第三巻、二〇一四年
王俊昌『日治時期台湾水産業之研究』国立中正大学歴史研究所博士論文、二〇〇六年
台湾省文献委員会編『台湾地名辞書一七巻基隆市』、一九九六年
李仙得／羅效德・Douglas L.Fix 訳『台湾紀行』国立歴史博物館、二〇一三年
李国添『基隆市志巻四経済志漁業編』基隆市政府、二〇〇二年
李雪莉・林佑恩・蔣宜婷・鄭涵文『血涙漁場――跨國直擊台灣遠洋漁業真相』行人文化実験室、二〇一七年
安城秀『基督教傳播與台灣港市的韓人移民――以「基隆韓国教会」為中心』國立臺灣海洋大學碩士論文、二〇一一年
朱徳蘭『臺灣慰安婦』五南図書出版、二〇〇九年
何義麟「戰後在臺琉球人之居留與認同」『國史館學術集刊』一八期、二〇〇八年

甘記豪『米機来襲——二戦台湾空襲写真集』前衛出版社、二〇一五年
国民通訊社編集・発行『基隆風物誌』、一九五四年
呉念真『台湾念真情之尋找台湾角落』麥田出版、一九九七年
——「群山無言」『中国時報』、一九九二年一二月八日
俞明發主編『大沙湾田野風雲誌——文史調査研究』基隆市中正区區正砂社區發展協會、二〇一七年
連玉龍『阿美族魚村人口遷移及影響——以台東縣成功鎮芝田及基隆市八尺門為例』國立台灣師範大學地理研究所碩士論文、一九九〇年
唐羽『台湾採金七百年』台北市錦綿助学基金会、一九八五年
洪英聖『基隆市地名探索——情帰故郷4』時報文化出版、二〇〇四年
洪連成『基隆八尺門 天德宮』基隆市天德宮管理委員会、二〇〇五年
——『基隆市志卷尾』基隆市政府、二〇〇三年
——『基隆市志卷二住民志宗教編』基隆市政府、二〇〇三年
陳世一編『港都雞籠，文化出航』基隆市立文化中心、二〇〇三年
陳玫瑧・林佳穎他『羊皮上的藏寶圖 瑞芳尋影秘笈』台北縣瑞芳鎮公所、二〇〇七年
基隆市政府主計室編『民国三八年度基隆市統計年鑑』、一九五〇年
黄致誠編『基隆市志卷一土地志地理編』基隆市政府、二〇〇二年
楊子震「戰後東亞國際秩序與中華民國對琉球群島政策——以在臺琉僑的政治運動為中心」周惠民主編『國際秩序與中國外交的形塑』政大出版社、二〇一四年
張維斌『空襲福爾摩沙——二戰盟軍飛行攻擊台湾紀実』前衛出版社、二〇一五年
張炎憲編『基隆雨港二二八』呉三連台湾史料基金会、二〇一一年
張秀蓉編『日治台湾医療公衛五十年』国立台湾大学出版中心、二〇一二年

潘英編著『台湾平埔族史』南天書局有限公司、一九九六年
魏嘉弘『日治時期台湾「亜洲型霍乱」研究 一八九五－一九四五』政大出版社、二〇一七年
闞曉榮『八尺門——再現2％的希望與奮鬥』南方家園出版社、二〇一三年
蕭景文『黃金之島——福爾摩薩追金記』玉山出版社、二〇〇六年

（3）韓国語

국민대학교한국학연구소『한인귀환과정책 10』역사공간、二〇〇六年（国民大学韓国学研究所編『韓人の帰還と政策』第一〇巻、歴史空間、二〇〇六年）

3　台湾政府機関檔案

（1）国史館

台湾総督府文書「基隆漁港漁民住宅其他背面施設経営計画書」（10518/014）、一九三三年
台湾省行政長官公署檔案『大琉球青年同志会申請成立核示案』（00312380010002）、一九四六年
台湾省政府『台湾省政府公報』春字第三六期、一九四八年
——『台湾省政府公報』夏字第七三期、一九四九年
——『台湾省政府公報』夏字第一五期、一九五〇年
台湾省政府農林庁『日琉僑留用』（37501000A/94249）、一九四六年
台湾省政府警務処『韓僑処置事項案』（0630000001325A/19370）、一九四九年
——『琉僑管理案』（0630000001300A/16685）、一九四九年
——『琉僑管理案』（0630000001300A/27302）、一九四九年
——『琉僑管理案』（0630000001303A/20744）、一九四九年

――『琉僑管理案』(0630000001302A/12981)、一九五〇年
――『琉僑管理案』(0630000001308A/03240)、一九五一年
内政部人口局『琉僑赤嶺親助等二人声請帰化中国案』(020000011990A/00056)、一九四七年

(2) 国民党党史館
「台湾省琉球人民協会工作報告」『琉球特檔』(特18/1.2)、一九四八年
「琉球革命同志會琉球人民協會籲議書(白皮書)」(一般718/205)、一九五〇年

4 新聞・雑誌
(1) 日本語
『台湾日日新報』/『台湾農林新聞』/『琉球新報』/『沖縄タイムス』/『華光』/『台湾婦人界』/『台湾芸術新報』/『台湾水産雑誌』

(2) 中国語
『中国時報』

5 インターネット
阿川亭
青山恵昭個人ブログ「台湾社寮島の記憶/青山」
沖縄言語センター「首里・那覇方言音声データーベース」
科学研究費助成事業データーベース

台北駐日経済文化代表処ホームページ
那覇市歴史博物館ホームページ
日本水産株式会社ホームページ
国立台湾海洋大学ホームページ
基隆市政府ホームページ
松田良孝個人ブログ「台湾沖縄透かし彫」
University of Texas Libraries

本書関連略年表

	宮城菊関連	沖縄・台湾関連	東アジア関連
一六〇九年		薩摩藩琉球侵攻。	
一八七一年		宮古島民台湾遭難事件（牡丹社事件）。	
一八七二年			日本最初の近代学校制度に関する基本法令「学制」を発布。
一八七九年		琉球処分によって沖縄県設置。	
一八八二年	第一次埋め立て（「湯屋の前」）		
一八八八年	第二次埋め立て（「三重城」に伸びる突堤、古潟：西新町一〜二丁目）		
一八九四年		日清戦争。	
一八九五年		下関条約締結によって台湾の割譲が決定。	
一九〇四年			日露戦争。
一九〇五年			日本が朝鮮を保護国とする。

	宮城菊関連	沖縄・台湾関連	東アジア関連
一九〇八年	第三次埋め立て（〜一九二三年）（新潟：西新町三丁目）。	仲島・渡地の遊廓を廃止、辻に統合。	
一九一〇年			日韓併合条約。
一九一一年			中国辛亥革命。
一九一四年			第一次世界大戦勃発。
一九一八年			日本シベリア出兵。米騒動。
一九一九年	鄭用錫、三人兄弟の末っ子として朝鮮半島全羅南道に生まれる。	台湾でコレラ流行（〜二〇年）。	朝鮮三・一独立運動。
一九二一年		台湾議会設置運動開始。台湾文化協会設立。	
一九二三年	宮城菊、八人兄妹の次女として那覇市久米町に生まれる。		
一九二七〜二八年	菊、久米町から西新町に引越し。	那覇市公会堂で沖縄初の婦人集会開催。辻遊廓廃止が訴えられる。	
一九二九年			世界大恐慌。
一九三〇年		霧社事件。	
一九三一年	菊、辻の遊廓「松の家」に売られる。その後、名護・今帰仁・嘉手納の料亭に売られる（〜三六年）。用錫、大分県に渡る。		

一九三二年			満洲国成立。
一九三四年		基隆漁港築港。「水産」地域が形成される。「水産館」完成。	
一九三六年	菊、旅館女中として澎湖島の〈マルハチ〉に売られる。	「基隆橋」「鉱石積場」完成。	
一九三七年	菊、〈マルハチ〉から基隆の海光園に移る。	台湾で皇民化運動が強化される。	盧溝橋事件、日中全面戦争開始。
一九三八年	海光園、北川産業として接収か？		国家総動員法施行。
一九四一年	菊の契約満了。しかし戦争によって台湾に閉じ込められる。北川産業で女中を続けているが、その後の動向は不明（空白の三年）。		太平洋戦争開始。第二次世界大戦へと拡大。
一九四四年	用錫、戦時徴用工として北川産業に。マラリアを通して菊と出会う。		
一九四五年	アメリカによる基隆空襲。菊と用錫結婚。日本敗戦後、二人は北川産業宿舎に暮らす。	沖縄に米軍が上陸（沖縄戦）。日本敗戦後、台湾の政務を管理する「台湾省行政長官公署」設置。	日本ポツダム宣言受諾。
一九四七年	菊と用錫、北川産業宿舎を追い出され社寮島（現・和平島）に引越し。	台湾で二・二八事件。	中国、国共内線が激化。
一九四八年		喜友名嗣正、南京から台湾に渡り「台湾省琉球人民協会」を結成。同年「台湾韓僑協会」結成。	済州島四・三事件。大韓民国、朝鮮民主主義人民共和国樹立。

	宮城菊関連	沖縄・台湾関連	東アジア関連
一九四九年	鄭盛元、国共内戦から逃れ台湾に渡る。十一月、「基隆韓国教会」設立。	台湾、戒厳令施行。また「懲治反乱条例」と「粛清匪諜条例」を実施。「白色テロ」拡大。	中華人民共和国成立。
一九五〇年代初頭	菊と用錫、この時期に「水産」地域（中正里）に引越し。また、菊の神経症が発病。		朝鮮戦争勃発（一九五〇年）、サンフランシスコ講話条約、日米安全保障条約（一九五一年）
一九五五年	鄭良錫が生まれる。		沖縄で琉球国民党結成。
一九六五年			アメリカによる北爆（ベトナム戦争）。
一九七一年			中華民国政府、国連脱退。
一九七二年	菊、「基隆韓国教会」で洗礼を受ける（「基隆韓国教会」の記録では一九六六年）。	沖縄本土復帰、日台断交。	日中国交正常化。
一九七四年	母親のウト、死去。		
一九七七年	「菊さんノート」作成開始。「聖書勉強会」始まる。		
一九七九年		台湾で雑誌『美麗島』発刊。『美麗島』主催者が世界人権デーに高雄市でデモ。美麗島事件に発展。	
一九八〇年			韓国、光州事件。

一九八六年		台湾民主進歩党成立。	
一九八七年		台湾、戒厳令解除。	韓国、民主化運動高揚。
一九八八年	用錫、肺がんのため死去（享年六九歳）。		
一九九三年	菊、沖縄に帰省。以後、二〇〇六年まで沖縄で暮らす。		
一九九五年	「平和の礎」建設。	二・二八事件で李登輝総統が謝罪。	
二〇〇六年	菊、沖縄から台湾に戻る。		
二〇〇八年	筆者、菊と出会う。聞き取り開始。		
二〇一一年		「琉球ウミンチュの像」が建立。	
二〇一三年	菊、基隆市内の病院で死去（享年九一歳）。一〇月二七日「宮城菊姉を偲ぶ会」が「石嶺バプテスト教会」で開かれる。		

初出一覧

第一・二・五・七章「宮城菊と鄭用錫の出会い——その経験のゆくえと基隆「水産」地域での暮らし」『日本学報』第三三号、大阪大学大学院文学研究科日本学研究室、二〇一四年
第三章「基隆「水産」地域の形成と発展——国際都市・基隆としての面目」『現代台湾研究』第四三号、台湾史研究会、二〇一三年
第四章「映画「無言の丘」における歴史叙述——経験がひらく歴史と語られなかった経験」『越境広場』創刊〇号、越境広場編集委員会、二〇一五年
第六章「喜友名嗣正が見た「日本」——琉球独立運動と「台湾省琉球人民協会」の活動から」『日本学報』第三一号、大阪大学大学院文学研究科日本学研究室、二〇一二年（本章第五節は杉原達編著『戦後日本の〈帝国〉経験——断裂し重なり合う歴史と対峙する』（青弓社、二〇一八年）所収「『琉僑管理案』に見る沖縄出身者の歴史経験——その経験のゆくえと場の関係性を中心に」の一部を加筆・修正）。

あとがき

本書は二〇一六年三月に大阪大学大学院文学研究科博士課程に提出した学位請求論文「宮城菊の歴史経験と基隆「水産」地域――経験のゆくえ・東アジア・生存のかたち」及び既発表論文を大幅に加筆修正したものです。本書の刊行にあたっては、大阪大学教員出版支援制度（平成二九年度、若手部門）の助成を受けました。また、表紙のデザインは木版画家のふるさかはるかさんにお願いしました。

私が沖縄の大学に進学したのは二〇〇〇年四月でした。沖縄生活で最初に出来た友人はタイからの交換留学生でした。それをきっかけに台湾、韓国、マカオ、アイルランドの学生と知り合い、いつしか国際交流センター（現・グローバル教育支援センター）に出入りするようになっていました。三年生の時に、当時センター所長だった宮城邦治先生やセンター長の大城健太郎さん、徳原峰一さん、田盛千恵希さんから留学を勧められ、台湾に留学することができました。

台湾中部に位置する東海大学の華語センターでも様々な国や地域の留学生と知り合うことが出来ました。なかでもポーランドの留学生が話してくれた言葉が忘れられません。「ポーランドは複雑な歴史を背負っていて簡単に説明できない」。それまで日本を自明のものとして捉えてきた私が、個人にとっての国家、自分にとっての日本を強く意識した瞬間でした。

東海大学では日本語言文化学系の授業も聴講していました。日本語言文化学系では台日地区研究、越境文化論、報導写作（日本語と中国語のバイリンガル雑誌『花火』を作成する授業）、メディア論といったクラスが開講されていました。日本語学習だけに特化するのではなく、日本語を使って何ができるのかを考え、日本語を通して広がっていく世界を見据える教育環境に身を置くことが出来たのは大きな経験でした。その後、大学での教育や日本語教育に携わる機会に恵まれましたが、日本語言文化学系で受けた授業が自分にとっていかにかけがえのない経験であったのかを痛感しています。

二〇〇六年からは東海大学の博士前期課程に進学し、本格的に研究に取り組むようになりました。菊さんと出会ったのはこの時期のことです。その経緯はコラム⑦に書いたのでここでは触れませんが、聞き取りをめぐるエピソードを一つ記しておきたいと思います。

本書でも言及したように、菊さんの語りにはキリスト教が深く影響しています。菊さんの語りは、沖縄から台湾に売られ、用錫さんと出会い、心身の病を患った自分の歩みは全て神様の計画だったと帰結します。何か違う話題であってもキリスト教の話へと完結していくのが菊さんの語りの特徴でした。

繰り返されるキリスト教の話に嫌気がささなかったと言えば嘘になります。全て神様の計画であるなら、宮城菊に主体性はないのかとうがった考えを持ったこともありました。これ以上菊さんの語りを聞くことは出来ないと半ば諦めかけたこともあります。そのことを、台日地区研究や越境文化論を担当していた古川ちかし先生に打ち明けました。古川先生は「それはゆーすけ（筆者）と菊さんの関係性が変わらないからじゃない？」と静かな口調で指摘されました。古川先生はそれ以上何も言いませんでしたが、菊さんの語りが変わらないのは決してキリスト教の問題ではなく、話を聞くだけ聞いてバイバイするような聞き逃げ的な関係しか築けない私自身に問題があるのではないかと思うようになりました。それ以降、コラム⑤で書いたように、聞き取りという場の大切さと同時にその限界を感じ取っていくようになりました。

二〇一〇年四月からは、大阪大学大学院文学研究科文化形態論日本学研究室の博士後期課程に在籍しました。二〇一六年三月に後期課程を修了した後、同年七月からはタイ北部に位置するチェンマイ大学に勤務し、二〇一七年四月には助教として日本学研究室に勤めました。チェンマイでの生活はわずか九ヶ月間という短いものでしたが、色々な背景を背負った人びとが日々行き交うチェンマイに身を置きながら東アジアを別の角度から見つめ直し、自身の研究を捉え直すと共に、自分の過去・現在・未来を同時に見つめなおす貴重な時間でした。

博士後期課程在学中は杉原達先生に大変お世話になりました。本書の刊行に際しても草稿に目を通して頂きました。杉原先生と初めてお会いしたのは東海大学の集中講義です。中国人強制連行や技能実習生を取り上げ、移動、越境、経験についてゆっくりと丁寧にお話をされる講義はとてもわかりやすく、史料を批判的に読み解きながらご自身の経験をくぐらせることで自らの研究・学問を切りひらこうとする姿が印象的でした。その講義のなかで先生が歌を歌ってくださったことがありました。それは中島みゆきさんの『ファイト!』にある次のフレーズです。

ああ小魚たちの群れきらきらと　海の中の国境を超えてゆく　あきらめという名の鎖を　身をよじってほどいてゆく

学生一人ひとりがおかれている状況を見極めながらそっと手を差し伸べ、しかし決してなれ合いの場を好まなかった杉原スタイルに多くのことを教わりました。本書のテーマになっている移動、越境、場、経験、同時代的思考の企てはどれも杉原先生との対話のなかで得たといっても過言ではありません。今から十年前に東海大学の教室で歌ってくださった一節の意味を改めて反芻しています。

二〇一〇年八月、その杉原先生が集中講義に呼んでくださったのが大門正克先生でした。集中講義が始まる前に杉原先生から「あなたにとって『戦争と戦後を生きる』は避けて通れない一冊になるでしょう」と言われたとおり、本書は大門先生の研究に多くを依拠しています。大門先生には拙稿への丁寧な感想とコメントをお手紙で頂き、また『語る歴史、聞く歴史』（岩波新書、二〇一七年）の書評会の後には「菊さんのことをたっぷり書くこと」と背中を押していただきました。

東海大学時代から公私ともにお世話になっている川口隆行先生には、本書の草稿に目を通して頂き、貴重なコメントを頂きました。先生からの問いや疑問に全て応えることは出来ていませんが、先生のアドバイスがなければ本書は間違いなくもっと悲惨なことになっていました。

チェンマイ大学人文学部東洋言語学科日本語専攻の先生方、そして、学生の皆様に感謝いたします。初めての職場で右も左も分からない私を暖かく迎えて下さったことが大きな励みとなりました。なかでもタナポーン・トリラッサクルチャイ先生には大変お世話になりました。チェンマイ滞在中は授業や校務など色々な場面で助けていただき、筆がなかなか進まない私に励ましの言葉をかけてくださいました。

大阪大学日本学研究室の先生方にも大変お世話になりました。助教として勤務するようになってからも海外調査に出かけ、研究を継続することが出来たのも、先生方のご理解とご支援があったからです。北原恵先生、宇野田尚哉先生、北村毅先生、安岡健一先生、そして、事務職員の大西富美子さんにお礼申し上げます。

研究調査を助けてくださった皆様に感謝申し上げます。「水産」地域で「文化美容院」を営む黄任太さんは、調査のたびに美味しい食事をふるまって下さり、宿を提供してくださいました。砂川弥恵さんは菊さんとの思い出話を話してくださり、菊さん縁の地にも連れて行ってくださいました。青山惠昭さんは二・二八事件訴訟の具体的な経緯と問題点を丁寧にお話してくださり、関連する資料もたくさん提供してくださいました。郷土史家である潘江衛さんは基隆に関する貴重な資料を多く提供してくださいました。基隆で生まれ育った金珍洙さんと李育儒さんには「水産」地域や基隆について多くのことを教わりました。また「基隆韓国教会」や「石嶺バプテスト教会」の皆様にも、この場を借りて厚くお礼申し上げます。

そして何より、菊さんのご家族のご理解がなければ研究を続けることは出来ませんでした。自分の家族が研究対象にされることに戸惑いや不安があったと思います。それでも「お母さんが喜んでいるから」「おばあちゃんが楽しみにしているから」と本研究を強く後押ししてくださいました。鄭良錫さん、沈麗娟さん、鄭琦龍さん、どうもありがとうございました。

また、刊行にいたるプロセスにおいて数々のアドバイスをくださった川上展代さんに深くお礼申し上げます。改稿作業に苦戦していた時に、出版する意味は絶対にあるからと強く背中を押してくださいました。筆者の遅々とした執筆作業に対し、適宜、貴重なコメントをいただけたことでようやく形にすることができました。

最後に、埼玉に暮らす私の家族に最大限の感謝を。今思えば、沖縄に快く送り出してくれたことから本書はすでに始まっていたのかもしれません。かけがえのない人生を、ありがとう。

二〇一八年四月一日、友人たちと食事をしていた時に「アンカーポイント（Anchor Point）」という言葉を知りました。「アンカーポイント」とは船を繋ぐ場所を指すそうですが、自分の居場所を意味する言葉として使われることもあるそうです。埼玉、沖縄、台中、基隆、大阪、チェンマイは、私の大切な「アンカーポイント」です。

二〇一八年九月八日

冨永　悠介

索　引

人名索引

あ　行

か　行

さ　行

た　行

な　行

は　行

事項索引

あ　行

か　行

さ　行

た　行

な　行

は　行

ま　行

ら　行

わ　行